C.A.Reitzels Forlag.

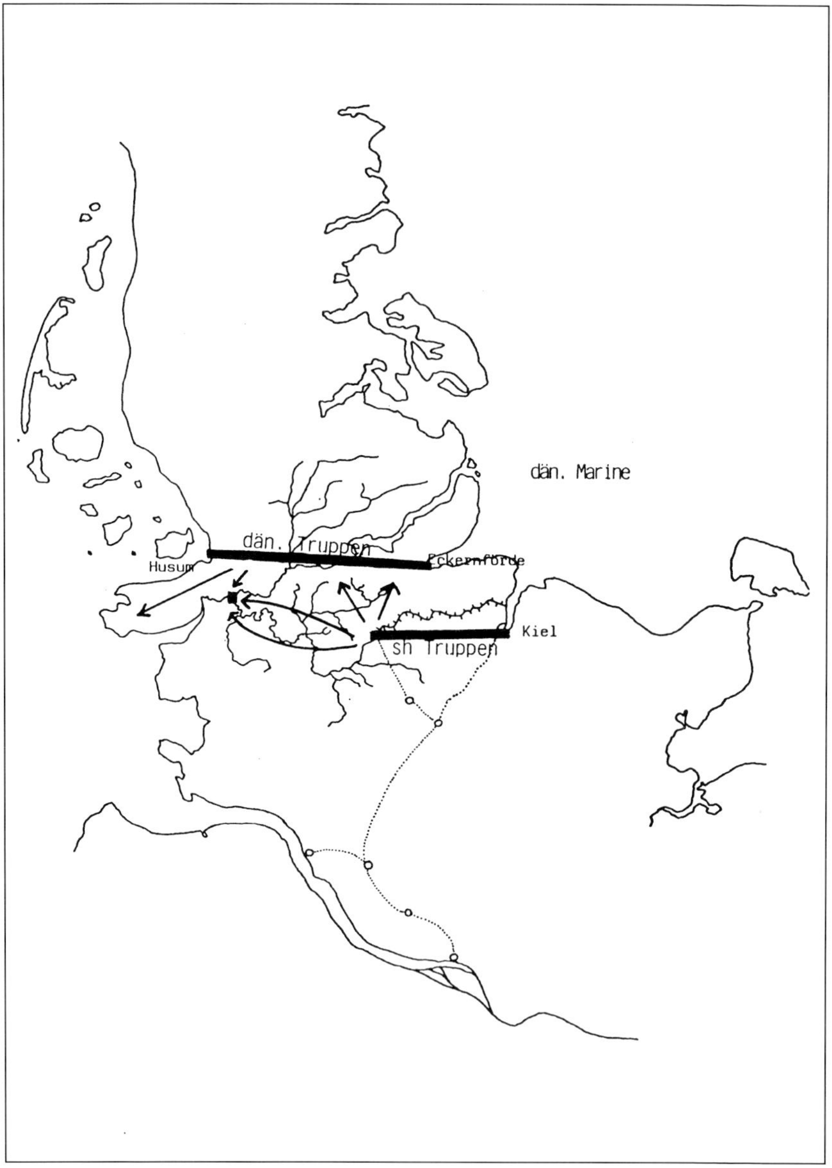

Übersichtskarte über die Hauptbewegungen der dänischen und Schleswig-Holsteinischen Armee im September 1850. Entwurf: Gerd Stolz, Kiel.

Der Kampf um Friedrichstadt im Jahre 1850

Herausgegeben von

Gerd Stolz

für die Gesellschaft für Friedrichstädter Stadtgeschichte

anläßlich des 150. Jahrestages
der Belagerung und Beschießung Friedrichstadts
durch die Schleswig-Holsteinische Armee

mit Beiträgen von

Inge Adriansen, Ph.D.,
Karl Michelson
und Gerd Stolz

2000

Umschlagabbildung: Sturmangriff der Schleswig-Holsteinischen Armee auf Friedrichstadt am 4. Oktober 1850. Aus einem Neuruppiner Bilderbogen aus dem Jahre 1850. Der gleiche Bilderbogen erschien in Dänemark mit der Unterschrift „Kampen med Insurgenterne ved Frederiksstad".

Vorsatz: Ausschnitt aus der Karte zum Sturm auf die Verschanzungen in und bei Friedrichstadt (Kort over Stormen paa Frederiksstad)
aus: Ditlew Recke, Insurgenternes Angreb paa den kongelige danske Armees Fløistillinger i September og October 1850, Kjøbenhavn 1852
Auf der Eider sind die an der Beschießung Friedrichstadts teilnehmenden Kanonenboote der Schleswig-Holsteinischen Marine eingezeichnet

Nachsatz: Ausschnitt aus der „Karte vom Kriegsschauplatz in Schleswig. Section XIII: Friedrichstadt" von Franz Geerz, dem Oberquartiermeister der Schleswig-Holsteinischen Armee, vom Oktober 1851

Die Deutsche Bibliothek – CIP-Einheitsaufnahme

Ein Titeldatensatz für diese Publikation ist bei
Der Deutschen Bibliothek erhältlich

Satz: Fotosatz Husum GmbH
Verlag, Druck und Verarbeitung: Husum Druck- und Verlagsgesellschaft,
Postfach 1480, D-25804 Husum – www.verlagsgruppe.de
ISBN 3-88042-936-7

Inhalt

Vorbemerkung 7

Gerd Stolz
Die schleswig-holsteinische Erhebung 1848–1851 9

Gerd Stolz
Die Belagerung und Beschießung Friedrichstadts durch die Schleswig-Holsteinische Armee im Herbst 1850 23

Politische Situation im Sommer 1850 23

Eduard von Bonin 24

Karl Wilhelm von Willisen 26

Militärische Situation in Schleswig-Holstein im Spätsommer 1850 29

Oberstleutnant Hans Helgesen 31

Geographische Situation Friedrichstadts und Verteidigungsmaßnahmen 33

Planungen der Schleswig-Holsteiner gegen Friedrichstadt 36

Oberst Ludwig Freiherr von der Tann 38

Angriffsvorbereitungen und Stärken der eingesetzten Kräfte 44

Die schleswig-holsteinischen Truppen vor Friedrichstadt 45

Die erfolglose Beschießung am 29. Sept. 1850 47

Das Unternehmen gegen Tönning vom 29. bis 30. Sept. 1850 51

Dänische Verteidigungsmaßnahmen in Friedrichstadt 52

1. Oktober 1850 54

2. Oktober 1850 54

3. Oktober 1850 57

4. Oktober 1850 – Sturm auf die dänischen Befestigungen 58

Zerstörung Friedrichstadts 69

Beendigung der Kämpfe 71

Die Verluste 73

Karl Michelson
Die Auswirkungen auf die Bevölkerung – Flucht, Leiden und Kriegsschäden 83
Das Bombardement 83
Die Flucht aus der Stadt 103
Die Kriegsschäden 105
Erste Hilfe für die Friedrichstädter 119

Inge Adriansen, Ph. D.
Reflexionen über den Kampf um Friedrichstadt 141

Literatur-Auswahl 155

Kriegsgräber der Kämpfe um Friedrichstadt 157

Personenregister 163

Ortsregister 165

Vorbemerkung

Der nationale Gegensatz zwischen Schleswig-Holstein und Dänemark im 19. Jahrhundert führte zweimal innerhalb von 20 Jahren zu militärischen Konflikten – zu den Kriegen von 1848–51 und 1864. Beide Auseinandersetzungen erlangten im historischen Bild der beteiligten Staaten und Völker unterschiedliche Einordnung und Wertung, die geschichtliche Optik mit Rückschau und Tradition zeigt verschiedene Entwicklungslinien.

Haben schon über Jahrzehnte in Schleswig-Holstein und Deutschland die Geschichtsforschung und -schreibung die nationale Auseinandersetzung von 1848–51 kaum als verpflichtendes Gut angesehen, so blieb „Friedrichstadt“ als letztes militärisches Großereignis jenes drei Jahre währenden Konfliktes nicht ganz zufällig eine weithin unbewältigte Aufgabe. Das für die schleswig-holsteinische Seite in seiner Anlage mißratene und in seiner Ausführung mißlungene Unternehmen gegen die dänische Besatzung Friedrichstadts im September/Oktober 1850 war ein politisch wie militärisch sinnloses Unterfangen, zu dem die Schleswig-Holsteiner sich von Fehleinschätzung, Uneinsichtigkeit und Verblendung ohne Gespür für die Wirklichkeit europäischer Großmächtepolitik verleiten ließen.

Dänischerseits wurde „Friedrichstadt“ als dritter militärischer Sieg des Jahres 1850 – nach „Idstedt“ und „Missunde“ – in den Folgejahren vielfach überhöht und wurde in seiner Überlieferung zu einem unnahbaren Mythos. Die offizielle Traditionspflege im dänischen Heer tat ein übriges dazu, das Bild der geschichtlichen Wirklichkeit zu entrücken.

Die umfangreiche Memoirenliteratur zu „Friedrichstadt“ geht im wesentlichen über das eigentliche Kriegsgeschehen nicht hinaus, die militärischen Abläufe stehen nach der jeweiligen Perspektive des Verfassers im Vordergrund, zumeist verbunden mit Gründen der Rechtfertigung des eigenen Handelns. Widersprüche zwischen den einzelnen Darstellungen lassen sich dabei nicht ausschließen.

Bemerkenswerterweise hat sich zu „Friedrichstadt“ die zentrale militärische Person der Aktion, v. d. Tann, nicht geäußert. Einige schleswig-holsteinische Politiker haben zwar nachträglich unter wohl bewußter Beschränkung zu Vorbereitung und Ablauf der Aktionen Stellung genommen, wobei Forderung und Tatsache der Zerstörung des Ortes als einer schleswig-holsteinischen Stadt jedoch ausgespart blieben.

Mit dem vorliegenden Buch wird der Versuch unternommen, das Gesamtereignis „Friedrichstadt“ in seiner umfassenden historischen Einordnung in der schleswig-holsteinischen Erhebung, in seinem Ablauf, seinen (Nach-) Wirkungen und seinem Widerhall bis in die heutige Zeit darzustellen. Die Plan-, Ziel- und Hoffnungslosigkeit dieses von den Schleswig-Holsteinern angezettelten Unterfangens bleiben nicht ausgespart.

Der Band bringt kein Nachzeichnen aller Ereignisse und Begebenheiten in den einzelnen Teilbereichen. Da auf schleswig-holsteinischer Seite ein Kriegstagebuch oder gleichartiges Dokument als Beleg für Entscheidungen, Anweisungen, Befehle und Wege zum Handeln nicht geführt wurde, läßt sich heute nicht immer mit letzter Sicherheit nachvollziehen, was sich wann und wo aus welchen Gründen ereignet hat. Auszüge aus Augenzeugenberichten mit ihrer unmittelbaren Ereignisnähe vermitteln jeweils Aspekte und für sich ein Teilstück der Atmosphäre jener Tage in ihren zunächst militärischen, aber auch politischen Zusammenhängen. Einige sind außerdem überlieferter Beleg einer hilflos duldenden wie leidenden Bevölkerung Friedrichstadts, darüber hinaus Unterpfand für die Sensationslust und Hilfsbereitschaft ihrer nahen wie fernen Landsleute.

Das Bild, das so über einen Abschnitt gemeinsamer dänisch-deutscher und dänisch-schleswig-holsteinischer Geschichte entsteht, soll dazu beitragen, das Blickfeld für die überregionale, internationale Einordnung der Ereignisse zu öffnen, neue Aspekte der historischen Forschung mit erweiterter inhaltlicher Schwerpunktsetzung aufzuzeigen.

Die Interessen und die Politik der europäischen Großmächte auch zur Zeit der schleswig-holsteinischen Erhebung ließen regionale Aspekte unberücksichtigt, die zivile Bevölkerung, also die Menschen „vor Ort“ fanden keine Beachtung, ihnen blieb allein die Rolle des Opfers, dessen man sich im Nachhinein in Erfüllung der Pflicht zur mitmenschlichen Hilfsbereitschaft annahm.

So sind als heute noch wahrnehm- und erlebbare Relikte jener Wochen des Herbstes 1850 allein die Stätten der Toten, die Einzel- und Massengräber der Kriegstoten, Soldaten wie Zivilisten, Bürger und Bewohner geblieben. Diese historischen Stätten auf den Friedhöfen wie in der Landschaft werden jedoch in ihrer Entstehung und Einbindung in die Geschichte kaum noch wahrgenommen.

„Friedrichstadt“ war kein Unglücksfall in der schleswig-holsteinischen Landesgeschichte, sondern entsprang dem menschlichen Wollen, Zögern, Drängen, der menschlichen Nachlässigkeit, dem Gegeneinander zweier in ihrer Grundstimmung gleichen Bevölkerungsteile ein- und derselben Landschaft – dessen sollten wir uns stets bewußt sein.

Die schleswig-holsteinische Erhebung 1848–1851

Gerd Stolz

Seit den 1830er Jahren bewegte das Schicksal Schleswig-Holsteins die Gemüter in ganz Deutschland für Jahrzehnte, und im Zuge der nationalen Begeisterung bemächtigte sich allmählich darüber eine ungeheure Erregung. Die verzwickte, kaum durchschaubare verfassungsrechtliche und staatspolitische Lage der Elbherzogtümer, wie das „Land zwischen den Meeren“ damals vielfach bezeichnet wurde, barg den Keim kommender Verwicklungen in sich. Der Konflikt um die nationale Zugehörigkeit hatte bereits im Vormärz zu schwelen begonnen, die gegenläufigen Auffassungen führten mit zunehmender Dauer zu einer immer stärker werdenden Polarisierung der Kräfte.

In der Zeit zwischen dem 23./24. März 1848 und dem 1. April 1851, die auf deutscher/schleswig-holsteinischer Seite als „Erhebung“, von dänischer Seite meist als „Aufruhr“ (Oprør) bezeichnet wird, stießen auf der Landbrücke zwischen Nord- und Ostsee zwei revolutionäre nationale Strömungen aufeinander. Der Konflikt wurde mit militärischen Mitteln ausgetragen, und diese kriegerischen Ereignisse überdeckten in ihrer historischen Überlieferung , daß es in jener Zeit sowohl in Schleswig-Holstein wie in Dänemark – allerdings mit unterschiedlich fortdauernder Wirkung – hoffnungsvolle Ansätze auf dem Wege zur Demokratie gegeben hatte. Auch da, wo beide Bewegungen im Prinzip gleiche Ziele hatten, wie z. B. den Verfassungsstaat, verbriefte Menschen- und Bürgerrechte mit dem Ruf nach Freiheit und Gleichheit, standen sie sich in unversöhnlicher Gegnerschaft gegenüber. Beide Seiten beriefen sich auf ein überliefertes „historisches Recht“, das weitgehend aus einer undurchsichtigen Perspektive geschichtlicher Entfernung herbeigeredet wurde.

Die Herzogtümer Holstein und Schleswig waren damals Teil des dänischen Gesamtstaates, zu dem weiterhin das Königreich Dänemark mit seinen Kolonien sowie Island, Grönland, die Färöer und – mit gewissen Sonderrechten – das Herzogtum Lauenburg gehörten. Dieser dänische Gesamtstaat war kein Nationalstaat, sondern ein imaginärer Name, der kein Land, keine Nation, kein abgeschlossenes Volk beinhaltete. Etwa ein Drittel seiner Bevölkerung war deutschsprachig, weit mehr als ein weiteres Drittel hatte Dänisch als Muttersprache, der Rest benutzte Regional- oder Eingeborenensprachen.

Staatsrechtlich gehörten die Herzogtümer Holstein und Lauenburg zu dem 1815 auf dem Wiener Kongreß gegründeten, aus 39 Staaten unterschiedlicher Größe und Bedeutung bestehenden Deutschen Bund, dessen Nordgrenze die Eider war. Der Deutsche Bund reichte von der Adria bis zur Nord- und Ostsee, hatte jedoch kein gemeinsames Staatsoberhaupt, keine gesetzgebende Versammlung und keine gemeinsame Verfassung. Seine beiden mächtigsten Mitglieder, das Kaiserreich Österreich und das Königreich Preußen, gehörten auch nicht mit ihrem gesamten Staatsgebiet zum Deutschen Bund.

Das Herzogtum Schleswig war dänisches Territorium und hatte nie zu einem deutschen Staatsverband in irgendeiner Form gehört. Doch hatten sich im Laufe der Jahrzehnte zwischen den Herzogtümern Holstein und Schleswig mannigfache enge Verknüpfungen und Gemeinsamkeiten ergeben, die sie im dänischen Gesamtstaat eine Sonderstellung einnehmen ließen.

Der König von Dänemark war als Herzog von Holstein und Lauenburg – nicht jedoch für Schleswig – deutscher Bundesfürst. Er war also in seiner Außenpolitik wie auch für bestimmte Bereiche der Innenpolitik nicht frei, da er bei Entscheidungen und Maßnahmen stets die Auswirkungen auf das Bundesverhältnis, die anderen deutschen und gegebenenfalls auch europäischen Staaten zu berücksichtigen hatte. Ein zentralistisches System war somit im dänischen Gesamtstaat nicht durchzusetzen.

Diese Situation wurde noch verzwickter, als sich im Zuge der nationalen Orientierung und des nationalen Bekenntnisses der Bevölkerung im Laufe der 1840er Jahre eine Scheidelinie ergab, die nicht mit den staatsrechtlichen Grenzen in Einklang stand und die man früher nicht gekannt hatte. Die Grenze zwischen deutscher und dänischer nationaler Gesinnung verlief mitten durch das Herzogtum Schleswig, sie lag in etwa auf der Linie der 1920 infolge der Volksabstimmung festgelegten Grenze zwischen Dänemark und Deutschland. Somit war das Herzogtum Schleswig zweigeteilt, soweit es die nationale Gesinnung der Menschen betraf. Andererseits waren viele Einwohner Schleswigs aber auch Holsteins über die Jahre der Erhebung hinaus nicht nationalstaatlich eingestellt, sondern huldigten vielmehr einem „gesamtstaatlichen Patriotismus“, dessen lebendes Symbol der gemeinsame König und Herzog war.

Ungeachtet der Einstellung der Bevölkerung verlangten die dänischen Nationalliberalen, die „Eiderdänen“, daß das ganze Herzogtum Schleswig Teil eines künftigen dänischen Nationalstaates werden sollte: „Dänemark bis zur Eider“. Nur in der Schaffung eines einheitlichen dänischen Nationalstaates mit der Eider als Südgrenze sahen die Nationalliberalen eine zukunftsorientierte Lösung angesichts der Abhängigkeiten und staatsrechtlichen Probleme, die sich aus den Bindungen des Gesamtstaates mit Deutschland ergaben.

Dem stand die Forderung der deutschen Schleswig-Holsteiner gegenüber, die ein vereintes Schleswig-Holstein als Gliedstaat in einem neu zu schaffenden deutschen Staatsverband anstrebten: „Deutschland bis zur

Die Mitglieder der Provisorischen Regierung (v.l.n.r.): Jürgen Bremer, Martin Thorsen Schmidt, Wilhelm Hartwig Beseler, Friedrich Prinz zu Schleswig-Holstein-Sonderburg-Augustenburg, Theodor Olshausen, Friedrich Graf von Reventlou. Lithographie von W. Heuer aus dem Jahre 1848.

Königsau". Für sie kam allein als deutsche Nordgrenze zu Dänemark die Königsau infrage, wobei sie sich im wesentlichen auf den Ripener Vertrag von 1460 beriefen, wonach Schleswig und Holstein „bliven ewich tosamende ungedeelt". Sie wurden darin von zahlreichen Gesinnungsfreunden – u. a. Jacob und Wilhelm Grimm, Leopold von Ranke, Emanuel Geibel –, von revolutionär ausgerichteten Turnvereinen und patriotisch bestimmten Liedertafeln in ganz Deutschland unterstützt.

Die beiden nationalen Programme, derselben Idee entstammend, standen sich unvereinbar gegenüber und beanspruchten beide dasselbe Territorium in seiner Gesamtheit: das Herzogtum Schleswig. Eine Teilung des Herzogtums nach dem Sprachgebrauch oder der nationalen Gesinnung der Bevölkerung lehnten beide Seiten, wenn auch hin und wieder erwogen, letztendlich ab. Das eigentliche Streitobjekt zwischen dänischem und deutschem Nationalismus war also rein territorialer Art, das Herzogtum Schleswig, das keine Seite der anderen gönnte.

Die Schleswig-Holsteiner warben für ihre Sache und die Aufnahme Schleswigs in den Deutschen Bund in nationalen und liberalen Kreisen im gesamten deutschen Raum. Die weitere innerdeutsche Entwicklung mit ihren revolutionären Forderungen wurde so auch für die schleswig-holsteinische Frage zu einem bedeutenden Rückhalt von ausschlaggebender Bedeutung. Zugleich berührte die schleswig-holsteinische Frage den Dualis-

Wilhelm Hartwig Beseler verliest vor dem Rathaus in Kiel am 24. März 1848 die Proklamation der Provisorischen Regierung. Links von Beseler: Prinz Friedrich zu Schleswig-Holstein-Sonderburg-Augustenburg, rechts von Beseler: Friedrich Graf von Reventlou. Gemälde von Hans Olde und Julius Fürst.

mus zwischen Österreich und Preußen um die Vorherrschaft in Deutschland, außerdem das europäische Gleichgewicht der Kräfte in seiner im wesentlichen seit der zweiten Hälfte des 18. Jahrhunderts bestehenden Konstellation.

Die Bestrebungen und Bemühungen, den dänischen Gesamtstaat unter Ausgleich der verschiedenen Interessen und nach Möglichkeit mit einer Garantie der europäischen Großmächte zu erhalten, wurden hinweggefegt durch die Februarrevolution 1848 in Paris, die das revolutionäre Signal im gärenden Europa war. Die Nachrichten von den Ereignissen in Frankreich trafen auf politische Konstellationen, die zu Kettenreaktionen revolutionärer Volksbewegungen in mehreren europäischen und auch deutschen Ländern führten. In dieser Strömung sind die Märzereignisse des Jahres 1848 in Dänemark ebenso wie die schleswig-holsteinische Erhebung zu sehen, auch wenn ihnen die sonst vielfach hervortretenden Momente eines Klassenkampfes in der scharfen Ausprägung fehlten.

Die nationalliberalen Bewegungen in Dänemark und Schleswig-Holstein schaukelten sich zudem gegenseitig hoch. Unter dem Druck der Volksbewe-

Mitbürger!

Unser Herzog ist durch eine Volksbewegung in Kopenhagen gezwungen worden, seine bisherigen Rathgeber zu entlassen, und eine feindliche Stellung gegen die Herzogthümer einzunehmen.

Der Wille des Landesherrn ist nicht mehr frei, und das Land ohne Regierung.

Wir werden es nicht dulden wollen, daß deutsches Land dem Raube der Dänen Preis gegeben werde. Große Gefahren erfordern große Entschließungen; zur Vertheidigung der Grenze, zur Aufrechthaltung der Ordnung bedarf es einer leitenden Behörde.

Folgend der dringenden Nothwendigkeit und gestärkt durch das uns bisher bewiesene Zutrauen, haben wir, dem ergangenen Rufe folgend, vorläufig die Leitung der Regierung übernommen, welche wir zur Aufrechthaltung der Rechte des Landes und der Rechte unsers angestammten Herzogs in seinem Namen führen werden.

Wir werden sofort die vereinigte Ständeversammlung berufen und die übernommene Gewalt zurückgeben, sobald der Landesherr wiederum frei sein wird oder von der Ständeversammlung andere Personen mit der Leitung der Landesangelegenheiten beauftragt werden.

Wir werden uns mit aller Kraft der Einheits- und Freiheits-Bestrebungen Deutschlands anschließen.

Wir fordern alle wohlgesinnten Einwohner des Landes auf, sich mit uns zu vereinigen. Laßt uns durch Festigkeit und Ordnung dem deutschen Vaterlande ein würdiges Zeugniß des patriotischen Geistes geben, der die Einwohner Schleswigholsteins erfüllt.

Der abwesende Advocat **Bremer** wird aufgefordert werden, der provisorischen Regierung beizutreten.

Kiel, den 24. März 1848.

Die provisorische Regierung:

Beseler. Friederich, Prinz zu Schleswigholstein.
F. Reventlou. M. T. Schmidt.

Proklamation der Provisorischen Regierung vom 24. März 1848. Druck aus dem Jahre 1848. Der 6. Absatz, „Wir werden uns mit aller Kraft der Einheits- und Freiheits-Bestrebungen Deutschlands anschließen“, deutet auf die Einbindung der schleswig-holsteinischen Erhebung in die deutschen Revolutionsbewegungen der Jahre 1848/49 hin.

gung war im revolutionären Kopenhagen am 21. März 1848 eine „eiderdänische" Regierung berufen worden, im Gegenzug wurde in der Nacht vom 23. zum 24. März 1848 in Kiel die Provisorische Regierung gebildet.

Die Zusammensetzung der Provisorischen Regierung spiegelte die verschiedenen politischen Richtungen der schleswig-holsteinischen Erhebung wider – Nationalliberale, Linksliberale und Konservative. Die vor dem Kieler Rathaus verlesene Proklamation der Provisorischen Regierung mit ihren „ewig denkwürdigen Worten" stellte einen Kompromiß dar, sie verband Rechtsbewußtsein und Gesetzmäßigkeit, das Bekenntnis zum deutschen Volk und Demokratiebestreben. In kluger Selbstbeschränkung wurde mit der Fiktion des „unfreien Landesherrn" das Legitimitätsprinzip aufrechterhalten. Man habe „die Leitung der Regierung (nur vorläufig) übernommen" und werde „die übernommene Gewalt" zurückgeben, sobald der Landesherr wieder frei sei oder von der einzuberufenden vereinigten Ständeversammlung „andere Personen mit der Leitung der Landesangelegenheiten beauftragt" würden. Reformen im Innern waren ebensowenig ausgeschlossen wie die Umgestaltung der Verbindungen mit Dänemark und Deutschland aufgrund einer neuen Verfassungsurkunde.

Mit den Worten „Wir werden uns mit aller Kraft der Einheits- und Freiheits-Bestrebungen Deutschlands anschließen" legte man ein einmütiges Bekenntnis zu Deutschland und zur deutschen Revolution ab. Sie zeigen zugleich, wie stark der nationale gesamtdeutsche Gedanke für jene drei folgenden schicksalsschweren Jahre Schleswig-Holsteins war.

Eine der ersten großen Maßnahmen der Provisorischen Regierung war die Herstellung der Versammlungsfreiheit und die Einführung der Pressefreiheit am 25. März 1848, so daß in den folgenden unruhigen Wochen und Monaten eine ungehinderte politische Meinungsäußerung und -bildung möglich war. Als eine unmittelbare Folge der neuen Pressefreiheit war eine Reihe von Zeitungsgründungen zu verzeichnen. Aufgrund wirtschaftlicher Schwierigkeiten ging ein großer Teil dieser jungen freiheitlichen Presse allerdings bald ein.

Außerdem wurde die Bürgerbewaffnung unter der jeweiligen Ortsobrigkeit ausgeschrieben zur Aufrechterhaltung der öffentlichen Sicherheit und Ordnung, also im wesentlichen zu Polizeizwecken und Wachaufgaben. Diese örtlichen, demokratisch strukturierten und mangelhaft bewaffneten Einheiten hatten zwar keinen unmittelbaren militärischen Nutzen, trugen aber zur Stabilisierung der inneren Sicherheitslage bei.

Die dringlichsten Märzforderungen waren damit innerhalb nur weniger Stunden von der neuen Staatsgewalt erfüllt, einige wesentliche Grundrechte hergestellt. Die ersten folgenden Gesetze, die verabschiedet und verkündet wurden, waren sozialer Natur und beseitigten manche Ungerechtigkeit oder Ungleichheit. Mit dem großen Elan der Aufbruchstimmung wurde eine umfassende, später nicht mehr erreichte Gesetzgebungsarbeit geleistet, um Freiheit, Gleichheit und Gerechtigkeit aller Staatsbürger herzustellen.

Ein Schritt von später oft unterschätzter Bedeutung war das nach lebhaften und schwierigen Verhandlungen mit der Vereinigten Ständeversammlung zustande gekommene Wahlgesetz für die „zur Festsetzung der schleswig-holsteinischen Staatsverfassung zu berufende Versammlung“ vom 13. Juli 1848. Es ist das einzige Mal in jenem Jahr 1848, daß nicht ein Staatsoberhaupt eine verfassungsgebende Versammlung – wie sonst in den deutschen Staaten – berief, sondern daß das Volk durch seine Repräsentanten handelte. Es gab ein allgemeines und gleiches – also nicht an Besitz gebundenes – Wahlrecht für alle Männer über 21 Jahre, eine geheime Wahl dagegen noch nicht.

Die aus diesen Wahlen hervorgegangene Landesversammlung trat zu ihrer konstituierenden Sitzung in Kiel am 15. August 1848 zusammen und beschloß nach einmonatiger Beratung nach einem Entwurf der Provisorischen Regierung das „Staatsgrundgesetz für die Herzogtümer Schleswig-Holstein“, das am 15. September 1848 verkündet wurde. Von diesem Tage an war Schleswig-Holstein nach eigenem Willen ein konstitutioneller Staat als Mitglied der föderativen Ordnung Deutschlands geworden.

Das Staatsgrundgesetz ist die erste deutsche Verfassung, die durch ein von der Bevölkerung frei und demokratisch gewähltes Organ beschlossen wurde, die einen umfassenden Grundrechtekatalog und eine Garantie des bestehenden Gebrauchs der Sprachen enthält, also eine Lösung des Nationalitätenproblems im Rahmen des Minderheitenschutzes. Die Herzogtümer erklärte es als einen „einigen, unteilbaren Staat“ sowie als „Bestandteil des deutschen Staatsverbandes“ und sprach sich für die vorläufige Aufrechterhaltung der Personalunion mit Dänemark aus, wobei der dänische König als Herzog „Oberhaupt des Staates“ sein sollte. Das Staatsgrundgesetz blieb zwar für die Dauer der Erhebung bis Februar 1851 in Kraft, erreichte allerdings nie seine volle Blüte und entbehrte des Nachruhms. Es gehört zur politischen Tradition des heutigen Bundeslandes Schleswig-Holstein und wirkte indirekt auch auf dessen heutige Landesverfassung ein.

Das Staatsgrundgesetz stand allerdings in Widerspruch zu der ein halbes Jahr jüngeren sogenannten Paulskirchen-Verfassung vom 28. März 1849, die in § 1 festlegte: „Die Festsetzung der Verhältnisse des Herzogtums Schleswig bleibt vorbehalten“. Damit wollte man die bestehenden Schwierigkeiten der staatsrechtlichen Zuordnung Schleswigs zunächst umgehen, d. h. die schleswig-holsteinische Frage als eines der wichtigsten und schwierigsten Probleme deutscher Innen- und Außenpolitik wurde in seiner Lösung auf einen nicht näher bestimmten späteren Zeitpunkt verschoben.

Auch in Dänemark war man in jenen Tagen auf dem Weg zum demokratisch legitimierten Verfassungsstaat mit einer nationalpolitisch ausgerichteten Ordnung. Den liberalen Kräften gelang es, in einer für das Königreich politisch sehr schwierigen Zeit das Tor zur konstitutionellen Monarchie mit allgemeinem Wahlrecht aufzustoßen. Nach langwierigen Verhandlungen verabschiedete die Reichsversammlung am 25. Mai 1849 das Grundgesetz (Danmarks Riges Grundlov), das der König nach einigem Zögern am 5. Juni 1849 unterzeichnete. Dieses Verfassungswerk begründete die seitdem lebendige liberale und soziale Tradition der dänischen Demokratie. Keine andere europäische Monarchie jener Zeit hatte eine freiere, zukunftsoffenere Verfassung als Dänemark.

Die dänische Verfassung war wie das schleswig-holsteinische Staatsgrundgesetz und die Reichsverfassung der Paulskirche aus einer Revolution entstanden. Ihnen gemeinsam waren ihre Wurzeln in nationalen wie in liberalen Bestrebungen letztendlich desselben Ursprungs; Pressefreiheit, das Recht auf freie Meinungsäußerung, das Vereins- und Versammlungsrecht, das gleiche und allgemeine Wahlrecht, Demokratie, Parlamentarismus und Menschenwürde waren Ziele und Inhalte der nach Reformen strebenden gesellschaftlichen Kräfte im Norden wie im Süden Europas.

Auf die Provisorische Regierung in Schleswig-Holstein folgte ab Oktober 1848 die Gemeinsame Regierung, die dann nach einem halben Jahr im März 1849 von der „im Namen der Centralgewalt Deutschlands" eingesetzten Statthalterschaft abgelöst wurde. Sie blieb bis zum Ende der Erhebung im Amt, als im Februar 1851 der Deutsche Bund durch seine beiden Bundeskommissare die Regierungsgewalt übernahm.

Als nach der Bildung der Provisorischen Regierung im März 1848 die in den Herzogtümern stehenden, dem dänischen Heer angehörenden Truppen nahezu geschlossen auf die schleswig-holsteinische Seite übertraten und die Festung Rendsburg noch am 24. März 1848 durch Handstreich genommen wurde, war der Krieg unvermeidlich.

Die Stärke der auf schleswig-holsteinische Seite übergetretenen Truppen betrug ca. 2.500 Mann. Aus diesen übergetretenen Kontingenten, aus gezogenen Wehrpflichtigen, aus wilden Freischaren, aus Studenten- und Turnerkorps, aus landfremden Berufsoffizieren, aus beurlaubten Soldaten der preußischen Armee galt es, die Schleswig-Holsteinische Armee als schlagkräftiges, einsatzfähiges militärisches Instrument zu schaffen. Der Aufbau der Armee erfolgte rasch, manchmal übereilt, wobei die relativ häufigen taktischen, gliederungs- und formationsmäßigen Umorganisationen, die ständigen Kommandowechsel und personellen Neugliederungen von Nachteil für die organisatorische Gesamtheit der Schleswig-Holsteinischen Armee waren.

Am 8. April 1848 umfaßte die reguläre Schleswig-Holsteinische Armee bereits 6.150 Mann, Mitte April 1848 ca. 8.900 Mann. Nach ihrem letzten Rapport vom 16. Januar 1851 hatte die Armee eine Stärke von 860 Offizieren und 42.428 Mann, davon ca. 4.500 „Ausländer" (Nicht-Landeskinder) = 11%.

Die Provisorische Regierung versuchte zu Beginn der Erhebung durch Aufruf von Freiwilligen die eigenen Streitkräfte zu verstärken. Aus ganz

Die Osterschlacht bei Schleswig am 23. April 1848; das Gefecht am Bustorfer Teich Lithographie aus dem Jahre 1848. In der Schlacht schlugen preußische Bundestruppen unter General der Kavallerie Friedrich von Wrangel die dänische Armee, die sich daraufhin bis nach Jütland zurückzog.

Deutschland strömten Freiwillige als Einzelpersonen oder in Gruppen voller Begeisterung nach Schleswig-Holstein, wo aus ihnen vier Freikorps errichtet wurden. Ein Freikorps von ca. 700 Mann führte der nach Schleswig-Holstein beurlaubte Flügeladjutant des Königs von Bayern Major Ludwig Freiherr von der Tann, der in Schleswig-Holstein zu großer Volkstümlichkeit gelangte. Diese Freikorps wurden im Mai/Juni 1848 aufgelöst und ein neues Korps unter von der Tann gebildet, das Ende Juli 1848 als reguläres Infanterie-Bataillon in die Armee eingegliedert wurde.

Unter den Mitgliedern der Provisorischen Regierung gab es erhebliche Meinungsverschiedenheiten, wie der Krieg gegen Dänemark zu führen sei, doch kam man schließlich überein, mit einer Streitmacht nach Norden zu marschieren und sich in den faktischen Besitz des Herzogtums Schleswig zu setzen. Der erste Zusammenstoß mit der dänischen Armee bei Bau am 9. April 1848 brachte für die Schleswig-Holsteiner eine niederschmetternde Niederlage.

Der Krieg in Schleswig-Holstein gewann jedoch erst größere Ausmaße, als der Deutsche Bund mit dem X. Bundes-Armeekorps in Stärke von ca. 12.000

Mann ab April 1848 unter dem Oberkommando des preußischen Generals der Kavallerie Friedrich von Wrangel eingriff. Nach der Osterschlacht bei Schleswig am 23. April 1848 mußte sich die dänische Armee bis nach Jütland zurückziehen und deutsche Bundestruppen wurden nach Norden und gegen den Sundewitt vorgeschoben. General von Wrangel überschritt am 2. Mai 1848 die Grenze nach Jütland, und damit wurde der Krieg in das Königreich Dänemark hineingetragen.

Die Festung Fredericia wurde zunächst von Bundestruppen kampflos besetzt, denn die Dänen waren auf die Insel Fünen ausgewichen. Am 25. Mai 1848 wurde jedoch aus politischen Gründen unter dem Druck der europäischen Großmächte ganz Jütland geräumt, da das Königreich Dänemark nicht zur Interessensphäre des Deutschen Bundes gehörte. Zudem war durch den Einmarsch ein Mitglied des Deutschen Bundes – der König von Dänemark – in seinem nicht zum Bundesgebiet gehörenden Territorialbestand verletzt worden.

Die dänische Übermacht drängte zwar am 28. Mai 1848 die deutschen Bundestruppen bei Düppel zurück, doch am 5. Juni 1848 wurden die Dänen wieder bis auf die Düppeler Höhen zurückgeworfen.

Auf Druck der Großmächte wurde dann am 26. August 1848 unter schwedischer Vermittlung zwischen Dänemark und Preußen zugleich namens des Deutschen Bundes der auf sieben Monate befristete Waffenstillstand von Malmö geschlossen, der jedoch keine Lösung des Streitfalles enthielt. Nicht nur bei der Provisorischen Regierung, sondern weithin in Schleswig-Holstein, in Deutschland und bei einem Großteil der Abgeordneten in Frankfurt am Main wurde das Waffenstillstandsabkommen von Malmö als preußischer Verrat an der deutschen Sache Schleswig-Holsteins gewertet.

Die schleswig-holsteinische Angelegenheit geriet im Frankfurter Parlament in ein stürmisches Fahrwasser und die Nationalversammlung darüber selbst in eine Existenzkrise, als sie auf Dahlmanns leidenschaftlichen Protest am 5. September 1848 dem Malmöer Abkommen ihre Zustimmung verweigerte. Erst einem neuen Kabinett unter dem Österreicher Schmerling gelang es, daß am 16. September 1848 die Nationalversammlung dann doch mit knapper Mehrheit das zuvor abgelehnte Abkommen annahm. Die mit Ausschreitungen verbundene Krise fügte dem Ansehen des Parlamentes schweren moralischen Schaden zu und hatte zugleich seine Schwächen offengelegt.

Nach Kündigung des Waffenstillstandes von Malmö wurden die deutschen Bundestruppen erheblich verstärkt; sie bildeten nun die sogenannte Reichsarmee unter dem Oberkommando des preußischen Generalleutnants von Prittwitz. Zu diesem deutschen Bundesheer in der Stärke von ca. 60.000 Mann stellten alle deutschen Staaten – mit Ausnahme des Kaiserreiches Österreich – Truppenkontingente.

Die Reichstruppen rückten am 5. April 1849 gen Norden und wiederum

I.

Vom Staatsgebiet.

Art. 1.

Die Herzogthümer Schleswig-Holstein sind ein einiger, untheilbarer Staat.

Art. 2.

Jede Veränderung der Gränzen des Staatsgebiets enthält eine Aenderung der Verfassung.

II.

Vom Verhältniße zu Deutschland.

Art. 3.

Die Herzogthümer Schleswig-Holstein sind ein Bestandtheil des deutschen Staatsverbandes.

Art. 4.

Die Verfassung Deutschlands, wie sie jetzt ist, oder künftig sein wird, findet auf die Herzogthümer ihre volle und unbeschränkte Anwendung.

Art. 5.

Die für ganz Deutschland oder die Herzogthümer insbesondere von den gegenwärtigen oder zukünftigen verfassungsmäßigen Gewalten Deutschlands erlassenen oder zu erlassenden Gesetze und Anordnungen sind für die Schleswig-Holsteinischen Staatsgewalten und Staatsbürger verbindlich.

III.

Von den Staatsbürgern.

Art. 6.

Der Vollgenuß der bürgerlichen und öffentlichen Rechte ist durch das Schleswig-Holsteinische Staatsbürgerrecht bedingt.

Art. 7.

Das Schleswig-Holsteinische Staatsgürgerrecht steht Allen zu, welche, ohne in einem fremden Staatsverbande zu stehen, bereits am 15. August 1848 ihren ordentlichen Wohnort

Staatsgrundgesetz für die Herzogtümer Schleswig-Holstein vom 15. September 1848 – 1. Seite.

Bayerische und sächsische Bundestruppen nehmen am 13. April 1849 die Düppeler Höhen ein. Neuruppiner Bilderbogen aus dem Jahre 1849.

gegen den Sundewitt vor. Nach einem lange hin- und herwogenden Kampf wurden die Düppeler Höhen am 13. April 1849 von bayerischen und sächsischen Truppen genommen. Die Schleswig-Holsteinische Armee, zu deren Befehlshaber die Provisorische Regierung im September 1848 den beurlaubten preußischen Generalmajor Eduard von Bonin ernannt hatte, überschritt entgegen der Weisung des Bundes-Oberbefehlshabers die Grenze nach Jütland, besetzte am 23. April 1849 Kolding, das sie tapfer gegen anrückende dänische Truppen verteidigte, und marschierte gegen die Festung Fredericia, die sie belagerte. Am 6. Juli 1849 brachen die Dänen, die über See von Fünen her große Verstärkungen geholt hatten, überraschend aus der Festung hervor und brachten den Schleswig-Holsteinern eine schwere Niederlage bei. „Fredericia“ wurde zum militärischen Wendepunkt der schleswig-holsteinischen Erhebung.

Preußen, von den europäischen Großmächten, insbesondere Großbritannien und Rußland, bedrängt, schloß am 10. Juli 1849 wiederum zugleich im Namen des Deutschen Bundes einen Waffenstillstand mit Dänemark, als dessen Folge das Herzogtum Schleswig geräumt werden mußte. Nur 2.000

Mann preußische Truppen blieben zur Besetzung des südlich der Demarkationslinie Flensburg-Tondern gelegenen Teils von Schleswig zurück.

Ein Jahr später kam am 2. Juli 1850 zwischen Dänemark einerseits und Preußen namens des Deutschen Bundes andererseits der Friede zustande. Es war ein einfacher Friede, d. h. der Kriegszustand wurde beendigt. Preußen rief seine noch ca. 80 beurlaubten aktiven Offiziere, die teilweise schon seit 1848 in der Schleswig-Holsteinischen Armee dienten, zurück und zog vereinbarungsgemäß seine Truppen aus Schleswig ab. Das politische Problem aber blieb weiterhin ungelöst.

Nach dem Berliner Frieden bestand seitens des dänischen Oberkommandos die Absicht, den Krieg in Schleswig-Holstein durch eine entscheidende Schlacht zu beenden. Andererseits war die Statthalterschaft der Herzogtümer Schleswig-Holstein in totaler Verkennung der politischen wie militärischen Lage nicht gewillt, kampflos zu weichen. Die Nachfolge Bonins als Oberkommendierender der Schleswig-Holsteinischen Armee hatte am 9. April 1850 der verabschiedete preußische Generalmajor Karl Wilhelm Freiherr von Willisen, nunmehr in dem Range eines Generalleutnants, übernommen, den die Statthalterschaft zu einem entscheidenden Schlag drängte.

Nach dem Abmarsch der preußischen Truppen aus Schleswig rückten die Schleswig-Holsteiner in die Stellung bei Idstedt ein, wo man den Angriff der Dänen abwarten und erst, wenn sie geschlagen, weiter nach Norden vordringen wollte. Bei Flensburg vereinigten sich am 18. Juli 1850 zwei dänische Armeekorps in der Gesamtstärke von 37.000 Mann und traten von dort den Vormarsch nach Süden an.

Am 25. Juli 1850 kam es bei Idstedt zu der blutigsten und verlustreichsten Schlacht nördlich der Elbe, die zu einer folgenschweren Niederlage für die Schleswig-Holsteinische Armee und die Herzogtümer wurde. Die Verluste beider Seiten betrugen ca. 10 % der Gesamtstärke, auf schleswig-holsteinischer Seite 2.888 Mann, auf dänischer Seite 3.798 Mann. Die Schleswig-Holsteiner zogen sich noch in der der Schlacht folgenden Nacht in die Festung Rendsburg zurück.

General von Willisen hatte den Gedanken an eine weitere Offensive aufgegeben, er wollte sich jetzt nur noch auf die Verteidigung der Eiderlinie beschränken und Rendsburg verstärken. Doch die Statthalterschaft drängte zu einem neuen Militärschlag, insbesondere nachdem die Armee auf über 40.000 Mann durch Einberufung und Werbung angewachsen war. Mit dem erfolglosen Vorstoß auf die inzwischen stark befestigten Stellungen bei Missunde am 12. September 1850 und der vergeblichen, strategisch falschen Bestürmung Friedrichstadts vom 29. September bis 4. Oktober 1850 ließ sich das Schicksal des Landes nicht mehr wenden.

Schleswig-Holstein war nicht nur militärisch besiegt, es mußte auch politisch kapitulieren. Die schleswig-holsteinische Frage wurde außerhalb des

Die Idstedt-Halle auf dem Gelände des Schlachtfeldes der Schlacht bei Idstedt vom 25. Juli 1850. Die Idstedt-Halle ist heute zentrale Erinnerungsstätte an die schleswig-holsteinische Erhebung von 1848/51. Foto: Gerd Stolz, Kiel

Landes auf europäischer Ebene unter dem Druck der Großmächte entschieden. In der Punktuation von Olmütz vom 29. November 1850 verständigte sich Preußen mit Österreich, indem es auf seine bundesstaatlichen Pläne verzichtete und die schleswig-holsteinische Sache dem Frieden opferte.

Am 1. Februar 1851 übergab die Statthalterschaft die Regierungsbefugnisse den Bundeskommissaren. Nach einjähriger Besetzung durch österreichische und preußische Exekutionstruppen wurde das Land 1852 wieder der Autorität des Königs von Dänemark unterstellt.

Die Belagerung und Beschießung Friedrichstadts durch die Schleswig-Holsteinische Armee im Herbst 1850

Gerd Stolz

Politische Situation im Sommer 1850

Mit dem Kampf bei Idstedt am 25. Juli 1850 hatte die im März 1849 eingesetzte Statthalterschaft der Herzogtümer Holstein und Schleswig (Wilhelm Hartwig Beseler und Friedrich Graf von Reventlou) nicht nur den am 2. Juli 1850 in Berlin zwischen Dänemark und Preußen – zugleich im Namen des Deutschen Bundes – geschlossenen Frieden nicht anerkannt, sondern sich auch gegen die deutsche Zentralgewalt – wie sie auch immer damals von tatsächlichem Bestand gewesen war – und die ehemaligen Verbündeten gestellt. Nach den Bestimmungen des Berliner Friedensvertrages sollten die Befugnisse der Statthalterschaft entsprechend den tatsächlichen Gegebenheiten solange auch auf das Herzogtum Holstein beschränkt bleiben, aber später wieder auf den König als Herzog und Landesherrn übergehen und im weiteren der territorialstaatliche Status quo von 1848 wiederhergestellt werden.

Der Statthalterschaft war in dem Friedensvertrag von Berlin in keiner Weise gedacht worden, da nach legitimistischen Prinzipien ihre Existenz und ihre Funktionen mit der Wiederherstellung der alten Ordnung überflüssig würden. Eine politische Lösung dieser wie auch anderer Fragen hatte bei dem Friedensvertrag überhaupt keine Rolle mehr gespielt, denn angesichts des Sieges der Reaktion über die Revolution in Deutschland und des internationalen Druckes insbesondere der europäischen Großmächte auf Preußen galt es vielmehr nur noch, mit Schleswig-Holstein einen lästigen Störenfried und gefährlichen Brandherd auszulöschen.

Die internationale europäische wie auch innerdeutsche Situation hatte sich längst von Schleswig-Holstein abgewandt, übergreifende Sympathien, wie sie sich noch in der Paulskirchenversammlung manifestieren konnten, gab es kaum mehr. Die Schleswig-Holstein-Frage hatte jeglichen Zuspruch in Deutschland verloren. Die Statthalterschaft fand außerhalb ihrer Machtgrenzen kein Vertrauen mehr, sie verkannte die machtpolitische wie militärische Situation, sie hatte zudem kein diskussionswürdiges Konzept einer zukunftsorientierten Lösung, verharrte vielmehr in überholten Positionen. In irgendeiner Weise noch Einfluß zu nehmen auf den Gang der Ereignisse und die Ergebnisse war der Statthalterschaft nicht möglich.

Eduard von Bonin

Im März 1850 war Generalleutnant Eduard von Bonin (1793–1865; der spätere zweimalige preußische Kriegsminister 1852–54 und 1858–59) samt den übrigen für den Dienst in der Schleswig-Holsteinischen Armee beurlaubten preußischen Offiziere vom preußischen König zurückgerufen worden; zu diesen Offizieren gehörten auch der Hauptmann von Blumenthal als Generalstabschef sowie die Premierleutnants Schimmelpfennig v. d. Oye als dessen Stellvertreter und v. Treskow, so daß eine fachgerechte Besetzung des Generalstabes nicht mehr bestand. Angesichts der politischen Situation konnte sich Preußen weder eine weitere direkte noch indirekte Unterstützung der Schleswig-Holsteiner durch „Ausleihe" von aktiven Soldaten leisten. Die für die preußischen Interessen stark im Vordergrund stehende Aussöhnung mit den europäischen Großmächten war nur möglich, wenn die noch im Dienste Preußens stehenden und zur Schleswig-Holsteinischen Armee beurlaubten Offiziere zurückbeordert würden. Mit dem Ausräumen dieses Hindernisses war für Preußen eine wesentliche „Vorbedingung" zu einem Ausgleich mit den Großmächten erfüllt.

Die Schleswig-Holsteinische Armee verlor mit Eduard von Bonin nicht nur einen mit den Verhältnissen in Schleswig-Holstein vertrauten Oberkommandierenden, sondern auch einen energischen, tatkräftigen Organisator in schwerer Zeit, der ihr allerdings die preußische Armee als Vorbild verordnet hatte. Es war ihm zwar in dem raschen, teilweise übereilten Auf- und Ausbau gelungen, der Schleswig-Holsteinischen Armee eine klare Gliederung und Struktur zu geben, die Organisation und Ausbildung dem sich ständig erweiternden jeweiligen Personalbestand anzupassen, Bekleidung und Ausrüstung nach den Grundsätzen von Zweckmäßigkeit und Modernität aufgrund des preußischen Vorbildes zu vereinheitlichen, doch Bonin war ein beurlaubter preußischer General, der auch in schleswig-holsteinischen Diensten abhängig blieb von den Direktiven aus Berlin – nicht von Weisungen aus Frankfurt am Main. Er war kein Militärstratege mit politischem Intellekt. Die – auch qualitativen – Personalmängel in der obersten, oberen und teilweise mittleren Führungsebene zugunsten der schleswig-holsteinischen Seite zu beseitigen war ihm nicht gegeben, vielleicht preußischerseits auch nicht vergönnt.

Eduard von Bonin, Oberkommandierender und Generalleutnant der Schleswig-Holsteinischen Armee. Lithographie nach einer Zeichnung von Friedrich Adolf Hornemann aus dem Jahre 1849. Bonin war Befehlshaber der Schleswig-Holsteinischen Armee vom 27. September 1848 bis 9. April 1850.

Karl Wilhelm von Willisen

Die Lücke, die durch Bonins und der preußischen Offiziere Abgang entstanden war, mußte seitens der Statthalterschaft schnell geschlossen werden, auch wenn der Großteil der Mannschaften im Frühjahr 1850 noch beurlaubt war. Da aus dem Lande selbst als Oberkommandierender kein geeigneter Offizier nach Ausbildung, Qualifikation, Erfahrung und Lebensalter zur Verfügung stand, blieb als Ausweg nur der Rückgriff auf einen fremdländischen qualifizierten General; ein solcher mußte außer der Militärführung nicht allein die von Bonin veranlaßten Maßnahmen und Strukturen in der Schleswig-Holsteinischen Armee aufnehmen, sondern zudem noch in den Grundlinien die schleswig-holsteinische Erhebung und das Verhalten der Statthalterschaft mittragen.

Ein erneuter schleswig-holsteinischer Rückgriff auf einen noch in Diensten stehenden, zu beurlaubenden preußischen Offizier war angesichts dieser vielschichtigen Konstellation ausgeschlossen, es wäre einer Brüskierung Preußens gleichgekommen. Als die Statthalterschaft in Verkennung dieser Sachlage wenig feinfühlig dennoch auch bei zwei aktiven preußischen Generälen wegen der Übernahme des Oberkommandos anfragen ließ, erhielt sie verständlicherweise ein negative Antwort.

Über den Justizrat Rudolph Schleiden in Paris kam im Frühjahr 1850 der Kontakt zwischen der Statthalterschaft und dem 60jährigen zur Disposition gestellten preußischen Generalmajor Karl Wilhelm Freiherr von Willisen zustande, mit dem es im Spätsommer 1849 bereits schon einmal eine lockere Fühlungnahme gegeben hatte. Er übernahm nun als Generalleutnant die Führung der Armee, nachdem ihm Anfang April 1850 Beseler und der damalige Departement-Chef des Krieges (Kriegsminister) von Krohn die Lage der Herzogtümer – aus schleswig-holsteinischer Sicht – dargelegt und seinen Forderungen – u. a. eine Armee von mindestens 30.000 Mann mit 3.000 Mann Kavallerie und 1.000 Mann Artillerie sowie Geldmittel für eine sechsmonatige Kriegsführung – zugestimmt hatten. Die Statthalterschaft meinte, mit Willisen den richtigen Griff getan zu haben.

Willisen hatte sich insbesondere als militärhistorischer Schriftsteller und als ein einem schablonenhaften Schematismus anhängender Kriegstheoretiker einen Namen gemacht, dessen strategische Vorstellungen im krassen Widerspruch zu den von Clausewitz vertretenen Grundsätzen und Gedankengängen stand. Er galt als ein Befürworter der Freiheitsbewegungen der Völker, wodurch er konservativen Kräften in Preußen sehr suspekt war. Außerdem war Willisen ohne jegliche (Kriegs-)Erfahrung in der Führung großer Verbände. Willisen war im Grunde ein im militärischen Gehorsam handelnder Soldat, jedoch keine Führungspersönlichkeit mit Charisma, Phantasie und Weitblick.

Der preußische König genehmigte Willisen zwar den nachgesuchten defi-

Generaleutnant Karl Wilhelm Freiherr v. Willisen als Oberkommandierender der Schleswig-Holsteinischen Armee im Jahre 1850. Lithographie aus dem Jahre 1850.

nitiven Abschied aus preußischen Diensten, doch war man über seine Entscheidung, in schleswig-holsteinische Dienste zu treten, keineswegs erfreut und ließ es ihn auch spüren. Man sah preußischerseits in Willisens Schritt einen Affront und eine Beeinträchtigung der preußischen Politik.

Willisen fand in Schleswig-Holstein bei Dienstantritt keinen Generalstab vor, es herrschte ein erheblicher Mangel an Offizieren, die nun aus den verschiedenen deutschen Staaten angeworben wurden. Bald nach Kommandoübernahme veränderte Willisen den Rahmen und die Organisation der Schleswig-Holsteinischen Armee u. a. durch Neugliederung der Infanterie und eine neue taktische Aufstellung der Bataillone – „so geschah es, daß im Verlauf der nächsten Monate durch den General Willisen in der Armee Alles vollständig durcheinander geworfen und das Unterste zu oberst gekehrt ward, so daß sie, als im Juli dann der Krieg ausbrach, statt reorganisirt in Wahrheit desorganisirt war“. (Fock S. 266)

Das Verhältnis zwischen Statthalterschaft und Willisen wurde nicht von einer Gemeinsamkeit der Standpunkte bestimmt, vielmehr gab es von seinem Amtsantritt an zahlreiche Spannungen, die sich verstärkten und vertieften. Nach der Schlacht bei Idstedt war der gegenseitige Vertrauensverlust so groß, daß die Statthalterschaft ihn nur noch mit Argwohn beobachtete, Willi-

Generalleutnant Karl Wilhelm Freiherr v. Willisen. Neuruppiner Bilderbogen aus dem Jahre 1850. Den Druckstein des Bildes hatte Gustav Kühn bereits 1848 für ein Bild des Prinzen Friedrich zu Schleswig-Holstein-Sonderburg-Augustenburg benutzt; er änderte nur die Köpfe, Kopfbedeckungen und Uniformen.

sen hingegen in einem von ihm verfaßten Zeitungsartikel gegen die Politik der Statthalterschaft Position bezog und, als ein über ihn verhängter Kriegsrat zusammentrat, Anfang September 1850 sein Entlassungsgesuch einreichte, am folgenden Tage aber zurücknahm. Der endgültige Bruch war damit zwar noch einmal vermieden worden, allein eine Vertrauensbasis gab es nicht mehr, vielmehr von schleswig-holsteinischer Seite mannigfache Vorwürfe gegen Willisen von Unfähigkeit bis hin zu Verrat.

Willisens weiteres Handeln war von Unentschlossenheit geprägt, er hatte das innere Gleichgewicht und auch das Vertrauen der Armee verloren. Die Statthalterschaft drängte auf eine Offensive, Willisen zögerte und verwies in seiner doktrinären Art verstärkt auf das Labyrinth seiner Theorien. Eine nochmalige Offensive schien er endgültig aufgegeben zu haben und wollte sich darauf beschränken, die Eiderlinie zu verteidigen.

Militärische Situation in Schleswig-Holstein im Spätsommer 1850

Willisen zog im Sommer 1850 weitere Truppen nach Rendsburg, das er binnen kurzer Zeit in ein verschanztes Lager verwandelte in dem Bestreben, den Dänen hier mit ganzer Kraft entgegenzutreten. So vermied er es, stärkere Truppenkontingente an wichtige Positionen zu entsenden – zur Deckung der linken Flanke hatte er lediglich die 1. Infanterie-Brigade in die Landschaft Stapelholm entsandt, Friedrichstadt wurde nur schwach, Eckernförde gar nicht besetzt.

Am 3. August 1850 besetzte Hauptmann von Schöning mit zwei Kompanien des 1. Jägerkorps Friedrichstadt. Da er sehr schnell festgestellt hatte, daß die umliegenden Ortschaften – Schwabstedt, Lehmsiek, Winnert, Ostenfeld und ab 6. August auch Husum – mit dänischen Truppen belegt waren, bat er sogleich um Verstärkung, doch sandte ihm Willisen lediglich 80 Mann. Am 5. August 1850 bat Schöning daher erneut um weitere Verstärkung – zu spät.

Willisen wartete vergebens auf einen Angriff seitens der Dänen. Generalleutnant Gerd Christopher von Krogh, der damalige dänische Oberbefehlshaber, soll bei einem Essen angesichts dieser Situation gesagt haben: „Willisen wartet, daß wir ihn angreifen, wir dagegen warten auf seinen Angriff. Wir wollen mal sehen, wer das Warten am längsten aushält." (Fock S. 320)

Dänemark nutzte nach der Schlacht bei Idstedt die veränderte politische wie militärische Lage, unter Beachtung völkerrechtlicher Regelungen und machtstrategischer Gegebenheiten seine Position in Schleswig-Holstein zu festigen. Es hatte seine strategische Position im europäischen Kräftefeld erkannt und versuchte daher unter Gewinnung von Zeit, einen weiteren Zusammenstoß mit der Schleswig-Holsteinischen Armee zu vermeiden.

Die dänische Armeeführung verwandte die Zeit seit Sommer 1850 zu einer Konsolidierungsphase für ihre gesamten Streitkräfte, ohne dabei allerdings das politische Ziel der Rückgewinnung der Herzogtümer für den Gesamtstaat – gegebenenfalls unter weiterem Einsatz von Waffen – zu vernachlässigen. Dänischerseits galt es somit zunächst einmal, das Herzogtum Schleswig – das nicht zum Deutschen Bund gehörte – und die Flankenstellungen zu sichern.

Krogh konzentrierte die dänische Armee mit fünf Brigaden zunächst bei Schleswig, von denen er eine Brigade nach Missunde entsandte, die sofort das von Schleswig-Holsteinern verlassene Eckernförde mit einem Bataillon besetzte. Eine weitere Brigade setzte sich entlang des Danewerkes von Schleswig bis Hollingstedt fest. Die gesamte Strecke wurde dänischerseits unter Leitung hervorragender Ingenieur-Offiziere binnen kurzer Zeit befestigt und durch Verschanzungen verstärkt, ohne daß seitens der Schleswig-Holsteiner auch nur ein einziges Mal versucht worden wäre, diese Arbeiten zu-

Die drei Freunde Frederik Adolf Schleppegrell, Olaf Rye und Hans Helgesen (v.l.n.r.) nach einer Zeichnung von H. P. Hansen, aus: Otto Vaupell, Kampen for Sønderjylland, København 1888.

mindest zu stören. Ein Vorrücken in das Herzogtum Holstein sah man dänischerseits als eine Verletzung des Berliner Friedensvertrages an, die die für Dänemark positiv zu wertenden Bemühungen der europäischen Mächte um eine Beendigung des Krieges hätte empfindlich stören können.

Bereits am 30. Juli 1850 ließ Krogh zudem ein starkes Streifenkommando, die Vorhut der von Oberst v. Schepelern befehligten 3. Infanterie-Brigade, unter Führung von Oberstleutnant Helgesen über Husum nach Eiderstedt gehen, das dann am 7. August 1850 die schwache schleswig-holsteinische Besatzung aus Friedrichstadt vertrieb. Hauptmann v. Schöning zog sich gemäß dem Befehl „die Stadt nicht zu halten, sondern jedem ernsthaften Angriff auszuweichen" (Lüders S. 134) nach Stapelholm zurück, wo die am 8. August 1850 von Rendsburg entsandte Verstärkung – die 3. und 4. Kompanie des 1. Jägerkorps sowie ein Zug Dragoner – zum Detachement stieß. Doch sie konnten nicht mehr viel ausrichten.

In den Spätsommertagen des Jahres 1850 grassierte in Schleswig-Holstein die Cholera, die auch auf die Zelt- und Hüttenlager der Schleswig-Holsteinischen Armee übergriff; allein in den beiden ersten August-Wochen starben 197 Soldaten.

Willisen verstärkte zum Schutz des linken Flügels der Schleswig-Holsteinischen Armee und Stapelholms die dortigen Posten durch das 11. Infanterie-Bataillon, eine Schwadron Dragoner und eine 6pfd. Batterie. Als am 25. August 1850 zwei dänische Kompanien zur Erkundung aus Friedrichstadt gegen Süderstapel vorgeschickt wurden, gelang es der dortigen starken Feldwache des 1. Jägerkorps, den Angriff abzuwehren; die dänischen Truppen zogen sich daraufhin wieder nach Friedrichstadt zurück. Ein erneut vorgetragener dänischer Angriff am 8. September 1850 von Friedrichstadt aus über Seeth mit ca. 1.100 Mann und zwei Geschützen mit dem Ziel, die Landschaft Stapelholm einzunehmen, scheiterte nach einem mehrstündigen Gefecht bei Süderstapel an der tapferen und geschickten Abwehr des schleswig-holsteinischen 1. Jägerkorps unter Hauptmann Lütgen, das durch die 1. Kompanie des 11. Infanterie-Bataillons verstärkt worden war. Diese Gefechte zählen zu den zahlreichen kleinen Zusammenstößen jener Tage zwischen Patrouillen und Vorposten beider Seiten oder zum Zwecke der feindlichen Aufklärung, sie hatten jedoch keinen Offensivcharakter zumindest gegen einen größeren Truppenverband.

Oberstleutnant Hans Helgesen

Zum Kommandanten von Friedrichstadt war dänischerseits Oberstleutnant Hans Helgesen bestimmt worden, ein mutiger, erfahrener, von Legenden und Gerüchten umgebener, etwas knorriger Offizier. Er war ein Mensch voller Abenteuerlust, kaltblütiger und rauher Energie, Schlauheit und landsknechtartigem Leichtsinn. Sein umsichtiges und tapferes Verhalten in Friedrichstadt, das auch auf deutscher Seite uneingeschränkte Anerkennung fand, ließ ihn dann in Dänemark zum Volkshelden werden.

Hans Helgesen wurde am 4. Oktober 1793 in Oslo (Kristiania) geboren und hatte dort bis Januar 1813 die Landkadetten-Akademie mit Abschluß des Offizierspatentes besucht. Er nahm am schwedisch-norwegischen Krieg 1813 teil, wollte dann in russische Dienste übertreten, traf aber auf der Reise nach Kopenhagen den damaligen dänischen Kronprinzen Christian Frederik (den späteren König Christian VIII. von Dänemark), wurde dessen zeitweiser Adju-

Oberstleutnant Hans Helgesen. Aus: Vilhelm Holst, Felttogene 1848, 49, 50, København 1852.

tant und trat dann 1815 auf dessen Fürsprache als Voluntäroffizier in die preußische Armee ein, mit der er u. a. an den Schlachten von Ligny und Waterloo gegen die napoleonischen Truppen teilnahm.

Helgesen diente danach von 1816 bis 1818 als Leutnant im dänischen Hilfskorps, das Teil der aufgrund des Wiener Kongresses zusammengestellten alliierten Besatzungsstreitkräfte in Frankreich war. Das anschließende ruhige Garnisonsleben in Rendsburg behagte dem ungestümen Helgesen nicht. Er nahm seinen Abschied und reiste für mehrere Jahre nach Frankreich, wo sich viele Gerüchte um seinen Lebensstil und -wandel rankten. 1833 kehrte er in sein Geburtsland Norwegen zurück, konnte sich aber in seiner Heimat nicht zurechtfinden und siedelte 1840 nach Dänemark über. Die erhoffte Anstellung im dänischen Heer erhielt Helgesen zwar nicht, doch gewährte ihm der König eine kleine Unterstützung.

Helgesen suchte sich nun einen Wohnplatz nahe Rendsburg, um seiner Leidenschaft, der Jagd und Fischerei, nachgehen zu können. Etwas verdrossen, keine Anstellung in königlichen Diensten erhalten zu haben, lebte er in einem kleinen Haus in Kleinsee bei Bergenhusen und pachtete zwecks Sicherung seines Lebensunterhaltes weitere Jagdreviere in der Landschaft Stapelholm. Er war dort bald eine weithin bekannte Persönlichkeit.

Als im Frühjahr 1848 die schleswig-holsteinische Erhebung ausbrach, sah Helgesen ein neues Betätigungsfeld für seine brachliegende Tatkraft und eine Gelegenheit, seiner unerwünschten Untätigkeit ein Ende zu setzen. Er ritt nach Rendsburg zum Prinzen von Noer in der Zuversicht, daß er bei dem großen Mangel an Offizieren in der neu aufzustellenden Schleswig-Holsteinischen Armee willkommen sein würde. Doch der Prinz von Noer wies Helgesen barsch zurück: „... Ich kann Sie nicht gebrauchen, scheren Sie sich zum Teufel!" – Helgesen schlug die Hacken zusammen, machte kehrt, sattelte sein Pferd und – ritt direkt ins dänische Lager.

Helgesen wurde als Hauptmann der Reserve in das dänische Heer eingestellt und zunächst dem Stabe Schleppegrells, seines Freundes aus norwegischer Leutnantszeit, zugeteilt. Er nahm 1849 an den Kämpfen bei Kolding und Fredericia teil, wurde zum Major und am 26. August 1849 zum Oberstleutnant befördert.

Als die Dänen am 7. September 1850 die schwache schleswig-holsteinische Besatzung aus Friedrichstadt vertrieben, wurde Helgesen aufgrund seiner hervorragenden Kenntnisse der Landschaft Stapelholm zum Kommandanten für Friedrichstadt bestellt; Helgesen war mit den natürlichen Gegebenheiten der Landschaft vertraut, er übersah die militärischen Möglichkeiten und Notwendigkeiten.

Helgesens hilfreicher, vortrefflicher und ortskundiger Stabschef war Kapitän A. B. Hoffmann, ein gebürtiger Friedrichstädter, mit dem Helgesen in dieser Zusammenarbeit Freundschaft schloß und der 1864 bei Fredericia fiel. Hoffmanns Mutter bewohnte damals noch in Friedrichstadt ein Haus am Markt, und zwei ihrer Söhne dienten in der Schleswig-Holsteinischen Armee. Die Tragik dieses Krieges zeigte sich bei dieser wie bei vielen anderen Familien: Es standen Bruder gegen Bruder, Väter gegen Söhne.

Geographische Situation Friedrichstadts und Verteidigungsmaßnahmen

Nach der Einnahme Friedrichstadts hatten die Dänen sogleich begonnen, die durch die Natur begünstigte Verteidigungsstellung der offenen Stadt durch Anstauungen der Treene, Dammdurchstiche und andere Befestigungsmaßnahmen zu verstärken. „Am 7. August um 6 Uhr abends zogen die Dänen unter Oberstleutnant Helgesen in die Stadt ein. Sie legten starke Befestigungen an: eine große Schanze bei der Borkmühle, eine bei Gooshof, eine auf der Chaussee nach Seeth nebst einem verdeckten Blockhaus, welches zwei Kompanien aufnehmen konnte, und mehrere kleine Schanzen." – Die Borkmühle wurde zunächst abgedeckt, der Rest später noch niedergebrannt, der große Speicher am Mittelburgwall bei der Kirche als Kasernenunterkunft eingerichtet. Eine stärkere Besatzung Friedrichstadts schien zunächst nicht notwendig.

Friedrichstadt liegt am Zusammenfluß von Treene und Eider in einer eingedeichten Marschniederung. Der Einfluß der Treene in die Eider wurde damals mittels drei Schleusen geregelt, so daß mit ihnen auch das Wasser der

Oberstleutnant Helgesen auf den Befestigungswerken von Friedrichstadt. Lithographie nach einer Zeichnung von Niels Simonsen aus dem Jahre 1850.

Treene angestaut werden konnte. Die Dänen hatten sich diesen Umstand zunutze gemacht und den Wasserstand der Treene um ca. 1,20 m erhöht. Damit waren zugleich die Eider undurchwatbar und einige ihrer Uferstrecken überflutet worden.

„Auf dem rechten Eider-Ufer führt von Osten her nur ein Hauptweg, und zwar die Chaussee über Seeth auf Friedrichstadt. Der nördliche Eiderdeich, sowie der Damm auf dem linken Treene-Ufer bieten außerdem noch Annäherungswege dar, welche indeß, ebenso wie die Landwege auf dem linken Eider-Ufer, nach einigen Regentagen, und in der nassen Jahreszeit für schweres Kriegsfuhrwerk vollständig inpraktikabel sind.

Die flache Marsch-Niederung auf dem linken Eider-Ufer bei St. Annen konnte von den Thürmen von Friedrichstadt übersehen werden, weshalb eine heimliche Annäherung hier nur in der Dunkelheit möglich war. An dem südlichen Eider-Deiche konnte man indeß vom Feinde ungesehen bis in das Fährhaus, Friedrichstadt gegenüber, gelangen, welcher Punkt sich zur Aufstellung von schweren Geschützen eignete, da der Deich als Brustwehr zu nutzen war, und die Batterien somit ohne viel Zeit und Mühe erbaut werden konnten.

Westlich von Friedrichstadt breitet sich ebenfalls Marschland aus, von der Chaussee nach Koldenbüttel durchschnitten, die sich hier theilt, und nördlich nach Husum, südlich aber nach Tönningen führt. Verschanzungen befanden sich hier nicht. Es war daraus zu folgern, daß man Dänischer Seits nur einen Angriff von Osten hier annahm." (MiLWoBL.1851 S. 21)

Alle diese topographischen Gegebenheiten hatte man dänischerseits zur Verteidigung Friedrichstadts sehr geschickt genutzt.

„Die östlich vorliegenden Wassergräben hatte man vertieft und verbreitert und mittelst Durchstiches der Treene-Dämme mit Wasser angefüllt. Der Chaussee-Damm nach Seeth war an zwei Stellen in einer Breite von 5 – 6 m durchstochen.

Die fortificatorischen Anlagen an der östlichen Front der Stadt bildeten drei Vertheidigungslinien:

Die äusserste Linie bestand aus einem Bankett-Einschnitt längs dem Treene-Deich, welcher am linken Treene-Ufer begann und bei der Südostecke der Stadt an die Eider stiess. Der rechte Flügel dieser Linie wurde durch das Mühlenwerk (so genannt nach einer dort befindlichen aufgelassenen Mühle [Anm. d. Verf.: Borkmühlenschanze]) gestützt. Wo der Treene-Deich von der Chaussee durchschnitten wird, war neben einem Werke für Infanterie ein Kanonen-Emplacement angelegt und in nordöstlicher Richtung von demselben, dicht hinter einem breiten und tiefen Deichdurchstich, eine Brustwehr für Infanterie aufgeführt, an welche sich in nordwestlicher Richtung eine Reihe von Infanterie-Emplacements anschloss. Zwischen diesen und der Treene bildete der mit einem breiten nassen Graben umgebene, zur Vertheidigung hergerichtete Greweshof den Abschluss. Im südlichen Theile dieser Linie bot der gleichfalls von einem tiefen Wassergraben umzogene Gooshof ein gutes Mittel zu deren Flankenbestreichung. Auf dem Eider-Deiche war 800 Schritt vor dem Mühlenwerke ein Rentranchement für Infanterie und Espignolen errichtet. – Durch diese Arbeiten war Friedrichstadt gegen eine Vorrückung auf den drei Annäherungslinien Treene-Deich, Chaussee und Eider-Deich geschützt. Außerdem erschwerten zahlreiche Hindernisse, als: Verpfählungen, Einschnitte, Eggen, ein etwaiges Vordringen.

Die zweite Vertheidigungslinie bestand aus drei Werken für Infanterie und Geschütze, und zwar aus dem Treene-Werk vor dem Gross-Garten, dem Centralwerk an der Chaussee und dem Kalkofenwerk am Eider-Deiche, an welch letzteres sich südlich ein Espignolen-Emplacement anschloss.

Die dritte Vertheidigungslinie wurde von der Ostfront der Stadt selbst gebildet. Deren äusserste Gebäude waren crenelirt und daselbst beiderseits des Treene-Armes kleine Verschanzungen für Infanterie, theilweise auch Geschützstände errichtet. An der Südfront der Stadt befanden sich nahe dem Kalkofenwerke im Eider-Deiche Emplacements für 4 Geschütze. Die weniger gefährdete Westfront der Stadt war nur durch drei Schanzen längs des westlichen Deiches und durch in den letzteren eingeschnittene Bankette verstärkt worden." (Sternegg, Friedrichstadt, S. 1 f.)

Dänischerseits wurde über Friedrichstadt der Belagerungszustand verhängt, das heißt u. a. die Briefzensur eingeführt, die Pressefreiheit eingeschränkt, der Fährverkehr über die Eider zum Dithmarscher (Holsteinischen) Ufer zwangsweise eingestellt, die Zufahrt nach Westen streng überwacht.

Planungen der Schleswig-Holsteiner gegen Friedrichstadt

Unterdessen scheiterte am 12. September 1850 das von der Schleswig-Holsteinischen Armee mit starker Macht unternommene Unternehmen gegen den von 4.000 Mann dänischer Truppen verteidigten Brückenkopf bei Missunde, das Willisen ausschließlich auf Drängen der Statthalterschaft gegen seine eigenen Vorstellungen eingeleitet hatte. Es bestanden bereits damals berechtigte Zweifel, ob seitens der schleswig-holsteinischen Armeeführung überhaupt ein Übergang über die Schlei ernstlich beabsichtigt war, da Gerät für einen Brückenschlag seitens der Schleswig-Holsteiner gar nicht mitgeführt wurde. Das dänische Heer mit einem solchen dilletantisch geführten Unternehmen vielleicht sogar aus seiner sicheren Stellung bei Schleswig herauslocken zu wollen, war eine grobe Fehleinschätzung der eigenen Möglichkeiten wie auch der dänischen Position und Stärke.

Nach dem Gefecht bei Missunde war eine allgemeine Ruhe eingetreten, und es schien in Willisens Absicht zu liegen, angesichts dieses total mißlungenen Versuchs einer Offensiv-Operation keine weiteren Schritte mehr zu einer Angriffsmaßnahme einzuleiten. Da indes die politischen Verhältnisse in eine für die Herzogtümer zunehmend ungünstiger werdende Richtung verliefen und man im Lande der Ansicht war, daß ein baldiges Einschreiten der Großmächte jedes selbständige Handeln unmöglich machen würde, der Ausgang einer begrenzten militärischen Aktion der Sache aber vielleicht doch noch eine günstige Wendung geben könnte, drängte man Willisen, das leichtfertig aufgegebene Friedrichstadt zurückzugewinnen. Die Statthalterschaft, die sich im übrigen in der Frage einer Beibehaltung oder Entlassung des Oberkommandierenden nicht einig war, bestand auf einer baldigen neuerlichen Vorwärtsbewegung, zumal sich der Verlust Friedrichstadts inzwischen immer mehr in seiner ganzen wirtschaftlichen, politischen wie besonders militärischen Bedeutung herausstellte. Willisen vertrat dagegen die Ansicht, eine neue Offensive mit Aussicht auf Erfolg aus militärischen Gründen nicht unternehmen zu können und den Angriff der Dänen in der jetzigen Stellung der Schleswig-Holsteinischen Armee abwarten zu wollen. Schließlich beugte er sich aber dem politischen Willen, ohne daß die Gründe seines Wandels sicher erkennbar sind. Willisen erwies sich in seinem Handeln als ein fachlich ungeeigneter, uneinsichtiger und die Verantwortung (erneut) scheuender Berater der politischen Spitze. Er vermochte nicht, den aus den vorangegangenen Unternehmen gewonnenen Erfahrungen Geltung zu verschaffen, spätestens jetzt wäre sein Rücktritt als Signal an die politisch Handelnden angezeigt gewesen.

Nachdem zuvor Überlegungen für eine Operation gegen Hollingstedt verworfen worden waren, forderte die Statthalterschaft Willisen am 21. September 1850 nahezu ultimativ auf, mit den Maßnahmen gegen Friedrichstadt zu beginnen und die Stadt zurückzuerorbern.

Bereits Mitte September 1850 hatte Generalmajor Ludwig von Wissel (1796–1853), Kommandeur der schleswig-holsteinischen Artillerie, zusammen mit dem Hauptmann im Generalstab von Alten mit Willisens Einvernehmen die Umgebung von Friedrichstadt erkundet und auftragsgemäß den Vorschlag eines Angriffsplanes erarbeitet. Danach sollten mindestens zwei Infanterie-Brigaden (= zehn Bataillone), durch Artillerie und Marine unterstützt, überfallartig die Stadt gleichzeitig von Osten, Süden und Westen angreifen und einnehmen. Mindestens zwei Bataillone von ihnen sollten bei Wollersum die Eider überqueren und über Koldenbüttel von Westen (wo es keine Verschanzungen der Dänen gab), der Rest in vier Sturmkolonnen auf der Chaussee von Seeth und längs des schmalen Eider-Deiches von Osten gegen Friedrichstadt vorgehen. Eine auf dem Damm am südlichen Eider-Ufer anzulegende Kanonen- und Mörser-Batterie sollte ebenso wie mehrere auf der Eider operierende Kanonenboote den Angriff durch Beschießung der Borkmühlenschanze und des Geschützstandes am Fährhaus unterstützen. Um die Aufmerksamkeit der Dänen abzulenken und deren Kräfte zu binden, sollten zuvor kleinere Gefechte von Rendsburg gegen die Danewerk-Stellung und von Süderstapel über die Treene vorgenommen werden. Wissels Plan setzte im wesentlichen auf das Überraschungsmoment in der Verbindung mit Schnelligkeit und Stärke.

Willisen war zwar im großen und ganzen mit dem Plan einverstanden, sah aber darin einen Nachteil, indem er mehr als ein Drittel der Schleswig-Holsteinischen Armee hätte entsenden müssen. Ein solches Risiko wollte er angesichts der Stellung und Stärke der dänischen Armee nicht eingehen, denn er hielt es immer noch für möglich, daß die Dänen dann gleichzeitig bei Rendsburg angreifen würden. So befahl er, den Plan mit weniger als der Hälfte der von Wissel als erforderlich angesehenen Stärke auszuführen, reduzierte die bei Wollersum überzusetzenden beiden Bataillone auf zwei Züge Infanterie und Jäger, außerdem untersagte er zunächst eine Demonstration gegen Hollingstedt zur Ablenkung der Dänen von den Vorbereitungen bei Friedrichstadt. Damit trug er wesentlich zum Scheitern der gesamten Operation bereits in ihrem Kern bei.

Oberst Ludwig Freiherr von der Tann

Mit der Durchführung des Planes betraute Willisen am 29. September 1850 den Generalstabschef der Schleswig-Holsteinischen Armee, den Obersten Ludwig von der Tann, einen Mann, dessen planerische und strategische Qualitäten nicht das notwendige Format aufwiesen, wie es sich bereits bei „Idstedt“ gezeigt hatte.

Ludwig Freiherr von und zu der Tann-Rathsamhausen wurde 1815 geboren und trat im Alter von 18 Jahren als Junker in die bayerische Armee ein. 1844 wurde er als Oberleutnant Adjutant des bayerischen Kronprinzen, der am 20. März 1848 als König Maximilian II. den bayerischen Thron bestieg. Von der Tann wurde am 31. März 1848 zum Major befördert und zum Flügeladjutanten des Königs ernannt. Mit Genehmigung seines Königs ging von der Tann mit acht weiteren bayerischen Offizieren Anfang April 1848 nach Schleswig-Holstein, um am Kampf der Herzogtümer teilzunehmen. Er wurde zunächst Führer des IV. Freikorps, das im wesentlichen aus Hamburger Freiwilligen, Kieler Turnern und dem sogenannten Schillschen Freikorps, Berliner Freiwilligen, bestand, im Juni 1848 dann Führer des nach ihm benannten Freikorps, das aus den vier aufgelösten Vorgänger-Einheiten gebildet wurde.

„Die Freischaarenkorps waren eine eigentümliche Zusammenstellung von nüchtern und ernst denkenden Enthusiasten, kampf- und rauflustigen jungen Leuten und – problematischen Existenzen! Man dürfte nicht sehr irre gehen, wenn angenommen wird, daß sich auch der Prozentsatz dieser Zusammenstellung in der eben genannten Reihenfolge ergeben hat, so daß der wirklich gute Kern ein Minimum war ... Diese Konglomerate hatten nicht die

Oberstleutnant Ludwig Freiherr v. d. Tann im Jahre 1848. Zeichnung von Otto Speckter aus dem Jahre 1848.

Marsch-Tableau

(Siehe S. 31.)

der, der ersten Halbbrigade unterstellten Truppentheile auf **Stapelholm**, am 26. und 27. September.

Truppentheil:	26. September.	27. September.	28. September Morgens 4 ½ Uhr.
1stes Jägercorps	1 Comp. Lunden 1 „ Süderstapel 1 „ Norderstapel 1 Zug Wohlde u. Bergenhusen 1 Zug Meggerdorf	bleibt der Zug von Meggerdorf nach Süderstapel	1 ½ Comp. Seeth 1 „ Drage 1 „ Lunden und St. Annen ¼ „ Wohlde ¼ „ Meggerdorf
3tes Infanterie-Bataillon	1 Comp. Erfde 1 „ Norderstapel 1 „ Süderstapel 1 „ Steinschleuse, Bergenhusen u. Wohlde.	Norderstapel zusammengezogen	Seeth
4tes „ „	Christiansholm Sandschleuse Meggerdorf	bleibt	1 Abtheilung Meggerdorf und Rönfeld. 1 „ Bergenhusen
5tes „ „	3 Comp. Erfde 1 „ Bargen	Stab u. 1 Comp. Wohlde 1 „ Bergenhusen 1 „ Süderstapel 1 „ Lunden	1 Abtheilung Wohlde 1 Comp. Lunden und St. Annen 1 „ an der Treene, gegenüber von Schwabstedt
6tes „ „	Hohn	1 Abtheilung, Major Lüders, Norderstapel 1 Abtheilung, Hauptm. Lettgau, Süderstapel	1 Abtheilung Seeth 1 „ Drage
5te Schwadron 2tes Drag.-R.	1 Zug Norderstapel 1 „ Erfde	2 Züge Süderstapel	der disponible Theil Mühlen von Süderstapel
5te 6pfünd. Batterie	4 Geschütze Norderstapel	4 Geschütze Wohlde	4 Geschütze Wohlde
12pfünd. „	Erfde	Norderstapel	6 Geschütze Seeth 2 „ Schwabstedt gegenüber
Reitende „	2 Geschütze Bargen	2 Geschütze St. Annen	2 Geschütze Lunden
24pfünd. Mörser-Batterie	2 Geschütze Erfde	2 Geschütze Norderstapel	2 Geschütze Seeth
[illegible]pfünd. Positions-Batterie	2 Geschütze Norderstapel 2 „ Sandschleuse	4 Geschütze mit Bauernpferden bespannt Sandschleuse.	2 Geschütze Meggerndorf
Pionier-Abtheilung	Meggergorf	Norderstapel	Seeth.

Das Magazin für sämmtliche Truppentheile ist in Delve, [illegible] Delve.

Sämmtliche Dislocirungs-Veränderungen, welche Truppentheile betreffen, die am 27. die Orte Norder- und Süderstapel zu beziehen haben, müssen Morgen mit Tagesanbruch ausgeführt sein.

Es wird jede Recognoscirung Seitens der Herren Offiziere in dem Terrain-Abschnitt zwischen Seeth, Drage und Norder- und Süderstapel für die nächste Zeit untersagt.

Erfde, den 26. September 1850.

Das Commando der ersten Halbbrigade
v. **Gagern**,
Oberst-Lieutenant.

Marschtableau der 1. Halbbrigade der Schleswig-Holsteinischen Armee zum Vormarsch in Richtung Friedrichstadt, unterzeichnet von Oberstleutnant A. v. Gagern.

leiseste Spur von militärischer Ausbildung, – höchstens daß sie vielleicht singend im Tritt marschieren konnten – und keine Ahnung von wahrer Disziplin." (Helvig S. 15)

Von der Tann hatte ein gerades, entschlossenes Wesen, verbunden mit einem liebenswürdigen, sicheren Auftreten. Er war ein Mann mit großem inneren Schwung, von seltener Einfachheit und voller Herzensgüte. Durch sein unerschrocken energisches, ja draufgängerisches Vorgehen im Jahre 1848 in den Gefechten bei Altenhof (21. April 1848) und bei Hoptrup (7. Juni 1848) hatte er sehr schnell das Vertrauen und den Respekt der Freikorps-Angehörigen als auch eine große Popularität in der gesamten Bevölkerung gewonnen. Dem manchmal anmaßenden und die Freikorps herabsetzenden Auftreten der preußischen Garde-Einheiten trat von der Tann energisch und mutig entgegen, was er sich im übrigen als (beurlaubter) Flügeladjutant des Königs von Bayern ohne Furcht vor militärischer Disziplinierung leisten konnte. Er versuchte im übrigen, durch seinen persönlichen Einsatz, durch vorbildliches Verhalten in den Freikorps einen gewissen Grad von Ordnung durchzusetzen. Oft bewirkte er durch sein bloßes Erscheinen, daß Streitigkeiten geschlichtet werden konnten.

Von der Tann war zum Liebling der Freikorps-Angehörigen und eines großen Teils der schleswig-holsteinischen Bevölkerung geworden. Sein Ruf als der eines kühnen, angesehenen Truppenführers verbreitete sich schnell in Deutschland, man nannte ihn den „Ritter ohne Furcht und Tadel".

Nach seiner Rückkehr aus Schleswig-Holstein gab die Stadt München von der Tann zu Ehren ein großes Gartenfest, der ihm wohlgesonnene König beförderte ihn in Anerkennung seiner Verdienste um Schleswig-Holstein am 5. September 1848 zum Oberstleutnant unter Beibehaltung seiner Stellung als Flügeladjutant.

Als im Jahre 1849 die sogenannte Reichsarmee des Deutschen Bundes für den Einsatz in Schleswig-Holstein aufgestellt wurde, zu der Bayern ein Truppenkontingent in Brigadestärke stellte, nahm von der Tann als Generalstabschef der 1. (kombinierten bayerisch-hessischen) Division unter dem bayerischen Generalleutnant Prinz Eduard zu Sachsen-Altenburg an dem Feldzug gegen Dänemark teil. Von der Tann fand in diesen Wochen jedoch keine Gelegenheit, sich in irgendeiner Weise hervorzutun, er war vielmehr eingebunden in die militärischen Strukturen dieser Koalitionsarmee, die unter preußischem Oberkommando stand. Er kehrte mit den bayerischen Truppen im August 1849 nach München zurück und erbat sich von dem König die Erlaubnis, dann als Beobachter auf den Kriegsschauplatz nach Ungarn zu reisen.

Als nach dem Friedensschluß von Berlin vom 2. Juli 1850 ersichtlich war, daß die Statthalterschaft in Schleswig-Holstein den Krieg gegen Dänemark wieder aufnehmen wollte und entsprechende Vorbereitungen traf, drängte es von der Tann, der sich den Herzogtümern weiterhin eng verbunden fühlte –

zumal das modernste, 1849/50 erbaute Kanonenboot der Schleswig-Holsteinischen Marine nach ihm benannt worden war – den Schleswig-Holsteinern beizustehen. Es bedurfte nachdrücklicher Fürsprache vieler Freunde bei König Maximilian II., um von der Tann den Übertritt in schleswig-holsteinische Dienste zu gestatten. Der König wußte sehr wohl um die zwiespältige Situation, seinen Flügeladjutanten in einen Krieg ziehen zu lassen, der den Friedensvertrag von Berlin mißachtete – andererseits hatte der König gegen das Zustandekommen des Vertrages protestiert, da er von Preußen im Namen des Deutschen Bundes ohne vorherige Anhörung der anderen deutschen Staaten abgeschlossen worden war, und das Königreich Bayern war in der innerdeutschen Machtfrage nicht auf Seiten Preußens, sondern dem Kaiserreich Österreich verbunden.

Am 10. Juli 1850 wurde von der Tann, am 30. Juni 1850 noch zum Oberst befördert, aus bayerischen Diensten entlassen, reiste sofort nach Norddeutschland und traf am 12. Juli 1850 abends mit dem Zug in Rendsburg im Hauptquartier ein. Auf dem Bahnhof wurde er von einer großen begeisterten Volksmenge begrüßt.

Am Tage nach seiner Ankunft wurde von der Tann zum Generalstabschef der Schleswig-Holsteinischen Armee unter Generalleutnant von Willisen ernannt, eine Verwendung, die seiner Veranlagung nicht entsprach und ihm auch wenig zusagte. Eine klare Gliederung und Aufgabenverteilung in Geschäftsbereiche gab es im Generalstab nicht, vielmehr wurden die meisten Arbeiten zufällig heute diesem, morgen jenem Offizier zugeteilt. Ein Militärtagebuch über Operationen pp. ist im Oberkommando nach dem Abgang Bonins vom 9. April 1850 bis zum 5. November 1850 nicht geführt worden. „Willisen kümmerte sich fortan nicht um das Büreau, ebensowenig Oberst von der Tann, welcher das Schreiben haßte.“ (Helvig S. 61)

Von der Tann war zwar aus den Jahren 1848 und 1849 mit den allgemeinen Verhältnissen in Schleswig-Holstein bekannt geworden, hatte Land und Leute kennengelernt, doch stand er 1850 vor der Aufgabe, eine neu strukturierte Armee, die zudem auf der mittleren bis oberen Führungsebene einen großen Offiziersmangel aufzuweisen hatte und sich im Abmarsch nach Norden befand, in den Einzeloperationen zu einer Gesamtführung zusammenzufassen. Nachteilig für seine Geschäfte war die dauerhafte Uneinigkeit zwischen Statthalterschaft und dem Oberkommandierenden von Willisen über die weiteren militärischen Ziele, die eine längerfristige Einsatzplanung der militärischen Kräfte einschließlich der Reserve unmöglich machte. Von der Tann mußte sein Augenmerk vielmehr darauf haben, die Schleswig-Holsteinische Armee zu verstärken. Auf das Kampfgeschehen einzuwirken war ihm nicht möglich.

Als Willisen von der Tann jedoch am 25. September 1850 das Kommando über das Unternehmen gegen Friedrichstadt übertrug, ohne zumindest einen gleichwertigen Ersatz zu haben, entblößte er sich seines engsten Führungsgehilfen, nahm dem Generalstab der Armee die zentrale Leitung und der Armee selbst eine der Zentralfunktionen für die gesamte Führung.

Es ist schwer zu erklären, warum Willisen diese Personalentscheidung traf. Später geäußerte Vermutungen gehen einmal davon aus, daß er einen populären „Konkurrenten“ im Oberkommando „loswerden“ wollte, ein anderes Mal davon, daß er das Mißlingen der Unternehmung gegen Friedrichstadt ahnte und selbst nicht dafür verantwortlich gemacht werden wollte; sodann wird auch angeführt, daß er eine große Unlust gegen weitere Operationen hatte, daher die Unternehmung gegen seine Überzeugung war.

Als Artillerieoffizier stand von der Tann sein Waffengefährte in Schleswig-Holstein von 1848, Major Maximilian Aldosser zur Seite, „dessen persönlicher Mut und rastlose Thätigkeit allseitig anerkannt wurde, dessen militärische Unfähigkeit aber bei Operationen nach bestehendem Plane ... auch Willisen bekannt waren“. (Lüders S. 181) „Er war eine originelle Erscheinung. In einem Musketier-Mantel gehüllt, die Beinkleider, des Kothes wegen, in die Stiefel gesteckt, mit einem mächtigen Tubus über den Nacken, war er bald hier, bald dort zu finden.“ (Groß S.134) Aldosser war weder mit den Gegebenheiten des Geländes vertraut, noch kannte er Grundsätze und Erfordernisse eines artilleristischen Einsatzes. Die Entscheidung für Aldosser bei dieser Aktion hatte Willisen wohl allein im Hinblick auf die lange und enge freundschaftliche Verbindung zwischen den beiden bayerischen Offizieren von der Tann und Aldosser getroffen.

Um von der Tann sammelten sich in jenen Tagen weitere Personen, die 1848 eine noch bedeutendere Rolle im politischen Leben in Deutschland gespielt hatten. Als sein Ordonnanzoffizier fungierte Heinrich von Gagern, der frühere großherzoglich hessische Staatsminister, Präsident der Nationalversammlung in Frankfurt/Main und Reichsministerpräsident, der am 5. August 1850 mit dem Dienstgrad eines Majors als Voluntäroffizier in die Schleswig-Holsteinische Armee eingetreten war. Außerdem war dem Stabe von der Tanns Hans von Raumer zugeteilt, der einstige Schriftführer der Nationalversammlung in Frankfurt/Main, der im Mai 1848 als Freiwilliger in schleswig-holsteinische Dienste getreten war. Es ist unbekannt, was sie veranlaßte, im Norden Deutschlands an einem wenig verheißungsvollen Kampf teilzunehmen – war es ein letztes verzweifeltes Aufbäumen, ein letztes Zeichen für ihre anderenorts zuvor untergegangenen Ideale von Einheit, Freiheit und Demokratie?

Angriffsvorbereitungen und Stärken der eingesetzten Streitkräfte

Die von der Tann erteilte Instruktion für die Operation gegen Friedrichstadt lautete: „Friedrichstadt zu nehmen und jenseits dieser Stadt womöglich die Punkte zu erreichen und einzurichten, von wo aus die reiche Landschaft Eiderstedt faktisch beherrscht wird. Diese Punkte sind: die Vereinigung der Chaussee von Tönning-Husum und Friedrichstadt-Husum und der Zusammenstoß des Schwabstedter Dammes mit der Chaussee bei Koldenbüttel.“ (Helvig, S. 75) Da nach der archivalischen Überlieferung diese Instruktion bzw. ein entsprechender (Armee-)Befehl nicht (mehr) vorhanden ist, ein Kriegstagebuch im Generalstab nicht geführt wurde, läßt sich heute nicht mehr sagen, inwieweit von der Tann in der Durchführung der Operation frei bzw. durch Vorgaben oder Befehle gebunden war. Die in der Literatur zitierte Instruktion umfaßt allerdings eine Zielvorgabe, die angesichts der geringen

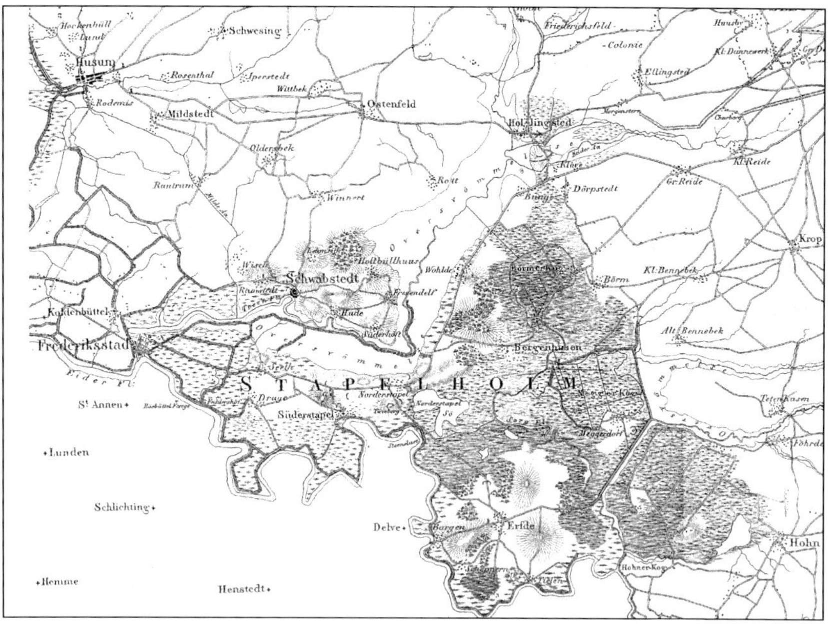

Karte der Landschaft Stapelholm (Kort over Landskabet Stapelholm). Aus: Ditlew Recke, Insurgenternes Angreb paa den kongelige danske Armees Fløistillinger i September og October 1850, København 1852. Die Niederungen im Gebiet von Eider, Sorge und Treene in der östlich von Friedrichstadt gelegenen Landschaft Stapelholm sind hervorgehoben.

für die Planung und Vorbereitung zur Verfügung stehenden Zeit, der fortgeschrittenen Jahreszeit, der bereitgestellten Kräfte, des notwendigen Materials sowie der hervorragenden dänischen Verteidigungsmaßnahmen nicht zu erreichen war – sie beinhaltete die Zurückdrängung der dänischen Streitkräfte bis weit hinter das umfassend gesicherte Friedrichstadt unter Außerachtlassung der möglichen von Norden bzw. Nordosten heranzuführenden dänischen Verstärkungen, um dänischerseits den faktischen Besitz des Herzogtums Schleswig sicherzustellen.

Die schleswig-holsteinischen Truppen vor Friedrichstadt

Nachdem auf schleswig-holsteinischer Seite am 23. September 1850 der Beschluß gefaßt worden war, nunmehr zum Angriff auf Friedrichstadt vorzugehen, wurde mit den Vorbereitungen begonnen. Von der Tann nahm sein Stabquartier am 27. September 1850 in Süderstapel. Allerdings war die 1. Halb-Brigade bereits am 19. September nach Norderstapel entsandt und der Abmarsch des Artillierie-Materials teilweise vorbereitet worden.

Außer den bereits in Stapelholm befindlichen Truppen

1. Jägerkorps
3. und 4. Infanterie-Bataillon,

wurden noch dazu bestimmt und herangeführt

5. und 6. Infanterie-Bataillon,
1 Eskadron Dragoner,
1 Abteilung Pioniere sowie
1 12pfd. und eine 24pfd. Batterie,
24 Mörser sowie
4 Kanonenboote mit je zwei 60pfd. Bombenkanonen,
Nr. 6 (Lt. z. S. 2. Kl. Meyer),
Nr. 7 „Glückstadt" (Lt. z. S. 2. Kl. Jacobsen),
Nr. 10 „Arnis" (Lt. z. S. 2. Kl. Bürow),
Nr. 12 „Frauenverein" (Auxiliar-Lt. Fischer),
Schleppdampfschiff „Rendsburg" (Auxiliar-Lt. Andersen),
Bugsierdampfer „Eider"

insgesamt = 5 Infanterie-Bataillone,
1 Eskadron,
48 Geschütze.
4 Kanonenboote,
2 unbewaffnete Schiffe

= 6.000 Mann.

Die unmittelbaren zur Verteidigung Friedrichstadts eingesetzten dänischen Streitkräfte, durch die Verschanzungen vor der Stadt geschützt, bestanden aus

1 Kompanie 6. Linien-Infanterie-Bataillon,
7. Linien-Infanterie-Bataillon,
1. Reserve-Bataillon,
4. Reserve-Bataillon,

von denen ungefähr 3 Kompanien zur Sicherung von Tönning, Garding und Katingsiel abgeordnet waren mit

8 Feldgeschützen und
12 Espignolen,
1 Abteilung Ordonnanz-Truppen,
1 Abteilung technischer Truppen

insgesamt = 2.500 Mann,

die durch den Rest der im acht Kilometer entfernten Schwabstedt stehenden, den linken Flügel der dänischen Sicherungslinie bildenden 3. Brigade kurzfristig verstärkt werden konnten.

Am 26. September 1850 setzten sich die in und bei Rendsburg befindlichen, für das Unternehmen gegen Friedrichstadt vorgesehenen schleswig-holsteinischen Truppen in Marsch, außerdem begann man auch mit dem Transport der schweren Geschütze und Mörser. Man hoffte, die am linken Eider-Ufer zu errichtende Batterie bis zum Morgen des 28. September fertig zu haben, so daß um 8 Uhr früh jenes Tages der erste Schuß zugleich als Signal zum Vormarsch der Angriffskolonnen fallen sollte.

Ein Magazin für die beteiligten Truppenteile sowie der Hauptverbandsplatz für die Verwundeten war in Delve eingerichtet, bei Norderstapel ein Platz für Reservemunition für Artillerie und Infanterie vorgesehen, außerdem dort beim Wirtshaus ein Dragoner-Posten für schnell zu übermittelnde Meldungen eingerichtet. Der vom Generalkommando herausgegebene Befehl, daß die Soldaten ihre Tornister zu tragen hätten, wurde von von der Tann zurückgenommen und befohlen, die zur Offensive bestimmten Truppen sollten ohne Tornister erscheinen, sie wären wie früher auf rückwärts geparkten Fuhrwerken zu verladen.

Eine erneute und detaillierte Erkundung des Geländes und zur Aufklärung des Standes der dänischen Verteidigungsanstrengungen vor Beginn der Angriffsbewegungen hatte nicht mehr stattgefunden, auch waren die kartographischen Unterlagen nicht entsprechend den dänischen Maßnahmen auf den aktuellen Stand gebracht worden.

Zur Verschleierung der Bewegungen auf Friedrichstadt hatte Willisen nunmehr Demonstrationen auf Brekendorf und Jagel für das Gros der Schleswig-Holsteinischen Armee angeordnet. Der dänische Befehlshaber ließ sich durch diese Maßnahmen aber nicht aus seiner Stellung bei Schleswig und am Danewerk locken, beschränkte sich lediglich auf eine angemessene Abwehr.

Schwere Regenfälle am Nachmittag des 26. September 1850, die bis zum folgenden Tag anhielten, machten die Wege in der Landschaft Stapelholm grundlos und unpassierbar. Einige der schweren 24pfd. Geschütze blieben stecken, andere wurden sogar umgeworfen – der vorgesehene Zeitplan war nicht einzuhalten, denn die Wege mußten erst wieder befahrbar gemacht werden, worüber zwei Tage vergingen. „Die Straßen bestehen nämlich aus Dämmen, welche durch den Transport der Geschütze an vielen Orten herabgebrochen wurden, wodurch das Geschütz mit einem Theile des Dammes herabstürzte. Die Geschütze wurden jedesmal wieder gehoben, die Stelle möglichst gebessert und weiter gefahren." (Helvig S. 83 f.) Die Batterie am Fährhaus in Friedrichstadt war daher erst am 29. September 1850 einsatzbereit.

Die zum Angriff am 28. bestimmten Truppen rückten zwar in Nachtmärschen aus und standen um 4.30 Uhr des Tages von den dänischen Truppen unbemerkt auf ihren Sammelplätzen bereit, zogen sich jedoch, da der Signalschuß nicht erfolgte, in ihre Unterkünfte und Sammelplätze zurück, „indem die Vollendung und Armirung der Batterie vor Morgen früh nicht beendigt sein könne". (Gagern S. 38) Die Ansammlung der schleswig-holsteinischen Truppen bei Seeth und Drage bzw. der ungedeckte Rückmarsch auf den frei liegenden Kolonnenwegen in der flachen Landschaft sowie der Batterie-Bau nördlich von St. Annen waren mit Tageslicht von den dänischen Beobachtungsposten auf der Schwabstedter Mühle und dem Turm der Remonstrantenkirche in Friedrichstadt bemerkt worden, so daß die dänische Besatzung der Stadt gewarnt und fortan sämtliche Werke Tag und Nacht besetzt waren.

Die erfolglose Beschießung am 29. September 1850

Am Abend des 28. September 1850 war endlich die schleswig-holsteinische Batterie am linken Eiderufer südlich der Stadt fertig – es waren zwei 24pfd. Granat- und sechs 24pfd. Kugel-Kanonen, 20 10pfd. Handmörser und vier 50pfd. Mörser aufgestellt worden. Der Angriff wurde nunmehr für den Morgen des 29. September befohlen. Das Aufsteigen von Leuchtkugeln über der Stadt und einzelne Signalschüsse der Dänen seit 8 Uhr abends des 28. September zeigten, daß dänischerseits der Fortgang der Arbeiten und die Absicht der schleswig-holsteinischen Truppen erkannt worden waren.

Als dann am Sonntag, dem 29. September 1850, um 8.05 Uhr früh der Signalschuß ertönte, rückten die beiden seit 4.30 Uhr bereitstehenden Sturmkolonnen von Seeth und Drage befehlsgemäß gegen die Ostfront Friedrichstadts vor, und zwar das 6. Infanterie-Bataillon auf dem Eider-Damm, das 3. auf der Chaussee, jeweils eine Abteilung des 1. Jägerkorps vor sich. Oberst von der Tann verfolgte das sich entwickelnde Gefecht zunächst von der linken Flügel-Kolonne aus.

Auf der Eider hielten sich drei der schleswig-holsteinischen Kanonenboote auf der Höhe der Infanteriekolonnen und eröffneten gegen 9 Uhr das Feuer auf die dänischen Werke; das Kanonenboot Nr. 10 war gegen 8 Uhr nahe dem schleswigschen Ufer auf Grund geraten und konnte erst gegen 17 Uhr mit der Flut wieder flottgemacht werden. Gleichzeitig fuhren einige schwere Feldgeschütze auf der Straße wie auch auf einem in Richtung Eiderdeich südlich abzweigenden Feldweg auf. Nachdem von der Tann gegen 11.30 Uhr einen Sturmangriff auf die vorderen dänischen Werke an der Straße befohlen hatte, da nach seiner Auffassung die dortigen Geschütze demontiert seien, wurden zwei kleine Abteilungen à 30 Mann mit Überbrückungsmaterial vorgeschickt, um zugleich über Anzahl und Breite der Gräben genaue Auskunft zu verschaffen.

Die Maßnahme, mangelhaft vorbereitet und eingeleitet, wurde mit absolut ungenügenden Kräften unternommen, so daß der Angriff gänzlich mißlang. Es waren nicht nur die Geschütze nicht demontiert, vielmehr hatten die Dänen die Pallisaden noch verstärkt und davor mannigfache Hindernisse angelegt. „Wir sollten eine Bajonettattacke machen. Zum Glück wurde dieser unmenschliche Einfall von dem Artillerie-Offizier umgestoßen. Es wäre unmöglich gewesen, gegen die ungeheuren Verschanzungen der Dänen vorzudringen. Wir mußten danach bei der Batterie als Bedeckung bleiben, und nur in den Gräben der Wiesen fanden wird Deckung.“ (Peters, S. 86)

Die linke Kolonne erreichte nur Achtungserfolge bei der Schanze an der Straße und beim Mühlenwerk, die rechte Kolonne kam in einem heftigen dänischen Abwehrfeuer nicht über den Straßendurchstich ca. 400 Schritt östlich der dänischen Schanze weiter. Die Artillerie feuerte bis gegen 1 Uhr nachmittags, worauf die linke Kolonne zum Sturm auf das Mühlenwerk ansetzte, der jedoch von der dänischen Besatzung, unterstützt von Kartätsch- und Espignolfeuer, abgewiesen wurde. Unter erheblichen Verlusten mußte sich das schleswig-holsteinische 6. Infanterie-Bataillon zurückziehen, wobei die ganz nahe an Friedrichstadt herangefahrenen Kanonenboote den Rückzug durch ihr Feuer deckten. Die Boote kehrten gegen 18 Uhr unter Schlepphilfe durch das Dampfschiff „Eider“ nach Süderstapel zurück. Sie hatten an dem Tag etwa 400 Schuß abgefeuert.

Das Dampfschiff „Rendsburg“ hatte wegen eines Maschinenschadens zur Reparatur nach Rendsburg zurückgeschickt werden müssen und traf erst wieder am 3. Oktober 1850 gegen 22 Uhr bei Süderstapel mit einem Mu-

Schlafende Hornbläser auf dem Alarmplatz der dänischen 6. Brigade. Lithographie von F. C. Lund aus dem Jahre 1850. Rechts ein Offizier und ein Dragoner zu Pferde.

nitionsschiff in Schlepp ein. Auch das Dampfschiff „Eider“ ging am 30. September nach Rendsburg zurück, um Munition zu holen, denn aufgrund der schlechten Wegeverhältnisse war der Landtransport immer schwieriger geworden, so daß der Schiffstransport auf der Eider trotz der vielfachen Flußkrümmungen günstiger war. Ein zweites zur Verstärkung vorgesehenes Transportschiff, das von Kiel abgesandt wurde, mußte noch in der Kieler Förde umkehren, das es für die Schleusen des Eider-Kanals zu breit war.

Während des Gefechtes war in Friedrichstadt durch Einschlagen von Bomben an mehreren Stellen Feuer ausgebrochen, denn die schleswig-holsteinische Artillerie schoß auch mit Glühkugeln, „die in der Küche des Chausseehauses auf einem eiligst gebauten Rost glühend gemacht wurden“. (Goß S. 133) Die Brände in der Stadt konnten allerdings sehr bald gelöscht werden. Die Gebäudeschäden waren insgesamt zwar noch nicht erheblich, doch niemand in Friedrichstadt hätte je damit gerechnet, daß die Schleswig-Holsteiner die Stadt bedrohen oder gar zerstören würden.

Die weiteren Anzeichen verhießen der Bevölkerung nichts Gutes. Sie war durch das Bombardement und die Maßnahmen beider Seiten mehr als beunruhigt und sah sich in einer ausweglosen Lage. Viele Frauen und Kinder verließen die Stadt. Schon in der Nacht zum 30. September 1850 gab Claus Witt aus Friedrichstadt als Parlamentär, begleitet von einem Postillon und Trompeter, bei den schleswig-holsteinischen Vorposten nach Absprache und mit Zustimmung Helgesens einen an Willisen gerichteten Brief des Rates ab:

„An den Höchstkommandierenden der holsteinischen Truppen.

Der Magistrat der Stadt Friedrichstadt benachrichtigt Sie hiermit davon, daß durch das heute stattgefundene Bombardement mehr Einwohner der Stadt verwundet oder getötet worden sind als Königlich dänische Soldaten. Der Magistrat muß es Ihnen daher ans Herz legen, ob Sie glauben, die Verwüstung der Stadt verantworten zu können.

Friedrichstadt, den 29. September 1850

Präsident, Bürgermeister und Rath:
Ketelsen
F. P. Feddersen, H. B. Peters, Schnitger, J. Thomsen."

Der Brief wurde zwar an Willisen weitergeleitet, doch blieb dieser Aufschrei einer der Vernichtung ihrer Stadt, ihres Hab und Gutes hilflos entgegensehenden Einwohnerschaft ungehört.

Das Überraschungsmoment – bei einer Bestürmung eines belagerten Punktes stets von erheblichem Vorteil – hatte die schleswig-holsteinische Führung aus der Hand gegeben, ohne etwas erreicht zu haben. Oberstleutnant Helgesen, der Verteidiger von Friedrichstadt, hatte aber aus den Angriffen erfahren, wo die schwachen Stellen seiner Verteidigung waren, wie schnell und stark die gegnerischen Truppen in dem durch Hindernisse unpassierbar gemachten Gelände vorankommen und welche geringe Wirkung die Kanonenboote erzielen konnten. Er setzte die dänischen Truppen auch nicht unnötig einer Gefahr aus, sondern befahl ein gezieltes konzentriertes Abwehrfeuer auf kurze Distanz aus sicherer Deckung. Die am Tage durch die Beschießung eingetretenen Schäden an den Verteidigungseinrichtungen ließ er zudem jeweils nachts ausbessern.

Oberst von der Tann, der mit den Truppen nach Süderstapel zurückging, befahl für den 30. September, die Beschießung der dänischen Werke fortzusetzen. Unglaublich leichtfertig war es, daß für einen ausreichenden Munitionsvorrat keine Vorsorge getroffen worden war. Die Anfertigung der Munition in Rendsburg war zu spät begonnen worden, die Munitionstransporte nicht gehörig geregelt. „So kam es denn, daß von Rendsburg aus gewöhnlich nur kleine, den Mangel unvollständig abhelfende Munitions-Quantitäten abgesandt wurden, was eine Menge von verdrießlichen Störungen herbeiführte." (MiLWoBL S. 23) Das Artilleriefeuer mußte daher in den folgenden Tagen wegen Munitionsmangels mehrfach unterbrochen werden.

Oberst von der Tann hatte in seinem Bericht an das Generalkommando über die Ereignisse des 29. September 1850 zugleich um Verstärkung gebeten, die ihm am folgenden Tage mit dem 8. und 11. Infanterie-Bataillon für den 1. Oktober zugesichert wurde. Für jenen Tag war dann auch ein erneutes Vorgehen gegen die dänischen Verschanzungen vor Friedrichstadt vorgesehen.

Das Unternehmen gegen Tönning vom 29. bis 30. Sept. 1850

Der ursprüngliche Vorschlag der Schleswig-Holsteiner zur Einnahme Friedrichstadts hatte nicht nur einen Angriff von Osten und Süden vorgesehen, sondern auch von Westen her, indem zwei Bataillone mit Geschützen vom Dithmarscher Ufer bei Wollersum die Eider überqueren und nach Einnahme Tönnings auf Friedrichstadt marschieren sollten. Der Plan wurde dann dahingehend abgeändert, daß nur noch zwei Züge = 200 Mann mit zwei leichten Geschützen eingesetzt wurden.

Die Abteilung überquerte am Morgen des 29. September 1850 in mehreren Booten die Eider an der vorgesehenen Stelle bei Wollersum, warf die schwachen dänischen Vorposten auf Tönning zurück, nahm dann nach kurzem Kampf die von einer Kompanie verteidigte Stadt und später auch Garding; dabei nahmen die Schleswig-Holsteiner 79 dänische Soldaten gefangen. Bei dem Angriff auf Tönning fiel auf dänischer Seite der Kommandant Capitain v. Buhl vom 4. Reserve-Bataillon, auf schleswig-holsteinischer Seite der 58 Jahre alte Gutsbesitzer Carl Friedrich Vollertsen aus Freienwillen in Angeln, der auch der Landesversammlung angehört hatte. Vollertsen war als freiwilliger Jäger in die Schleswig-Holsteinische Armee an die Stelle seines Sohnes eingetreten, der 1849 bei Kolding gefallen war.

Um nach dem Mißlingen des Angriffs auf Friedrichstadt vom 29. September die Abteilung nicht unnötig Gefahren auszusetzen, ließ von der Tann sie noch an demselben Abend zurückbeordern, denn Helgesen hatte ihr von Friedrichstadt überlegene dänische Truppen entgegengeschickt. Am Morgen des 30. September trat die schleswig-holsteinische Abteilung den Rückzug auf das linke Dithmarscher Eiderufer an und nahm bei der Batterie nahe St. Annen Stellung.

Dieses Unternehmen, das mit geringen Kräften isoliert von dem Angriff auf Friedrichstadt durchgeführt wurde, erlangte für die Gesamtmaßnahme überhaupt keine Bedeutung. Eine Unterstützung der schleswig-holsteinischen Operationen gegen Friedrichstadt war damit nicht verbunden.

Dänische Verteidigungsmaßnahmen in Friedrichstadt

Wann nach Änderung des ursprünglichen Planes ein anderer entworfen und angenommen worden ist, darüber gibt es in der Literatur mehrfach verschiedene Vermutungen, jedoch keine überlieferten Schriftstücke oder Befehle. Es erscheint jedoch ein Beschluß dahingehend gefaßt worden zu sein, zunächst sämtliche dänischen Werke östlich der Stadt durch eine mehrtägige Beschießung zu zerstören und danach erneut einen Sturmangriff zu unternehmen. Es wurde jetzt nämlich von Rendsburg aus schweres Belagerungsgeschütz, zwei 84pfd. Bombenkanonen, herangeschafft. Da aber ursprünglich der Plan für das Unternehmen gegen Friedrichstadt eine längere Belagerung und Beschießung nicht vorsah, fehlte es weiterhin wiederholt an Material und Munition, die mit großem Aufwand von Rendsburg herangeschafft werden mußten.

Dänischerseits befand sich die Besatzung Friedrichstadts in einer sehr schwierigen Lage. „Hauptübelstand war die geringe Auswahl der Geschütze (nur 12 Stück) sowie deren leichtes Caliber (6pf. und 12pf.); auch muß die

Kampf um die Borkmühlen-Schanze am Abend des 4. Oktober 1850. Lithographie nach einer Zeichnung von Niels Simonsen aus dem Jahre 1850. Die schleswig-holsteinischen Truppen bestürmen die von dänischen Soldaten unter Leutnant Rasmussen verteidigte Schanze.

Anzahl der Truppen, welche wohl durch das am 1. Oktober von Schwabstedt herangezogene 1. Reserve-Bataillon sowie durch die aus Garding, Tönning und Katingsiel eingerückten Abtheilungen des 7. Linien- und des 4. Reserve-Bataillons nunmehr auf 3 Bataillone und 1 Compagnie, rund 3.300 Mann, angewachsen war, mit Rücksicht auf die zu besetzenden ausgedehnten Werke als eine minimale bezeichnet werden. Jedes Bataillon stand stets einen vollen Tag in den Verschanzungen, sodann die gleiche Zeit als Reserve in der Stadt unter den Waffen, worauf eine nur 24stündige Ruhe folgte, für die es gewöhnlich nach dem nahen Koldenbüttel verlegt wurde." (Sternegg, Friedrichstadt, S. 4)

Helgesen hatte die Besatzungen Friedrichstadts für die Verteidigung eingeteilt:

	Offiziere	Mannschaften
Treeneschanze	1	50
Greveshof	1 (Unter-)Offizier	30
Treenedeich	2	80
bis Chaussee	1	50
Zentralwerk	1	100
nach links bis Gooshof	1	70
Gooshof bis Borkmühlenschanze	1	80
Borkmühlenschanze	1	70
Kalkofenwerk und Espignolbatterie	1	60
	9 (+1)	590
Eiderdeich	1	30
Husumer Tor	1	30
	11 (+1)	650

Der Rest des jeweiligen Bataillons stand als Reserve beim Hafendeich, das auf dem Marktplatz in Reserve stehende Bataillon besetzte mit einem Unteroffizier und 30 Mann die Wache in der Stadt.

Helgesen kontrollierte selbst die Wachen und Abteilungen, erschien hier und dort bei den Soldaten, inspizierte die Schäden an den Verschanzungen und Werken, gab Anordnungen und Befehle. Er war die „Seele" und der Mittelpunkt jener Tage in Friedrichstadt, handelte umsichtig und vermittelte seinen Soldaten Vertrauen.

1. Oktober 1850

Am 1. Oktober 1850 traf Willisen in Süderstapel ein, inspizierte am Vormittag die bisher durchgeführten Arbeiten vor Friedrichstadt und erklärte sich im übrigen mit den von Oberst von der Tann getroffenen Anordungen einverstanden, dem er weiterhin die Leitung des Unternehmens beließ. Die schleswig-holsteinische Artillerie begann wieder um 8 Uhr früh mit dem Schießen, der Mangel an Munition bedingte es allerdings, daß die schweren Geschütze erst am Nachmittag eingesetzt werden konnten.

Der Friedrichstädter Schmiedemeister Peter Sieck war in jenen Tagen in der Stadt; er erinnerte sich später:

„Der 30. September verlief ruhig. Aber am 1. Oktober wurde mit erneuten Kräften angegriffen. Es erfolgte Schuß auf Schuß, besonders von der Dithmarscher Schanze gegenüber, wo 84pfündige Kanonen aufgefahren waren, und von den Kanonenbooten auf der Eider. Ein Sturmangriff wurde nicht gemacht. Am Nachmittag richteten die Schrapnells und Granaten viel Unheil an. Ich habe selber gesehen, wie eine Granate in ein Haus hineinschlug: Frau Hansen und ein Kind tot, der Mutter ein Bein ab, Büttner und Frau verwundet. Wir konnten keine Hilfe leisten, weil wir die Spritzen nicht verlassen durften. Das Schrecklichste kam aber erst am Abend. Um 6 Uhr wurden glühende Kugeln und Bomben in die Stadt hineingeworfen. Es brannte an sechs Stellen, so daß die vier Spritzen nicht hinreichend waren. Viel Jammern in der Stadt. Um 9 Uhr sagte der Kommandant: ‚Die Schleswig-Holsteiner haben es darauf abgesehen, die Stadt zu vernichten. Wohlan, so soll doch kein Bürger dabei zugrunde gerichtet werden! Ein jeder kann die Stadt verlassen und sein Leben so gut als möglich retten.' Hierauf zogen am Abend fast die ganzen Einwohner aus und mußten ihr Hab und Gut preisgeben. Ich blieb hier und habe bis zum Ende die Stadt nicht verlassen, und mit mir noch ungefähr 30 mehr." (Nordfries. Nachrichten vom 29. September 1950)

Während des Bombardements, das zeitweilig von den drei Kanonenbooten Nr. 6, 10 und 12 unterstützt wurde, hielt sich von der Tann in der Südereider-Batterie und am südlichen Eider-Ufer auf, um die Wirkung des Artillerie-Beschusses selbst beurteilen zu können. „Der Oberst von der Tann setzte sich dabei so dem Feuer der hinter dem Deiche der Stadt liegenden feindlichen Schützen aus, daß eine Spitzkugel ihm die Quaste vom Portepee seines Säbels fortriß." (Gagern S. 58)

2. Oktober 1850

Auch am folgenden Tag, dem 2. Oktober 1850, beschossen die Schleswig-Holsteiner die dänischen Verschanzungen; „es wurde von 8 Uhr Morgens aus

Bestürmung der Borkmühlen-Schanze am 4. Oktober 1850. Lithographie nach einem Gemälde von Niels Simonsen aus dem Jahre 1850. In der Mitte (auf einem Schimmel) Oberstleutnant Hans Helgesen, links von Helgesen Kapitän J. A. F. Hoffmann, rechts von Helgesen Oberstleutnant F. F. Henckel; rechts im Hintergrund die Eider mit dem Dampfschiff „Kiel".

allen Batterien zu feuern begonnen, und dies bis zum Abend mit großen und kleinen Intervallen unterhalten." (Gagern S. 59)

Peter Sieck erlebte in der Stadt das Geschützfeuer: „Mittwoch, den 2. Oktober, wurde die Kanonade von 7 Uhr morgens an mit aller Kraft fortgesetzt, die restlichen Einwohner suchten Schutz im lutherischen Kirchturm und in der sog. Spritfabrik. Der Turm, der einen Felsenpanzer hat, konnte selbst den 84-Pfündern widerstehen. Ich befand mich im Turm, als zwei dieser Kugeln ihn trafen. Es war, als wenn der ganze Turm sich bewegte. Die Kugeln prallten ab und schlugen 5 Fuß tief in den Kirchhof. Die Kirche diente als Leichenhalle. An diesem Abend wurden neben Zivilisten und Dänen auch viele Schleswig-Holsteiner in einer Grube begraben, wo heute das Denkmal ist." (Nordfries. Nachrichten vom 29. September 1950)

Die beiden 84pfd. Granatkanonen waren inzwischen zwar angekommen, doch noch nicht in Stellung gebracht worden und außerdem fehlte für sie noch Munition, so daß sie zunächst gar nicht eingesetzt werden konnten.

Es war ein großer Fehler, daß die Bedeutung des Nachschubwesens mit seinen Teilbereichen vollkommen vernachlässigt, daß die geographischen und meteorologischen Bedingungen nicht berücksichtigt wurden, daß eine hinreichende Erkundung überhaupt nicht stattfand. Die Artillerie wurde nicht

systematisch eingesetzt, das notwendige Material, insbesondere Schanzkörbe und Faschinen, fehlte und mußte requiriert werden, so daß es erst am Abend des 4. Oktober bei Süderstapel eintraf. „Der Oberst von der Tann hatte in den ersten Tagen sich an das General-Commando mit dem Antrag zur Ueberweisung von Faschinen und Schanzkörben gewendet und solche zugesagt erhalten. Jedoch als ganze Unterstützung langten den 3ten Abends 200 Stück alte dürre Schanzkörbe an, welche keinen Boden mehr hielten."(Gagern S. 71). Aus Knicks und Gärten insbesondere von Bergenhusen und Umgebung war zuvor schon Strauchwerk entnommen worden, um Faschinen zum Zudämmen von Gräben und Schanzkörbe anzufertigen, die Bauernvögte waren angewiesen worden, alles Holz für den Bau von Laufbrücken nach Seeth zu liefern. Der Mangel an Material und Gerät zum Überqueren der zahlreichen Gräben stellte sich bei Beginn des Sturmes als besonders nachteilig heraus, da nicht alle einzusetzenden Truppen in dem geplanten und erforderlichen Zeitmaß vorgehen konnten.
Helgesen berichtete über die Beschießung der Stadt:
„Am 1sten October Morgens eröffnete der Feind wieder ein heftiges Feuer gegen die Stadt und Werke, namentlich gegen die Palisadirung bei dem Mühlenwerke und das blendirte Werk auf der Chaussee. Das Feuer, welches Nachmittags an Heftigkeit zunahm, schwieg erst nach eingetretener Dunkelheit. Nachts wurde die Stadt mit glühenden Kugeln beschossen.

Vormittags hatte der Feind, welcher mit Leitern und anderem Material zum Übergang über die Gräben versehen war, versucht, auf dem Eider-Deich vorzudringen, woselbst er schon Nachts zuvor eine Sturmbrücke über den äußersten Durchstich des Deiches gelegt hatte. Das Feuer von den beiden im Centralwerk aufgestellten Kanonen, in Verbindung aus der Vertheidigungsstellung des linken Flügels, nöthigte ihn indessen, sich wieder hinter den Deich zurückzuziehen. Abends nach eingebrochener Dunkelheit unter der Führung des Lieutenants v. Vaupell vom 4ten Reserve-Bataillon mit Hülfe von mitgenommenen Leitern, einen Ausfall längs des Treene-Deiches unternommen, wobei 2 Gefangene eingebracht wurden.

Die Infanterie-Besatzung von Friedrichstadt hatte bisher außer der Kompanie Hummel vom 6ten Linien-Bataillon, welche besonders den Sicherungsdienst längs der Treene und Eider zunächst Friedrichstadt wahrzunehmen hatte, aus 6 schwachen Kompagnien bestanden. Das 4te Reserve-Bataillon hatte, nachdem es in der Nacht vom 27sten zum 28sten September in Folge einer Alarmirung unter dem Gewehr gestanden hatte, den 28sten Morgens die Werke besetzt. Es nahm noch am 1sten October dieselbe Stellung ein.

Die Kräfte der Mannschaft waren erschöpft. Die Ablösung konnte indessen nicht eher als am 2ten October vor Tagesanbruch ausgeführt werden, an welchem Tage das 1ste Reserve-Bataillon die Stellung des 4ten Reserve-Bataillons bezog. Das letztgenannte Bataillon erhielt auf 24 Stunden Ruhe in dem nahgelegenen Dorf Koldenbüttel, um den folgenden Tag, am 3ten October, wieder das 7te Linienbataillon abzulösen, welches gleich jenem Bataillon bei der Ablösung 4 bis 5 Tage hindurch in der Vertheidigungs-Stellung gestanden hatte. Außer der Verstärkung der Besatzung mit dem 1sten Reserve-Bataillon trafen gleichfalls am 1sten October die Abtheilungen des 7ten Linien-Bataillons und des 4ten Reserve-Bataillons ein, welche bis zum 29sten September Tönning, Garding und Katingsiel besetzt hatten, sowie auch 2 Granatkanonen von der Halbbatterie Buntzen.

Am 2ten October, bei Tagesanbruch, bemerkte man wieder die Dampfschiffe, welche sich der Stadt mit 3 Kanonenböten näherten. Bei unserem äußersten Retranchement auf dem Eider-Deiche hatte der Feind auf der Krone des Deiches Einschnitte für 8 Geschütze angebracht.

Die Artillierie des Feindes war an diesem Tage auf folgenden Punkten vertheilt:

2 Geschütze auf dem Treene-Deich,
2 auf der Chaussee,
4 auf einem Feldweg zwischen der Chaussee und den Eiderdeich,
6 hinter dem holsteinischen Eider-Deich.

Das Feuer des Feindes war an diesem Tage besonders gegen unsere beim Fährhaus eingeschnittenen Granatkanonen und gegen die Stadt gerichtet."

3. Oktober 1850

„Am 3ten October gegen Morgen entdeckte man, daß der Feind im Laufe der Nacht mit mehreren Reihen von Traversen en échiquier zwischen der Chaussee und dem Eider-Deich sich der verschanzten Stellung beim Gooshof bis auf einen Abstand von 8–900 Ellen von dem Gehöfte genähert hatte. Diese Aproschen fand man von Infanterie besetzt, welche sich jedoch zurückzog, sobald unsere Kanonen im Centralwerk gegen sie zu feuern begannen. Die beiden Granatkanonen der Halbbatterie Buntzen wurden am Vortag auf dem nördlichen Treene-Ufer aufgefahren, um von hier den Treene-Deich zu bestreichen. Da sie indessen ohne einige Deckung dem überlegenen feindlichen Geschütz vom Treene-Deich ausgesetzt waren, so zogen sie sich, nachdem sie einige Schüsse gewechselt hatte, nach dem Herrenhallig-Deich zurück. Vormittags hatte der Feind Kanonen auf dem Eider-Deich aufgefahren, womit er besonders das Centralwerk beschoß." (Beiheft MilWoBL, S. 32 f.)

Umsichtig, geschickt und bei weitestgehender Schonung der Truppen leitete Helgesen die Maßnahmen in Friedrichstadt, denn er konnte nicht hoffen, in Kürze größere Verstärkungen oder durch Entlastungsangriffe an anderen Plätzen Erleichterung zu erhalten.

Die dänische Armee stand im wesentlichen in der Danewerkstellung fest, nur kleinere Geplänkel und einige Demonstrationen bei Klein Rheide, Lottorf, Geltorf und Kropp/Kropperbusch gab es; diese Scharmützel ließen die dänische Armeeführung allerdings im unklaren, ob es sich hierbei nicht schon um Vorbereitungen für ein weiteres schleswig-holsteinisches Unternehmen handelte, und führten zu einer Kräftebindung.

Am 3. Oktober hatten die schleswig-holsteinischen Truppen mehrere Artillerie-Stellungen ausgebaut und bewaffnet – je 1 für 2 Geschütze auf dem Treene-Deich und der Chaussee, für 4 Geschütze auf einem Feldweg gegenüber dem Gooshof, für 12 Geschütze und 10 leichte Mörser auf dem nördlichen Eiderdamm; 6 schwere Geschütze, 10 leichte und 4 schwere Mörser standen in der Batterie am südlichen Eiderdeich.

Während der Anwesenheit Willisens vor Friedrichstadt am 1. Oktober 1850 hatte von der Tann auf eine weitere Verstärkung der Truppen gedrängt, die dann auch schnell vorgenommen wurde. Die 2. Halb-Brigade der Schleswig-Holsteinischen Armee erhielt den Befehl, nach Westen zu marschieren, und so trafen noch am späten Abend des 3. Oktober ein

- das 15. Infanterie-Bataillon in Süderstapel,
- das 13. Infanterie-Bataillon und der Brigade-Stab in Hohn,
- die 1. Abteilung des 5. Jägerkorps in Erfde.

Damit standen von der Tann nunmehr acht Infanterie-Bataillone und drei Abteilungen Jäger zur Verfügung, also ca. 11.500 Mann – so viel, wie ursprünglich für ein überfallartiges Unternehmen als erforderlich erachtet worden war.

Willisen hatte die schleswig-holsteinischen Truppen vor Friedrichstadt erneut am 3. Oktober inspiziert, war aber noch in der Nacht über Drage nach Rendsburg zurückgekehrt. In seinem danach herausgegebenen Armeebefehl gab er seiner Hoffnung Ausdruck, daß die Truppen „eine solche Aufgabe wie die Vorliegende mit großer Beharrlichkeit und der muthigsten Entschlossenheit lösen“ würden.

4. Oktober 1850 – Sturm auf die dänischen Befestigungen

Für den 4. Oktober 1850 war von schleswig-holsteinischer Seite vorgesehen, daß zunächst die Artillierie mit allen Geschützen vom Morgen an für längere Zeit ihr Feuer auf die dänischen Werke und Verschanzungen richten, sie sowie die Hindernisse zerstören und erst bei einbrechender Dunkelheit der Sturm vorgenommen werden sollte. Das erste Ziel der Sturmkolonnen sollte die Inbesitznahme der Borkmühlenschanze am Zusammenstoß des Eider-

Die Bestürmung Friedrichstadts am Abend des 4. Oktober 1850. Kreidelithographie, links: die Borkmühlen- und Kalkofen-Schanzen, Mitte: der brennende Turm der Remonstrantenkirche und der Turm der ev.-lutherischen Kirche, rechts: das Holmer Tor.

und Treenedeiches sein, von wo aus die Schleswig-Holsteiner dann bei weiterem Geschützfeuer in die Stadt eindringen wollten.

Das Signal zum Sturm sollten drei Raketenabschüsse von einem Kanonenboot auf der Eider sein, und sämtliche Musikkorps sollten die Sturmkolonnen mit klingendem Spiel begleiten.

Die Kolonnen – wobei ihnen an der Spitze Pionierabteilungen zur Beseitigung von Hindernissen beigegeben wurden – waren eingeteilt:

Erstes Treffen

Kolonne Nr. 1
1 Kompanie des Infanterie-Bataillons Nr. 6
2 Züge des 1. Jägerkorps

Kolonne Nr. 2
1 Kompanie des Infanterie-Bataillons Nr. 11
2 Züge des 5. Jägerkorps

Kolonne Nr. 3
1 Kompanie des Infanterie-Bataillons Nr. 3
2 Züge des 5. Jägerkorps

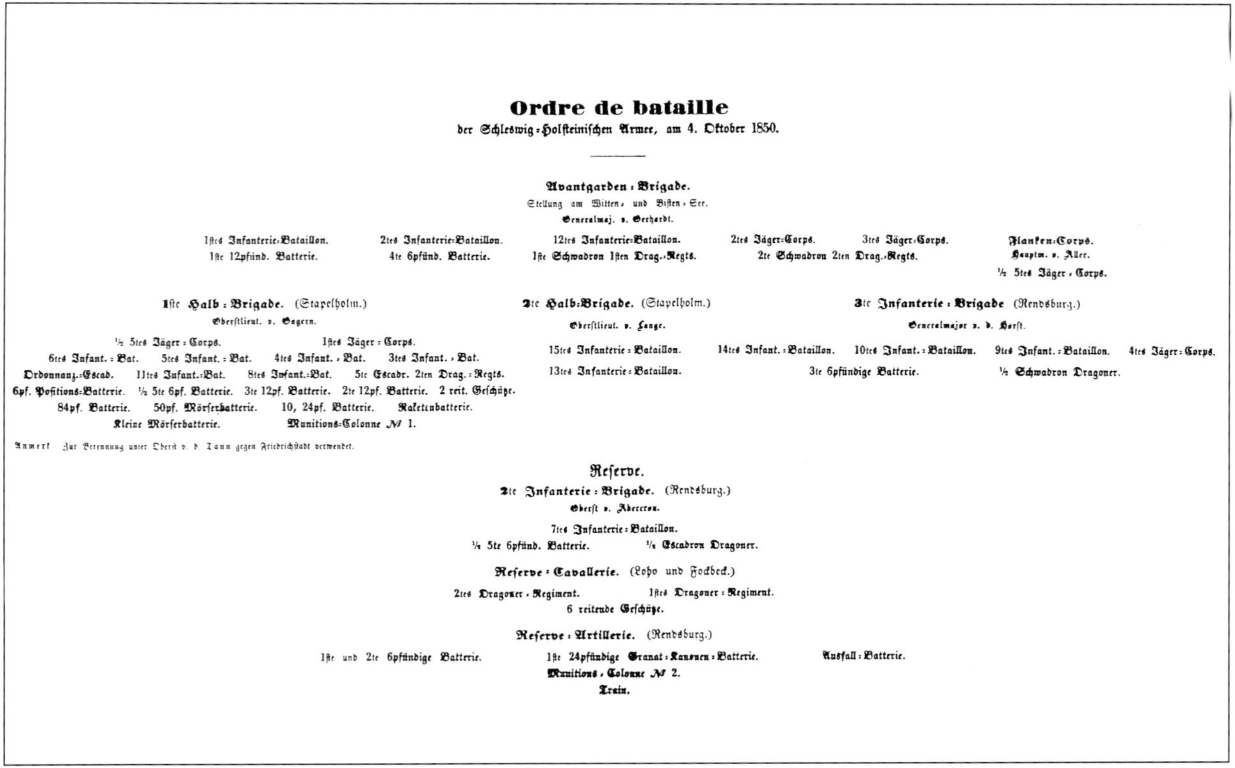

Ordre de bataille

der Schleswig-Holsteinischen Armee, am 4. Oktober 1850.

Avantgarden-Brigade.
Stellung am Witten- und Biften-See.
Generalmaj. v. Gerhardt.

1stes Infanterie-Bataillon. 1ste 12pfünd. Batterie.
2tes Infanterie-Bataillon. 4te 6pfünd. Batterie.
12tes Infanterie-Bataillon. 1ste Schwadron 1sten Drag.-Regts.
2tes Jäger-Corps. 2te Schwadron 2ten Drag.-Regts.
3tes Jäger-Corps.
Flanken-Corps. Hauptm. v. Aller. ½ 5tes Jäger-Corps.

1ste Halb-Brigade. (Stapelholm.)
Oberstlieut. v. Gagern.

½ 5tes Jäger-Corps. 1stes Jäger-Corps.
6tes Infant.-Bat. 5tes Infant.-Bat. 4tes Infant.-Bat. 3tes Infant.-Bat.
Ordonnanz-Escad. 11tes Infant.-Bat. 8tes Infant.-Bat. 5te Escadr. 2ten Drag.-Regts.
6pf. Positions-Batterie. ½ 5te 6pf. Batterie. 3te 12pf. Batterie. 2te 12pf. Batterie. 2 reit. Geschütze.
84pf. Batterie. 50pf. Mörserbatterie. 10, 24pf. Batterie. Raketenbatterie.
Kleine Mörserbatterie. Munitions-Colonne № 1.

Anmerk. Zur Berennung unter Oberst v. d. Tann gegen Friedrichstadt verwendet.

2te Halb-Brigade. (Stapelholm.)
Oberstlieut. v. Lange.

15tes Infanterie-Bataillon.
13tes Infanterie-Bataillon.

3te Infanterie-Brigade (Rendsburg.)
Generalmajor v. d. Horst.

14tes Infant.-Bataillon. 10tes Infant.-Bataillon. 9tes Infant.-Bataillon. 4tes Jäger-Corps.
3te 6pfündige Batterie. ½ Schwadron Dragoner.

Reserve.

2te Infanterie-Brigade. (Rendsburg.)
Oberst v. Abercron.

7tes Infanterie-Bataillon.
¼ 5te 6pfünd. Batterie. ¼ Escadron Dragoner.

Reserve-Cavallerie. (Loho und Fockbeck.)
2tes Dragoner-Regiment. 1stes Dragoner-Regiment.
6 reitende Geschütze.

Reserve-Artillerie. (Rendsburg.)
1ste und 2te 6pfündige Batterie. 1ste 24pfündige Granat-Kanonen-Batterie. Ausfall-Batterie.
Munitions-Colonne № 2.
Train.

Ordre de Bataille der Schleswig-Holsteinischen Armee am 4. Oktober 1850. Mitte links die Aufstellung der I. Halbbrigade, die von Oberst v.d. Tann zur Bestürmung Friedrichstadts eingesetzt wurde.

Kolonne Nr. 4
1 Kompanie des Infanterie-Bataillons Nr. 3
2 Züge des 1. Jägerkorps

Zweites Treffen

1 Kompanie des Infanterie-Bataillons Nr. 3
1 Kompanie des Infanterie-Bataillons Nr. 11
2 Züge des 1. Jägerkorps

1 Kompanie des Infanterie-Bataillons Nr. 3
1 1/2 Kompanien des Infanterie-Bataillons Nr. 6
2 Kompanien des Infanterie-Bataillons Nr. 11

Reserve

2 Kompanien des Infanterie-Bataillons Nr.5
4 Kompanien des Infanterie-Bataillons Nr. 15
1 Kompanie des 5. Jägerkorps

Die Arbeiten zur Vorbereitung der Annäherung an die Verschanzungen wurden von den Schleswig-Holsteinern auch in der Nacht fortgesetzt, dänischerseits jedoch immer wieder durch Kleingewehr- und Espignolfeuer gestört.

„Von unserer Seite waren viele Schwierigkeiten des ungünstigen Terrains überwunden; einige 80 Brücken hatte man über die breiten Marschgräben für Infanterie und gar für Artillerie geschlagen. Auf der Chaussee war der erste feindliche Durchstich genommen, überbrückt, und näher der Stadt eine Sandsack-Batterie für zwei 24Pfder aufgeworfen, welche einen bedeckten Geschützstand des Feindes auf Visierweite beschossen. Weiter nördlich an einem Deiche standen zwei 24pfdige Granatkanonen. Der nördliche Eiderdeich war zur Aufstellung von zwei 84pfdigen Bombenkanonen und zehn 12Pfdern hinter schrägen Schießscharten benutzt, und mit Sandsack- und Schanzkorb-Traversen versehen. Auf 300 Schritt vom Feinde wurde hinter einer solchen Traverse eine Abtheilung kleiner Mörser etabliert, welche mit Hülfe von Infanterie das feindliche Gewehrfeuer dämpfen mußten; dann folgten gleich die 84Pfder. Als diese eingefahren wurden, begrüßte sie der Feind mit einigen Granaten, die Schaden anrichteten. Deckungen für Infanterie waren an vielen Stellen vorgerichtet, und das Gewehrfeuer währte den ganzen Tag." (Beiheft MilWoBL S. 24)

Mit Tagesgrauen des 4. Oktober – es war Helgesens 57. Geburtstag – eröffneten die schleswig-holsteinischen Geschütze in allen Stellungen ihr Feuer auf die dänischen Werke – zahlreiche Geschosse fielen in die Stadt. Dänischerseits war an diesem Morgen das 7. Linien-Bataillon in Bereitschaft in der Stadt, die Kompanie des 6. Bataillons hatte die Vorposten entlang der Treene und Eider aufgestellt, das 1. Reserve-Bataillon lag in Ruhe in Koldenbüttel. Mit zunehmender Heftigkeit der Beschießung wurde das 1. Reserve-Bataillon nach Friedrichstadt befohlen, mit 3 Kompanien in die Werke der 1. Linie im Osten gelegt, mit 1 Kompanie am westlichen Ausgange der Stadt, wohin am späten Nachmittag noch eine eingetroffene Kompanie des 9. Linien-Bataillons beordert wurde; diese beiden Abteilungen sollten einen etwaigen Übergang über die Eider westlich der Stadt abwehren.

Ein Augenzeuge, ein schleswig-holsteinischer Offizier des 6. Infanterie-Bataillons, erinnerte sich jenes Tages:

„Der Morgen des 4. October 1850 war ein rauher, nebliger Herbstmorgen. Lange bevor die Sonne mit ihren dunkelroten Strahlen den dichten Nebel zu zerstreuen begann, hatte uns die Kälte aus unserem Strohlager getrieben, in welchem wir, auf dem südlichen Abhange des Eiderdeiches, unter freiem Himmel die vergangene Nacht verbracht hatten.

Alles lief, eng in seinen Mantel gehüllt, in dem sumpfigen Vorlande an der Eider auf und nieder, um durch Bewegung die erstarrten Glieder zu erwärmen ...

Ich war schon eine ziemlich lange Zeit mit rastlosen Schritten auf und nieder geeilt, allein es war mir Immer noch nicht gelungen, meine vor Frost und Nässe zitternden Glieder zu erwärmen.

Da nahete sich mein Bedienter mit einem Kessel dampfenden Kaffee. Nie in meinem Leben, glaube ich, hat der Anblick des edlen Bohnensaftes mich mehr erfreut, als in diesem Augenblick. Ich lagerte mich wieder auf das Stroh, mein Bedienter reichte mir ein Stück Marschkuchen, den die freundlichen Dithmarscher am Tage zuvor uns zu unserer Stärkung vom südlichen Ufer der Eider herüber geschickt hatten und mit einem wahren Heißhunger fiel ich über die Kaffeeschaale in meiner zitternden Hand her. Aber, o Jammer! Ich zog ein Gesicht. Der Kaffee war nämlich aus dem Wasser von einem der nächsten Gräben gekocht worden, und in diese war vor wenigen Stunden mit der eingetretenen Fluth das Salzwasser der Nordsee gelaufen. Ich wurde fuchswild, spie nach allen Seiten hin und geberdete mich wie ein Mensch, der Arsenik genossen hat. Mein armer Bedienter, auf den ich fürchterlich losfuhr, machte mir indessen klar, daß auf einer Entfernung von einer halben Meile für den Augenblick kein anderes Wasser zu bekommen sei. Dies Argument war so schlagend, daß ich nichts dagegen einwenden konnte. Ich wappnete mich also mit einer ordentlichen Portion Todesverachtung, kniff die Augen zu, und mit der Seelenruhe eines Sokrates leerte ich, zwar nicht den Gift-, sondern den Becher mit salzigem Kaffee. Mein schneller Entschluß hatte die besten Folgen. Bald fühlte ich eine angenehme Wärme meinen Körper durchströmen, welche zu vergrößern sich auch die Strahlen der herbstlichen Sonne, die jetzt mit aller Macht sich Bahn durch den weichenden Nebel brachen, angelegen sein ließen ...

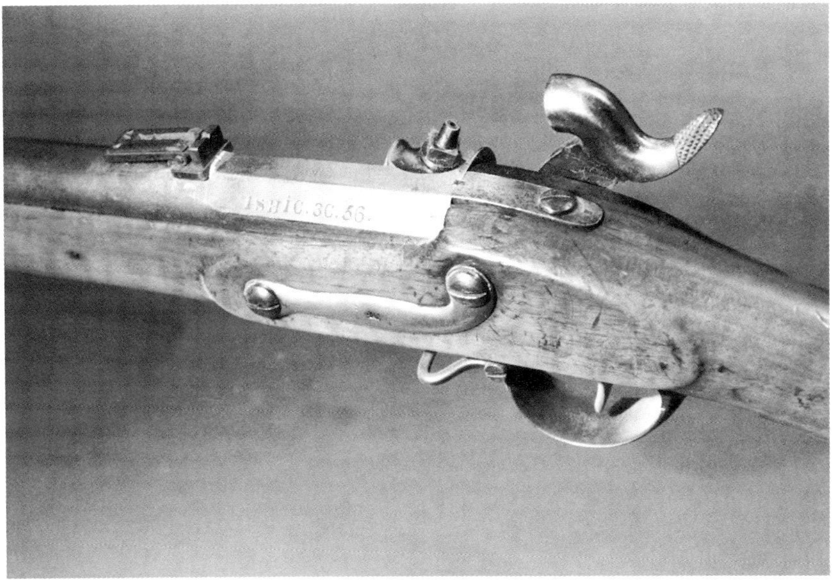

Teil einer Schußwaffe (Büchse) des schleswig-holsteinischen 1. Jäger-Korps mit Numerierung 1SHIC.3C.56. = 1. Schleswig-Holsteinisches Jäger-Corps, 3. Compagnie, Waffe Nr. 56. Foto: Peter Meihs, Neumünster

Der Vormittag verlief, wie alle früheren. Es wurde heftig kanonirt, allein wir waren daran schon so gewöhnt, daß dadurch unsere Aufmerksamkeit wenig in Anspruch genommen wurde.

Weit größere schenkten wir vielmehr den zahlreichen Böten und der Fähren, welche, da der Aufenthalt auf dem diesseitigen Ufer mit gar keiner Gefahr verknüpft war, uns zahllose Besucher und selbst Besucherinnen aus dem jenseitigen, holsteinischen Dithmarschen herüber führten. Sie brachten Lebensmittel, namentlich kalten Braten, Wein und Kuchen, in unvertilgbaren Portionen ihren kämpfenden Landsleuten herüber. Ich erinnere mich nie so gut gelebt und größeren Ueberfluß an Allem, was zur Leibesnahrung und Nothdurft gehört, gehabt zu haben, als auf dem Eiderdeich vor Friedrichstadt. Die sonntäglich geputzten, schmucken, dithmarscher Bauerdirnen hatten ihre herzliche Freude an dem gesunden Appetit ihrer Landsleute, und als unsere Musik sich einstellte und einen lustigen Walzer unter dem fürchterlichen Kanonendonner aufspielte, da widerstrebten sie sogar nur schwach, wenn ein derber Musketier seinen Arm um ihre schlanke Taille legte und mit ihnen auf dem schmutzigen Rasen rüstig loswalzte." (Goß S. 127 f. u. 139)

Bestürmung Friedrichstadts durch die Schleswig-Holsteinische Armee am 4. Oktober 1850. Lithographie von David Martin Kanning aus dem Jahre 1850. Rechts zu Pferde: Generalleutnant v. Willisen und (dahinter) Oberst v. d. Tann.

Dänischerseits waren die Vorbereitungen zum Sturm auf die Stadt wahrgenommen worden, so daß ein größerer, umfassender Angriff innerhalb der nächsten Stunden angenommen werden konnte; das verstärkte Artilleriefeuer deutete gleichfalls auf konzentriertes Vorrücken der Schleswig-Holsteiner hin.

In den Nachmittagsstunden ritt Helgesen, begleitet von einem Dragoner, während des Gewehr- und Kanonenfeuers die dänische Verteidigungsstellungen ab, verhielt auch hier und dort, ohne von einer Kugel getroffen zu werden. Sein Mut und seine Unerschrockenheit waren den dänischen Soldaten ein Beispiel, gaben ihnen Zuversicht und Vertrauen.

„Am 4ten October spielten sämmtliche Geschütze des Feindes schon vom Morgen an mit einer bisher unbekannten Heftigkeit. Es war augenscheinlich, daß die energischen Bestrebungen des Feindes darauf gerichtet waren, die Werke zu demolieren und die Geschütze zu demontieren, um dadurch einen Sturm vorzubereiten. Das Feuer war beinahe ausschließlich gegen unsere Granatkanonen hinter dem Hafen-Deich, das Espignol-Emplacement mit den anstoßenden Pallisardirungen, so wie gegen das Mühlenwerk gerichtet. Der rechte Flügel der Stellung mußte folglich, wie dies auch aus den örtlichen Verhältnissen hervorging, als am meisten bedroht betrachtet werden.

Auf dem Hauptthurm der Stadt war beständig ein Beobachtungsposten aufgestellt. Auch gegen diesen Punkt richtete der Feind ein sehr heftiges Feuer, dergestalt, daß allein an der Stelle 5 Kugeln durch den Thurm schlugen, wo die Warte etablirt war. Mit dem Tage nahm auch das Feuer an Heftigkeit zu. Nach angestellten Beobachtungen hatte der Feind am Nachmittag dieses Tages über 30 Geschosse in jeder Minute gegen unsere Werke und gegen die Stadt gesendet, welche bereits an mehreren Punkten brannte. Greweshof und Gooshof wurden ebenfalls am Nachmittage in Brand geschossen.

Da die Approschen am Tage nur von einer geringen feindlichen Truppenstärke besetzt worden waren, so war Befehl zu einem Ausfall ergangen, der am Abend vom Gooshof aus ausgeführt werden und den Zweck haben sollte, die feindlichen Arbeiten und die Sturmbrücken zu zerstören. Dieser Befehl kam indessen auch nicht zur Ausführung, da man schon ungefähr um 5 $^{3}/_{4}$ Uhr Nachmittags die Meldung empfing, daß der Feind mit starken Kolonnen gegen unsere Stellung vorrückte.

Der Feind stellte die Beschießung unserer äußersten Werke im Osten ein, und richtete dagegen das Feuer von jetzt ab ausschließlich gegen die Stadt und deren westliche Zugänge. Er beschoß die auf allen Ecken durch die Flammen geängstigte Stadt mit Brandgranaten, glühenden Kugeln und Kongreveschen Raketen.

Die äußerste Vertheidigungslinie, welche an diesem Tage von dem 7ten Linienbataillon unter Kommando des Major v. Vogt besetzt war, empfing sogleich Verstärkung von dem rückwärts gelegenen Kalkofen-Werk. Die als Reserve in der Stadt stehenden Kompagnien des 4ten Reserve-Bataillons wurden gleichfalls nach der äußersten Vertheidigungslinie dirigiert.

Da man schon aus dem heftigen Artillerie-Feuer hatte schliessen können, daß der Feind am Abend oder im Laufe der Nacht einen Sturm versuchen wollte, so war um 5 Uhr Nachmittags der Befehl an das nach der Ablösung Morgens nach Koldenbüttel verlegte 1ste Reserve-Bataillon abgegangen, nach dem westlichen Ausgang der Stadt vorzurücken, und daselbst nähere Befehle abzuwarten. Dieses Bataillon traf eine halbe Stunde nach dem ersten Sturmlauf auf dem Kampfplatz ein, und wurde gleichfalls in den Werken verteilt, welche durch diese Verstärkung eine kompakte Besatzung erhielten.

Eine Kompagnie des Bataillons blieb zugleich mit der Kompagnie Bauditz des 9ten Linien-Infanterie-Bataillons, welche während des feindlichen Angriffs zur Verstärkung der Besatzung von Friedrichstadt eingetroffen war, bei dem westlichen Ausgang der Stadt stehen, um einem möglichen feindlichen Übergang über die Eider westlich der Stadt entgegenzutreten." (Beiheft MilWoBl, S. 33 f.)

Am Nachmittag zählte man etwa 40–50 Schuß pro Minute, die die schleswig-holsteinischen Geschütze auf Friedrichstadt abfeuerten – Granaten,

Bomben und glühende Kugeln, so daß die Zerstörung verheerend war. „Die Artillerie begann bald nach Mittag ein lebhaftes Feuer, beschädigte mehrere Werke, zerstörte Pallisadirungen u.s.w. Aber man verlangte, wie gewöhnlich, zuviel von ihr; sie konnte nicht alle Hindernisse rasiren; sie hatte große Schwierigkeiten überwunden, und war zum Theil dem feindlichen Infanterie-Feuer ausgesetzt." (Beiheft MilWoBl S. 25)

Gegen 18 Uhr wurde der hölzerne Turm der Remonstrantenkirche von einer Glühkugel getroffen, brannte bald lichterloh und brach dann donnernd in sich zusammen.

Es war ungewiß, ob der Sturm erfolgreich sein würde. Oberst von der Tann besprach sich am Nachmittag gegen 15 Uhr mit Major Aldosser, seinem Ordonnanz-Offizier von Gagern und dem dem Stab zugeordneten Hans von Raumer über das weitere Vorgehen. Da sie die dänischen Werke für hinreichend zerstört hielten, gab von der Tann den Befehl für die Sturmkolonnen, um 18.00 Uhr vorzurücken. Es war eine weitere Leichtfertigkeit, ohne detaillierte und umfassende Kenntnisse über den Zustand der Befestigungen einen solchen Befehl zu erteilen.

Unerwartet war gegen 18.00 Uhr der Statthalter Graf Reventlou, der sich bereits seit dem 2. Oktober bei den schleswig-holsteinischen Truppen in Stapelholm und vor Friedrichstadt aufhielt, bei den auf der Chaussee bereitstellenden Kolonnen vor Friedrichstadt eingetroffen, um das kommende Schauspiel mitzuerleben.

Je eine Abteilung Pioniere, die Stege, Leitern, Balken und Bretter zur Überbrückung der vielen Wassergräben trugen, gingen voraus, gefolgt von den 4 Kolonnen (1. Jägerkorps, 5., 6., 11. und 15. Infanterie-Bataillon) unter klingendem Spiel.

„Im Nebel und Pulverdampf senkte sich die Sonne blutroth in die Eider, als einige Signalraketen in die Luft flogen und das große Geschütz plötzlich verstummte und die Melodie Schleswig-Holstein meerumschlungen aus dreißig bis vierzig Instrumenten das Signal gab, damit die Sturmcolonnen am Deich und an der Chaussee sich gegen die Schanzen, mit dem Liede der gespielten Melodie singend, in Bewegung setzen, nachdem ein großes Tractament Rum vorher als Begeisterung an die Mannschaften verabfolgt worden war." (Johannsen S. 77)

Ein schleswig-holsteinischer Offizier, der zur ersten Sturmkolonne gehörte, erinnerte sich (Goß S. 142 f.):

„Die Sonne versank eben am fernen Horizonte in den Wellen der Nordsee, als unser Bataillon die Sturmcolonne formirte. Die erste Compagnie bildete, unter Voranschickung einer Tirailleur-Kette vom 1. Jäger-Corps die Tete derselben. Dann folgte eine Abtheilung Pioniere mit Aexten und Spaten, und hieran schloß sich unsere zweite, dann die vierte und zuletzt die dritte Compagnie als Sturmcolonnen.

Es war ein großartiger Augenblick.

Sturm auf Friedrichstadt. Aus: Vilhelm Holst, Felttogene 1848, 49, 50, København 1852.

Schon kurz vorher, ehe der Befehl zum Sturm ertheilt worden war, waren durch unsere Batterien zwei einzeln liegende, ziemlich weitläufige Gehöfte, die zu Friedrichstadt gehörten, ‚Greveshof' und der ‚Gooshof', in Brand geschossen worden. Ihre Flammen leuchteten dunkelrot durch den Herbstnebel, den der October-Abend schon auszubreiten begann, als drei Raketen, welche von einem unserer Kanonenböte kerzengrade in die Höhe fliegen, das Zeichen zum Beginn des Sturmes gaben. Die Musik des 1. Jäger-Corps und die unsrige, welche hinter den Schanzkörben der 84pfündigen Batterie aufgestellt waren, begannen gemeinschaftlich unser National-Lied zu spielen. Dazu donnerten, wie auf ein Commandowort, unsere sämmtlichen Geschütze und auch die feindlichen, die so lange ihr hartnäckiges Schweigen beobachtet hatten, ließen nicht lange auf sich warten. Es war ein Lärm, als ob die Hölle losgelassen sei.

Wir rückten langsam, aber geschlossen vor, einstimmend in die Melodie unserer Hymne, die immer wieder deutlich durch den Donner der Geschütze hervorschallte."

Die Sturmkolonnen gingen zwar wie vorgesehen vor, doch die dänischen Verteidigungsstellungen waren keineswegs durch das Artilleriefeuer zerstört, erwiesen sich vielmehr als weitgehend intakt.

„Der Feind, welcher bisher unthätig schien, begann nun, wie es wohl zu vermuthen war, seine eigentliche Vertheidigung; die vorrückenden Kolonnen wurden durch heftiges Geschützfeuer mit Kartätschen, sowie durch lebhaftes Kleingewehrfeuer empfangen.

Die Offiziere gaben durch ihr kühnes Vorgehen, mit welchem sie die Mannschaft zu ermuthigen suchten, ein Beispiel, welches gewiß durch die besten und muthigsten Offiziere der früheren Feldzüge nicht übertroffen wurde.

Die Kolonne Nr. 1 drang, ihre Offiziere voran, bis an die Borkmühlschanze vor, war aber leider nicht zu dem wirklichen Ersteigen der Schanze zu bringen. Es wurden ihr noch nach und nach die Kolonne 1 des zweiten Treffens und zwei Kompagnien des Bataillons Nr. 15 als Unterstützung gesendet, ohne jedoch ein günstigeres Resultat zu erzielen. Die Kolonne Nr. 2 drang wohl bis zum Goßhofe vor, aber da die Pioniere sich schon unterwegs eines Theils ihres Ueberbrückungsmaterials entledigt hatten, so waren die noch zum Ueberbrücken vorhandenen Materialien für die Breite des Wassergrabens vor dem Goßhofe nicht mehr hinlänglich, und ertranken mehrere Leute, welche versuchten in denselben einzudringen.

Die Kolonnen Nr. 3 und 4 waren mehr zur Beschäftigung des Feindes bestimmt.

Hinsichtlich des Verhaltens beim Sturm muß zugestanden werden, daß die Offiziere wirklich als Helden fochten, die Leute wohl im gewöhnlichen Sinne muthig waren, daß ihnen aber die wahre Idee zu einem Sturme fehlte und, trotz der Todesverachtung ihrer Offiziere und ohngeachtet sich einige Leute im wahren Sinne des Wortes opferten, nicht beizubringen war.

Dem Feinde muß anerkannt werden, daß er seine ganze Vertheidigung nach der feinsten Taktik und Fortifikation leistete.“ (Helvig S. 84)

Immer wieder gab es bei den schleswig-holsteinischen Truppen Schwierigkeiten aufgrund von Materialmangel zum Überbrücken der Gräben, daß Brückenüberlagen zu kurz oder in ungenügender Breite angefertigt worden waren, so daß höchstens zwei Mann gleichzeitig sie benutzen konnten, daß die Mannschaften und Fuhrwerke weitgehend ohne Deckung herangeführt wurden und damit den dänischen Schützen ein leichtes Ziel boten.

„Schwankende Bretter, einzelne Balken und Leitern wurden von den Vorposten getragen, um die breiten bis zur Überschwemmung angefüllten Gräben zu überbrücken. Der Weg war so eng, daß die Colonnen stocken mußten und die Reihen abbrechen, nur zwei Mann hoch vorwärts gehen konnten.“ (Johannsen S. 77)

„Die ganze Vertheidigung der Dänen, besonders der Gebrauch ihrer Artillerie, war musterhaft. Diese schwieg, sobald sie ein überlegenes Feuer erhielt, stellte sich gesichert in ihre Deckungen, oder kam auf einer anderen Seite wieder zum Vorschein. Unsere Angriffsrichtungen konnten ihnen nicht unbekannt sein; daher hatten sie zu deren Enfilirung und Flankirung neue Geschützaufstellungen vorbereitet. Am Tage des Sturmes feuerte ihre Artillerie, vor diesem höchst selten; jedoch als er begann, da ließ sie sich unheilbringend vernehmen, und gleichzeitig ein lebhaftes und ununterbrochenes Flinten- und Espignollen-Feuer längs seiner ganzen Linie.“ (Beiheft MilWoBl S. 25)

Zerstörung Friedrichstadts

Trotz des heftigen Feuers der tapfer kämpfenden dänischen Soldaten drangen die Schleswig-Holsteiner bis an die Schanzen vor, einzelne Abteilungen auch in die Werke ein, wurden dort aber in verlustreiche Abwehrkämpfe verwickelt.

„Die Brustwehr der Schanze bot ein fürchterliches Bild der Zerstörung und des Kampfes dar.

Die Pioniere hieben mit Aexten die Pallisaden um, unsere Leute warfen dieselben als Geschosse auf den Feind, den nur die 4 Fuß breite Brustwehr von uns trennte. Dieser schleuderte sie wieder, Handgranaten dazwischen, aus der Schanze heraus. Dazu ein ununterbrochenes Gewehrfeuer, welches auf einer so nahen Distance geführt wurde, daß oft das Feuer aus den feindlichen Büchsen uns das Haar versengte. Haufen von Todten und Verwundeten füllten bereits den Raum vor der Schanze. Immer wieder stürmten wir von Neuem an, und immer wieder stürzten die Vordersten, von dem tödtlichen Blei getroffen, rücklings hinunter, die Lebenden mit sich in Moor und Sumpf hinabreißend. Ein Officier nach dem andern wurde todt oder verwundet vom Platze getragen.“ (Goß S. 145)

Friedrichstadt, Granitstein zum Massengrab auf dem ehemaligen Friedhof an der ev.- lutherischen Kirche am „Mittelburgwall“ für die gefallenen Soldaten der Schleswig-Holsteinischen Armee . Foto: Gerd Stolz, Kiel

„Friedrichstadts Schicksal". Zeichnung von P. J. du Ferrang. Die Einwohner fliehen aus der brennenden Stadt am Abend des 4. Oktober 1850; in der Bildmitte der Turm der ev.-lutherischen Kirche.

Durch explodierende Granaten und Glühkugeln entstanden in der Stadt bald zahlreiche Brände, die sich rasch ausbreiteten. „Die ganze, bedauernswerthe Stadt stand in Flammen. Ihre hellen, weißen, reinlichen Häuser, die wir so oft bewundert und in denen wir gute Quartiere zu finden gehofft hatten, glichen einem dunkelroten Feuermeer, dessen unheimlicher Schein der dichte Nebel noch vermehrte. Eine silberweiße, glänzende Lichtpyramide, die aus dem purpurnen Schein hervorragte, bezeichnete die Stelle, wo vor wenigen Stunden noch der schlanke, schöne hölzerne Thurm der Remonstrantenkirche auf uns herabgeschaut hatte." (Goß S. 147 f.)

Es war eine gespenstische, grauenvolle Atmosphäre, der sich die Soldaten beider Seiten in diesen Nachstunden des 4. Oktober ausgesetzt sahen.

„Dazu denke sich der Leser die aufgeregte Stimmung, in die man durch den Kampf versetzt wird, eine förmliche Art Trunkenheit, die der Pulverdampf auf die Nerven hervorbringt; das Gewinsel und Gejammer der Verwundeten, das Röcheln der Sterbenden, dazwischen den rollenden Donner von hundert Geschützen, das Geschrei der Kämpfer, untermischt mit Kommandoworten, das Gebrüll des Viehes, das auf dem Marschlande weidete und welches durch den Feuerschein und das anhaltende Schießen fast rasend geworden war, so hat er ein schwaches Abbild von der Scene, die vor meinen Blicken aufgeführt wurde." (Goß S. 148)

Ein Angriff auf die Stadt selbst oder gar deren Zerstörung war ursprünglich nicht Gegenstand des von Wissel aufgestellten Planes gewesen, der im wesentlichen einen Überraschungsangriff auf die Ende September 1850 noch nicht umfassend ausgebauten dänischen Verschanzungen beinhaltete. Die Bombardierung Friedrichstadts im Zuge der Belagerung und des Sturmes ergab sich aus den im Laufe jener Tage intensiv befestigten Verteidigungsstellungen, die sich dicht an die Stadt anlehnten und die die Schleswig-Holsteiner durch ein massives Artilleriefeuer mit Geschützen verschiedener Art und Reichweite zu zerstören hofften, wobei eine Beeinträchtigung der Stadt und ihrer Bewohner bewußt in Kauf genommen wurde. Daß ein Stabsoffizier der Artillerie nicht von vornherein zur einheitlichen Leitung der schleswig-holsteinischen Artillerie für das Unternehmen eingeteilt worden war, erwies sich bereits zu Beginn des Unternehmens als ein verhängnisvoller Fehler.

Die in der Stadt aufgrund der Beschießung entstandenen Brände breiteten sich rasch aus, da Mannschaften zum Löschen nicht zur Verfügung standen. Die Einwohner suchten angesichts des Grauens ihr Heil in der Flucht, um zumindest das eigene Leben zu retten.

Beendigung der Kämpfe

„Nach und nach sahen wir Alle das Nutzlose fernerer Anstrengungen und Stürme ein. Wir beschränkten uns darauf, die Leute, welche noch Munition hatten, zu einem steten Feuer auf die Stadt und auf die Schanze anzuhalten, um wenigstens dem Feind so lange unsere gänzliche Erschöpfung zu verbergen, bis Verstärkung, die jeden Augenblick erwartet wurde, eingetroffen war. Auch auf der feindlichen Seite trat nach und nach Verminderung des Gewehrfeuers ein." (Goß S. 148)

Allmählich setzte sich die Erkenntnis bei den Schleswig-Holsteinern durch, daß sie sich nicht in den Besitz der Werke setzen könnten und jeder weitere Versuch das nutzlose Blutvergießen nur noch vermehren würde. Nach fast fünfstündigem Kampf sah sich die schleswig-holsteinische Führung gezwungen, den Sturm als vollständig gescheitert anzusehen.

Es war gegen 22 Uhr, „als eine feindliche Granate in einen dort (d. h. auf dem Eiderdeich) befindlichen Munitions-Wagen fuhr. Eine plötzliche Helle blendete unsere Augen, die Meisten von uns wurden durch den Luftdruck zu Boden geworfen, und eine furchtbare Explosion erfolgte, Tod und Verderben um sich verbreitend". (Goß S. 149 f.) „Ein donnerndes ‚Hurra' auf der ganzen dänischen Linie und dann fast Totenstille" – Diese Explosion war gleichsam das Signal für den Rückzug der Schleswig-Holsteiner.

General von Willisen, der gegen 20 Uhr von Süderstapel vor Friedrichstadt eingetroffen war, mußte seine und der Truppen schwere Niederlage erkennen; er gab das ganze Unternehmen auf und ordnete für den 5. Oktober den Rückmarsch an. Während die schleswig-holsteinischen Truppen, ständig eines dänischen Ausfalles gegenwärtig, noch bis 5 Uhr morgens auf den vor dem Sturm eingenommenen Sammelplätzen verharrten, blieb die dänische Besatzung, ihrerseits eines erneuten Angriffs der Schleswig-Holsteiner gegenwärtig, während der ganzen Nacht in den Verschanzungen. Als dann am Morgen des 5. Oktober ausgesandte Patrouillen den Abzug der Schleswig-Holsteiner meldeten, wurden die erschöpften dänischen Truppen in die Lager zurückgenommen.

Zuerst wurden von den Schleswig-Holsteinern am 5. Oktober die schweren 84pfd. Belagerungsgeschütze zurückgenommen und ihr Abfahren durch die Kanonenboote und die Süderbatterie gedeckt. Gegen Mittag jenes Tages wurden dann auch die 12pfd. Batterien abgefahren. Nur die 24pfd. Kanonen und die schweren Mörser am linken Eiderufer mit Bedeckungs- und Bedienungsmannschaften hatten die Schleswig-Holsteiner zunächst zur Sicherung des Abzugs und zur Zerstörung der eigenen Werke zurückgelassen. „Des Abends kam ich wieder auf Vorposten. Ich bekam den Doppelposten auf einem Damm; derselbe war sehr gefährlich, und die größte Aufmerksamkeit war hier notwendig. Die ganze Mannschaft war sehr ermattet von der vorigen Nacht. Ohne das geringste Obdach, kein Stroh, mußten wir unter freiem Himmel zubringen." (Peters, S. 87)

Von der Infanterie wurde zuerst das 6. Bataillon, das die meisten Verluste hatte, zurückbeordert, dann in Abständen die anderen Bataillone, so daß gegen 18 Uhr die letzte Abteilung – zwei Kompanien des 15. Infanterie-Bataillons – als Nachhut zurückging. Ihr Abzug wurde noch durch die Kanonenboote, die auf der Eider nebenher fuhren, gegen ein eventuelles dänisches Nachrücken gesichert.

Von den Erlebnissen eines einfachen Soldaten und der Stimmung in jenen Tagen vermittelt einen Eindruck der Brief vom 8. Oktober 1850 des 30jährigen Musketiers Hans Casper Drews der 4. Kompanie des schleswig-holsteinischen 15. Infanterie-Bataillons:

„Wir haben eine schlimme Woche gehabt, denn der Marsch ging nach Friedrichstadt. In der Nacht vom 4. auf den 5. Oktober sollten wir die Stadt erobern. Der Däne hatte sich stark verschanzt. Wir haben mehrere Sturmangriffe auf die Schanzen gemacht, haben sie aber nicht eingenommen, denn die Gegend ist schlecht zu passieren. Die Marsch ist von Gräben durchzogen, die voll Wasser standen. Es sind manche von unsern Leuten ertrunken und viele hingeopfert. Die halbe Südstadt stand in Flammen.

Liebe Frau, Du schreibst, daß ein Gespräch umgeht, ich sei gefallen. Der liebe Gott hat mich bisher behütet, und wir wollen ihn bitten, daß er mich weiterhin beschützt. Nach solchem Gespräch, sagt man, lebe der Mensch lange. Wir können noch nicht sagen, wie es mit dem Kriege wird. Manche ‚Parolen' laufen um. Wir leben im Dunkeln dahin." (Timmermann, S. 95)

Die Verluste

Die Verluste beider Seiten in den Tagen vom 29. September bis 4. Oktober waren sehr groß – auf schleswig-holsteinischer Seite waren es 693 Mann, darunter 188 Tote und 32 unverwundete Gefangene, von 60 Offizieren waren 34 gefallen; die Dänen zählten 440 Mann, darunter 79 unverwundete Gefangene.

Der Großteil der Verwundeten beider Seiten aus den Gefechten um Friedrichstadt starb innerhalb der folgenden Tage, denn die medizinische Versorgung war in jener Zeit noch auf einem sehr niedrigen Stand. Viele Schleswig-Holsteiner ertranken auch beim Vorgehen gegen die Verschanzungen vor Friedrichstadt in den Gräben, so wie es der schleswig-holsteinische Dichter Johann Hinrich Fehrs von seinem Bruder Drews schrieb: „Bei dem nächtlichen Sturm auf Friedrichstadt fiel oder versank er in einen tiefen Wattarm dicht vor der Schanze, in der Verlustliste wird er gemeldet als vermißt und ist nie gefunden."

Bereits am Abend des 2. Oktober 1850 hatte man mehrere Leichen – gefallene Dänen, Schleswig-Holsteiner und Bewohner – in eine schnell ausgehobene Grube auf dem Kirchhof hinter der evangelisch-lutherischen Kirche gelegt. – Das 1864 dort aufgestellte Grabzeichen für die Schleswig-Holsteiner wurde später auf den Kirchhof-Vorplatz versetzt, das 1853 errichtete, ehemals daneben liegende Denkmal für die 53 dänischen Soldaten steht heute noch an seinem ursprünglichen Platz.

Als sich am Nachmittag des 5. Oktober der Nebel verzogen hatte, wurden dänischerseits noch 75 tote Schleswig-Holsteiner vom Gefechtsfeld geborgen. Die Toten wurden auf den Friedhöfen in Friedrichstadt, Koldenbüttel, Husum und Delve zum Teil in Massengräbern, der Großteil unmittelbar nach Beedigung der Kämpfe auf dem Friedhof im benachbarten Koldenbüttel beigesetzt; der dänische Feldpropst Høyer Møller schilderte ihre Beerdigung:

„Eine der unheimlichsten Beerdigungen ging am 7. Oktober 1850 vor sich, nachdem der Sturm auf Friedrichstadt abgeschlagen war. Diejenigen, die in den ersten Tagen gefallen waren (53 an der Zahl), waren des Nachts auf dem Kirchhof bei der Lutherischen Kirche in Friedrichstadt beerdigt; die Gefallenen vom Sturme waren noch nach. Sie waren zusammengesammelt und längs der Diele der Dorfkirche gelegt, im ganzen 204; Militär und Zivil, Männer und Frauen vom Wahlplatz und aus den Häusern, im Fluß und in den Wassergräben gefunden. Die Verhältnisse waren nicht so, daß die Rede von Särgen sein konnte. Mit großer Beschwerde war das große, tiefe Grab in den nassen, kleiigen Erdboden gegraben, erst da es zu dämmern begann, war es fertig, so daß wir beginnen konnten, die Toten herauszutragen: zwei Mann, einer beim Kopfe und einer bei den Füßen, trugen jede Leiche heraus und legten sie auf den Rücken auf den Grund des Grabes, und wenn die Reihe voll war, wurde eine zweite über die erste gelegt. Das nahm lange Zeit in An-

Friedrichstadt, ehemalige Borkmühlenschanze an der heutigen Bundesstraße B 5, Granitblock mit 5 Kanonenkugeln zur Erinnerung an die 1850 gefallenen Offiziere, Unteroffiziere und Soldaten der Schleswig-Holsteinischen Armee, errichtet am 22. Oktober 1893.
Foto: Gerd Stolz, Kiel

spruch, und um zu verhindern, daß jemand im Wege stand, war der Zutritt zum Kirchhof für alle Zivilisten gesperrt; nur bei der Kirchentür stand der Kirchspielsvogt, um jede Leiche, die des Feindes Tracht trug, anzusehen, falls er einige unter ihnen kennen sollte. Wir hatten über die Hälfte heraus, als sie mit einem jungen Menschen aus der Tür traten. Der Kirchspielsvogt beugte sich über ihn hinab und rief, ‚O, das ist mein einziger Sohn!‘ Obgleich das Mitleid nicht gerade das Gefühl war, das in jenen Tagen überwog, wurden wir doch alle von dem Schmerz des armen Vaters ergriffen. Er bat, die Leiche mitnehmen zu dürfen um selbst das Begräbnis zu besorgen, und dieser Wunsch wurde erfüllt. Das Heraustragen wurde fortgesetzt, und endlich, als die Dämmerung hereinbrach, traten wir zum Grabe. Es ist nicht das einzige Mal, wo ich die drei Schaufeln Erde auf Leichen ohne Särge warf, aber es ist das einzige Mal, wo die Toten auf dem Rücken lagen, also mit dem Angesicht gegen mich gewandt ... da war kein besonderer Grabspaten, und ich mußte daher einen der gewöhnlichen gebrauchen, womit das Grab ausgeworfen war und den ich nicht übers Grab führen konnte, ohne beide Hände zu gebrauchen. Es zeigte sich nun auch, daß es keine lose Erde war, sondern nur der nasse, zähe Marschklei, der so fest am Spaten saß, daß es nur möglich war, ihn davon gelöst zu bekommen, indem ich mit aller Macht den Klei auf die Leichen werfen mußte, deren Brust ein Echo zu geben schien. Im Dunkeln beteten wir unser stilles Gebet. Das Zuwerfen begann und jeder ging seinen Weg.“ (Von Lübeck's Türmen, 21. Jg., Nr. 6 vom 11. Febr. 1911)

Im Beerdigungsregister der Kirche in Koldenbüttel befindet sich die entsprechende Eintragung:

„In nachstehenden Begräbnissen des hiesigen Kirchhofes sind folgende Krieger der Schlesw.-Holst. und der dänischen Armee, welche am 4t. Oct. vor Friedrichstadt gefallen sind, beerdigt

> In den Begräbnissen No. 98, 102 u. 103 ruhen 73 der Schlesw.-Holst. Armee; doch sind die ersten 6 Fuß von No. 98 nicht belegt. Es fand sich bei Ihnen nichts weiter, was über ihre Herkunft Aufschluß geben könnte, als die Achselklappen, der Besatz von Kragen und Aufschlägen und Chiffern in den Hemden, welche nachfolgend genau angegeben sind, so weit sie sich fanden. Zu wenig mit dem Militairwesen betraut, war von den Gegenwärtigen keiner im Stande nach dem Besatz über den Rang der Characterisirten zu entscheiden ...
>
> In dem Begräbnis No. 116 liegen 24 gefallene Dänen ...
>
> Mit obigen Militairpersonen wurden zugleich begraben:
>
> Ein Knabe von 12–16 Jahren, eine nicht junge und eine alte Frau, über deren Herkunft keine Angabe gemacht ist; sie mögen beim Bombardement Friedrichstadts umgekommen seyn ...
>
> Durch dänisches Militair wurde in den ersten 3 Fuß von No. 98 die Leiche eines im Felde jenseits Friederichstadt gefundenen Schl.-Holst. Soldaten begraben. Auf Befragen des Fuhrmanns, der die Lei-

che nach dem Kirchhofe gebracht, wurde nur die Auskunft gegeben, daß er der Farbe nach der Infanterie angehören müßte, daß die Achselklappen fehlten; im Hemde kein Zeichen gewesen und er wahrscheinlich durch einen Bajonettstich in die Brust getödtet sey. Später ist bekannt geworden, daß er ein Gesellen-Wanderbuch bei sich geführt, welches vom dänischen Militair in Verwahrung genommen ist."

Das Monument für die 24 hier bestatteten dänischen Gefallenen wurde am 11. Januar 1853 von dem dänischen Feldpropsten Høyer Møller geweiht, das Denkmal für die 73 gefallenen Schleswig-Holsteiner nach dem dänisch-deutschen Krieg von 1864 errichtet. Rechts am Wege liegt auf dem Friedhof außerdem das Grab des dänischen Sekondeleutnants Carl Ludwig Viggo v. Wadskör des 4. Reservebataillons, den die tödliche Kugel am Abend des 4. Oktober 1850 nahe der Borkmühlenschanze traf.

Die schleswig-holsteinischen Kriegsgefangenen wurden zunächst in Friedrichstadt gelassen, dann aber über Flensburg nach Kopenhagen gebracht.

„Wir wurden über Trümmer und Leichen, durch einen fast erstickenden Qualm in die allerorts brennende Stadt transportirt, regalirt mit Püffen und erzgroben dänischen Schimpfwörtern der uns begegnenden ‚tappern Landsoldaten', und in der Judensynagoge, welche als Wachtlokal eingerichtet war einstweilen untergebracht, durch dessen Mauern unser grobes Geschütz sich hineingebohrt hatte, Mörtel und Steine über den ganzen Raum werfend ... Wir lagen bald unter Schutt und Trümmern in Morpheus Armen und schliefen nach den überstandenen Gefahren, Strapazen und Beschwerden den Schlaf der Gerechten ... Bis zum Mittag des folgenden Tages dauerte unser Aufenthalt in der Friedrichstädter Judensynagoge. Dann setzte sich die Karavane, bestehend aus etwa 30 Mann verschiedener Truppenteile unserer Armee, in Bewegung ..." (Johannsen S. 82 f.)

Noch am Abend des 4. Oktober 1850 hatte Willisen einen Armee-Bericht an die Statthalterschaft abgefaßt, in dem er das Ergebnis der Bestürmung Friedrichstadts durch schleswig-holsteinische Truppen richtig einschätzte, wenn er schrieb: „Auf die Kriegsführung wird die Begebenheit keine entscheidende Einwirkung ausüben."

Zwei Tage später richtete er sich an die Truppen mit einem Armee-Befehl, der allerdings bei weitem eine ehrliche Erkenntnis der Mängel vermissen läßt (LAS Abt. 51 A XIV Nr. 29):

Armee-Befehl Nr. 256
Hauptquartier Rendsburg, den 6ten October 1850

An die Armee
Die Tage von Friedrichstadt sind nicht glücklich gewesen, aber sie sind Ehrentage für die Armee geworden. Der Sturm am 4ten auf den von Natur und Kunst gleich festen Platz ist eine so schöne Waffenthat, wie irgend eine Armee sie aufzuweisen hat. Alle Waffen haben ihre Pflicht gethan. Der Oberst v. d. Tann hat das ganze Unternehmen mit gewohnter Thätigkeit von kühnem Unternehmungsgeist geleitet. Das 1ste Jäger-Corps hat seinen alten Ruhm bewährt, das 11te und 15te Bataillon haben sich ruhmvoll benommen, das 6te Bataillon aber hat zwei Drittheile seiner Offiziere auf dem Platz gelassen. Das Bataillon darf mit Stolz den Namen ‚Friedrichstadt' in seine Fahnen schreiben. Die Artillerie hat sich, wie immer, ausgezeichnet betragen. Die schwierigen Einleitungen, durch das sehr schlechte Wetter ungeheuer erschwert, sind von ihr mit der größten Umsicht angeordnet und mit der größten Standhaftigkeit durchgeführt worden. Die Pioniere sind vor keiner Schwierigkeit zurückgetreten. Nur unübersteigliche Hindernisse konnten solcher Tapferkeit Schranken setzen. Zum zweiten Male haben wir versucht, durch weitliegende, gewagte Unternehmungen den Feind zum gleichen Kampfe aufs freie Feld heraus zu locken; es hat auch diesmal nicht gelingen wollen. Wir müssen, so scheint es, ferner Geduld haben. Durch das Aufgeben des Angriffes ist gegen die frühere Lage Nichts verloren. Unser Verlust ist sehr schmerzlich, aber das Selbstgefühl der Armee kann nur zunehmen dadurch, daß sie auch vor solchen schweren und gefahrvollen Unternehmungen, wie die gegen Friedrichstadt, nicht zurückgetreten, sie vielmehr ruhmvoll, wenn auch nicht glücklich bestanden. Jeder, welcher die Armee in diesen Tagen gesehen, wird ihr die vollste Anerkennung nicht versagen.

Ich danke allen Truppenteilen, welche an dem Unternehmen haben Theil nehmen können, im Namen des Vaterlandes für das, was sie dabei geleistet haben. Das Vaterland rechnet auch ferner auf ihre volle Hingebung.

Ich erwarte von den Truppen ihre Berichte, um einzelne hervorstechende Handlungen durch Beförderung belohnen zu können.

Der kommandirende General
v. Willisen.

Es muß wie ein Hohn in den Ohren der schleswig-holsteinischen Truppen geklungen haben, solche Worte angesichts einer moralisch und militärisch schweren Niederlage zu hören.

Ganz anders klang dagegen der recht umfangreiche „Rapport über die Vertheidigung von Friedrichstadt vom 29sten September bis zum 4ten October 1850", den Helgesen am 14. Oktober erstattete. Nicht nur, daß es sich hierbei um die Schilderung einer siegreichen Verteidigung gegen eine zah-

Das alte Friedrichstädter Rathaus, das bei der Beschießung Friedrichstadts zerstört wurde, nach einer zeitgenössischen Zeichnung.

lenmäßige Übermacht handelte, sondern sie ist umfassender, detaillierter und präziser, weitestgehend in nüchternen, sachlichen Worten abgefaßt, wenn auch der Zeitgeist zu berücksichtigen bleibt. Helgesen konnte von sich und für sich behaupten, einen bedeutenden, unübersehbaren Punkt, ja Endpunkt in dem militärischen Ringen der schleswig-holsteinischen Erhebung gesetzt zu haben.

Am schwersten betroffen war jedoch die Bevölkerung, die dem Geschehen schutzlos preisgegeben und zum größten Teil aus der Stadt geflohen war. Fast die ganze Vorderstadt lag in Trümmern. 137 Häuser waren niedergebrannt, Rathaus und Remonstrantenkirche zerstört, 285 Gebäude schwer und 84 Häuser geringer beschädigt, 34 Einwohner getötet oder schwer verwundet – es gab in Friedrichstadt kein Gebäude, das nicht irgendwelche Schäden, keinen Einwohner, der nicht irgendwelche Verluste zu beklagen hatte.

Mehrere vor Friedrichstadt eingesetzte Offiziere – unter ihnen an erster Stelle Oberst von der Tann – wandten sich angesichts der Zerstörung Friedrichstadts und der Not seiner Einwohner in einem gemeinsamen „Circulair“ an ihre Kameraden in der Schleswig-Holsteinischen Armee zwecks Hilfeleistung. In dem Aufruf gestanden sie zwar nunmehr ihre Mitschuld und ihr Versagen ein, äußerten kein Wort des Mitleids, beharrten vielmehr bei der Auffassung ihres Oberkommandos, daß die Zerstörung eine militärisch unumgängliche Notwendigkeit gewesen sei (StA Friedrichstadt F. 28):

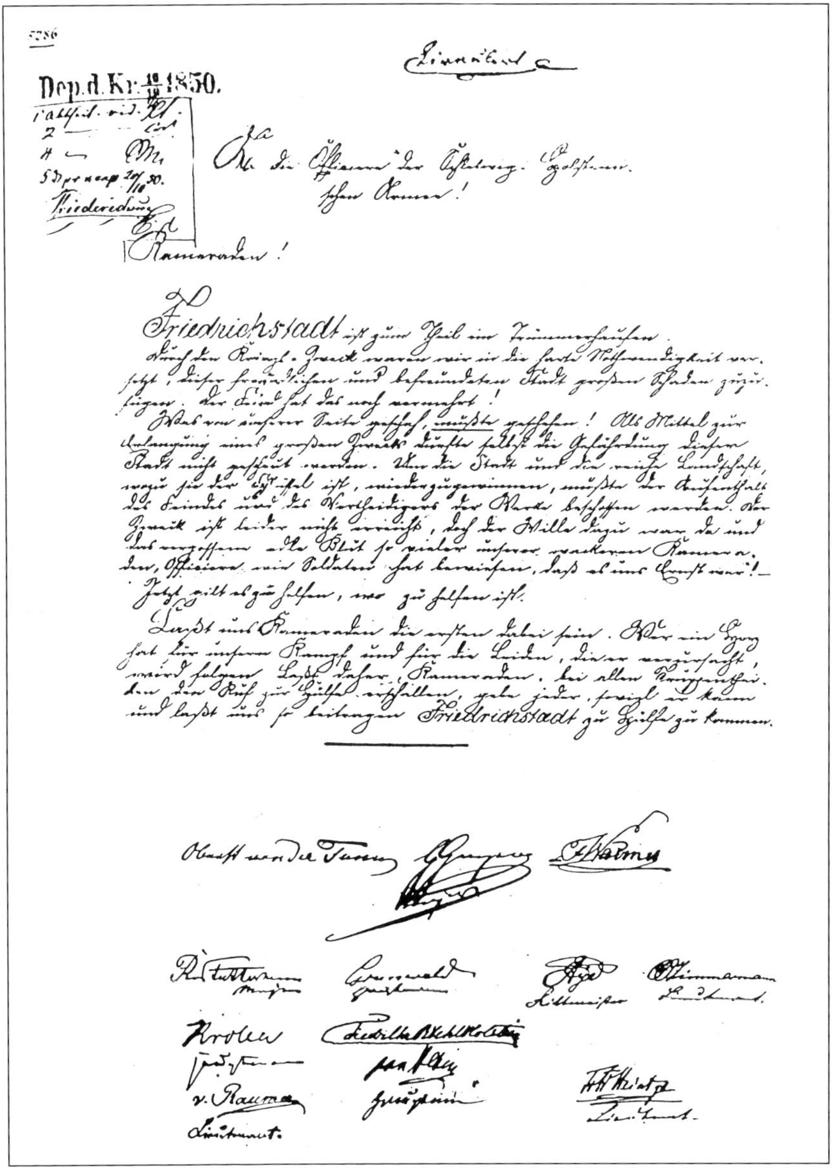

Aufruf an die Offiziere der Schleswig-Holsteinischen Armee vom Oktober 1850 – Spendenaufruf zur Hilfe für Friedrichstadt (LAS Abt. 55 Kop. Abg. Nr. 311)

An die Offiziere der Schleswig-Holsteinischen Armee!

Kameraden!
Friedrichstadt ist zum Theil ein Trümmerhaufen.
Durch den Kriegsweck waren wir in die harte Nothwendigkeit versetzt, dieser freundlichen und befreundeten Stadt großen Schaden zuzufügen. Der Feind hat das noch vermehrt!

Was von unserer Seite geschah, mußte geschehen! Als Mittel zur Anlangung eines großen Zwecks durfte selbst die Gefährdung dieser Stadt nicht gescheut werden. Um die Stadt und die reiche Landschaft, wozu sie der Schlüssel ist, wiederzugewinnen, mußte der Aufenthalt des Feindes und des Vertheidigers der Werke beschossen werden. Der Zweck ist leider nicht erreicht, doch der Wille dazu war da und das vergossene edle Blut so vieler unserer wackeren Kameraden, Offiziere und Soldaten hat bewiesen, daß es uns Ernst war! –

Jetzt gilt es zu helfen, wo zu helfen ist.

Laßt uns Kameraden die ersten dabei sein. Wer ein Herz hat für unseren Kampf und für die Leiden, die er verursacht, wird folgen. Laßt daher, Kameraden, bei allen Truppentheilen den Ruf zur Hülfe erschallen, gebe jeder, soviel er kann und laßt uns so beitragen Friedrichstadt zu Hülfe zu kommen.

Oberst von der Tann — *H. v. Gagern, Major* — *F. Wasmer*

R. v. Stutterheim, Major — *Grunwald, Hauptmann* — *C. J. Zimmermann, Lieutenant*

Krohn, Hauptmann — *Friedrich Christian, Prinz zu Schleswig-Holstein*

v. Raumer, Lieutenant — *v. Alten, Hauptmann* — *F. W. Heintze, Lieutenant*

Die dänische Armee hatte mit der erfolgreichen Verteidigung Friedrichstadts an der Eiderlinie zugleich auch den Besitz des Herzogtums Schleswig behauptet, sie war innerhalb des vorgegebenen militärischen wie politischen Bereichs geblieben.

Der Verteidigung des Landes diente „Friedrichstadt" aus schleswig-holsteinischer Sicht nicht, es war auch kein erkennbarer Notstand eingetreten. Auf seiten der Schleswig-Holsteiner war man der Auffassung gewesen, daß es die Waffenehre – was immer auch darunter verstanden wurde – erforderte, die Stadt den Dänen um jeden Preis zu entreißen. „Friedrichstadt" war nach „Idstedt" und „Missunde" der dritte große Mißerfolg der politischen wie militärischen Führung der Schleswig-Holsteiner innerhalb von drei Monaten im 2. Halbjahr 1850.

Ungenügende Vorbereitungen im taktischen, planerischen und materiellen Bereich, mangelhafte Nachrichtenverbindungen, eine unzureichende Ausstattung der Truppen trafen mit Kurzsichtigkeit und Leichtfertigkeit in der Führung zusammen. Angesichts des verlustreichen und strategischen Mißerfolges war die Sinn- und Ausweglosigkeit weiterer militärischer Maßnahmen nun auch dem unbedarftesten Betrachter klar geworden.

„Friedrichstadt“ war zum lodernden Fanal des Untergangs für die schleswig-holsteinische Sache geworden.

Friedrichstadt, Obelisk in der Grünanlage der Straße „Am Stadtfeld“ für die 1850 gefallenen Soldaten der Schleswig-Holsteinischen Armee, errichtet 1893, oben an der Pyramide das sog. Schleswig-Holsteinische ‚Eiserne Kreuz‘. Foto: Gerd Stolz, Kiel

Erläuterung militärischer Begriffe

Appro(s)chen	Annäherungswege, Zugang, Vorgehensweise
Arsenik	giftige Verbindung von Arsen und Sauerstoff
Batterie	mehrere in einer Feuerstellung zusammengefaßte Geschütze; kleinste Struktureinheit der Artillerie
blendi(e)ren	Deckungen zum Schutz gegen feindliches Feuer schräg aufstellen
Blockhaus	aus (un-)behauenen Baumstämmen errichtetes Gebäude
Brustwehr	brusthoher Schutzwall an Festungswerken und Schützengräben
Capitain (Kapitän)	Dienstgrad bei Infanterie und Artillerie (Hauptmann)
Chaussee	mit eingebetteten Steinen befestigte Kunststraße
creneli(e)ren	Gebäude, Mauern o. ä. zur Verteidigung mit Zinnen und Schießscharten versehen
en échiquer	schachbrettförmige Formation mit der Möglichkeit, hintere Truppen durch die Zwischenräume der vorderen durchzuziehen
enfili(e)ren	eine Truppenaufstellung oder Festungswerke der Länge nach oder schräg beschießen
Espignol(e)	leichtes Geschütz mit mehreren Ladungen im Lauf, die beim Abfeuern den Lauf nacheinander verlassen
Flanki(e)rung	seitlich-räumliche Ausdehnung einer Truppe beiderseits der offenen Flügel
Kartätsche	mit Kugeln oder Metallstücken gefülltes Artilleriegeschoß zur Bekämpfung ungedeckter lebender Ziele auf Nahdistanz
Mörser	kurzrohriges, meist großkalibriges Geschütz
Pallisaden, Pallisadierung (en)	langer, oben zugespitzter Schanzpfahl, der mit anderen zusammen in dichter Reihe in den Boden gerammt wird
Retranchement	Verschanzungen bzw. verschanzte Linie
Schanze, Verschanzung	als Verteidigungsanlage aufgeworfener Sandwall
Tirailleur	in der geöffneten Ordnung kämpfender Schütze
Tractament	Menge; Behandlung(sweise); Verpflegung, Bewirtung
Traverse	Querwall, der hinter der Brustwehr von Befestigungen senkrecht zu dieser aufgeworfen wird, um die Verteidiger gegen seitliches Feuer zu decken
Werk	mit Wall und Graben befestigter (in sich geschlossener) Teil einer Befestigung oder Festung

Die Auswirkungen auf die Bevölkerung – Flucht, Leiden und Kriegsschäden

Karl Michelson

Das Bombardement

In den Pfingsttagen des Jahres 1849, als die Schleswig-Holsteiner oben in Dänemark die Stadt Fredericia belagerten, kamen junge Leute in Husum in der Nähe von Friedrichsberg mit Fiiken Eerns ins Gespräch. Sie stand im warmen Sonnenschein an der Pforte ihres blühenden Gartens. Man sprach über den Krieg. Da oben bei Fredericia sei es ja schlimm, meinte Fiiken, da koste es so manches junge Menschenleben. Aber es werde noch schlimmer! Der Krieg werde auch in unsere Gegend kommen; denn es „übe" schon „vor". Oft sehe sie nachts im Süden, wo Friedrichstadt liege, über den Marschen blutig-roten Feuerschein am Horizonte lodern.

Sie hatte ein Vorgesicht, das im Herbst 1850 Wirklichkeit werden sollte.

Nach Tagen regnerischen Wetters bot sich der Morgen des 29. September mit strahlendem Sonnenschein dar. Er versprach, ein freundlicher Herbstsonntag zu werden. In den kleinen, stillen Höfen und Gärten unserer Stadt blühten die letzten Astern und Georginen, und von den beiden Kirchtürmen verklang das zur Andacht mahnende Morgengeläute. Und in diese scheinbar so friedliche Idylle hinein fielen kurz nach acht Uhr die ersten Schüsse schleswig-holsteinischer Batterien vom anderen Eiderufer und von den Kanonenbooten auf den Strome.

Die Einwohner eilten erschreckt auf die Straßen, aufgeregt durch einander schreiend. Sie mochten zwar gern sehen, was draußen vor der Stadt vor sich ging ... rannten aber schleunigst wieder in ihre Häuser, als die Geschosse – gewollt oder nicht beabsichtigt, das sei zunächst dahingestellt – mit hellen, weißlichen Schweifen in hohem Bogen in die Stadt hineinflogen und krachend in die Häuser einschlugen. Eine hohe Fontäne von Erde und Schmutz wurde emporgeschleudert, wenn die Geschosse in den Boden einschlugen. Fassungslos, halb gelähmt vor Schreck, starrten die Bewohner zu den Fenstern hinaus.

Der Krieg war *in* ihre Stadt gekommen!

Bei dem ersten Schuß war der alte Bürgermeister Jan Jelles Schütt entsetzt vor die Tür gestürzt. Voll Zorn und Schmerz rief er:

„Daß ich das erleben muß!
Nun geht das Gericht über meine arme Stadt.
Wie wird es all den armen Menschen gehen,
die nur von der Hand in den Mund leben müssen.
Wahrlich, das hab' ich nicht geglaubt; – – –
ich hab' das nicht geglaubt!"

Währenddessen stand Helgesen mit Capitain Hoffmann in der Tür von Windals Hotel am Markt und sah seine Truppen zu den Schanzen aufbrechen, als etwas leichtsinnig ein Friedrichstädter Schneider mit den schleswig-holsteinischen Farben blau-weiß-rot an der Mütze angelaufen kam. Er glaubte, die Stunde der Befreiung sei endlich gekommen und rief lauthals: „Unsere Brüder sind da! Vivat Schleswig-Holstein!".

Helgesen ließ ihn anhalten, hielt dann in aller Ruhe das Gewehr eines Soldaten, während dieser ihm 25 Schläge mit dem Stock des Oberstleutnants verabreichen mußte. Den Schneider ließ er anschließend einsperren.

Eines der ersten Geschosse traf das Haus des Lohgerbers Grübener, gerade dort, wo er mit Frau und dem Mädchen ängstlich saß. Die Nachbarn sahen die Familie aus dem Hause stürzen, Grübener mit seinen Geschäftsbüchern unter dem Arm, seine Frau mit eilends und wahllos, wie es schien, zusammengerafften Habseligkeiten, die Tochter entsetzt die Hände über den Kopf zusammenschlagend, laut jammernd und schreiend.

Die Ruine der Remonstrantenkirche im Oktober 1850. Zeichnung eines unbekannten Künstlers.

Das Fährhaus, das Haus des Zollkontrolleurs am Hafen und einige der Häuser am Fürstenburgwall gehörten mit zu den ersten Bauwerken, die unter dem Beschuß zu leiden hatten. Etliche Gebäude in den Telten wurden beschädigt. Ununterbrochen dröhnten die Kanonen, sausten die Granaten, um krachend in der Stadt oder in den Verschanzungen zu bersten. Gewehr- und Kartätschfeuer wurde dann von Osten her hörbar.

Die männlichen Einwohner wurden zu den vier städtischen Spritzen gerufen; Frauen und Kinder suchten kopflos ihr Hab und Gut zu bergen. Aber wohin? Am Eiland und bei dem Goldenen Tor standen Militärposten, um zu verhindern, daß der männliche Teil der Bevölkerung die Stadt verließ. Auch an der Rückzugsbrücke in der Nähe der Kaneelstraße über den Westersielzug hatten Soldaten Aufstellung genommen; sie ließen Frauen und Kinder frei passieren.

Die Nachricht von den ersten Verwundungen in der Friedrichstädter Bevölkerung verbreitete sich schnell bis ins letzte Haus; auch Tote gab es bereits. Hafenmeister Paasch verlor ein Bein, Carl Michelsen einen Arm.

Die Männer an den Spritzen bemühten sich nach Kräften, der aufkommenden Brände Herr zu werden. Es ist ein Wunder, daß bei ihrem Einsatz an diesem Tage keiner verwundet wurde. Auch bei den dänischen Soldaten, die in den Schanzen lagen, gab es natürlich Ausfälle.

Am Nachmittag fuhren die ersten Wagen mit Toten und Verwundeten durch die Stadt. Es war für die Friedrichstädter ein entsetzlicher Anblick; viele Soldaten waren grausig verstümmelt und zerrissen! Blut floß von den Wagen auf das Pflaster.

Die leichter Verwundeten wurden in der lutherischen Kirche, in der ein Verbandsplatz eingerichtet war, behandelt. In die Kirche hatten sich auch bereits einige Friedrichstädter geflüchtet. Man wies sie nicht fort. Sie hofften darauf, daß die schweren Felssteine des Turmes sie schützen würden.

Fassungslos war zusammen mit den Friedrichstädter Einwohnern auch der Magistrat. Keiner der Friedrichstädter hatte damit gerechnet, daß „ihre eigenen", wie manche sich ausdrückten, sie mit Bomben und Granaten überschütten würden, keiner hatte je daran gedacht, daß Schleswig-Holsteiner die Friedrichstädter bedrohen, ihre Häuser zerstören würden. Der Magistrat beriet; und im Einvernehmen mit Oberstleutnant Helgesen, dem – wie schon am 7. August – viel daran lag, die Zivilisten zu schonen, richteten Präsident, Bürgermeister und Rat in ihrer Verzweiflung und aus Sorge um die Stadt und ihre Einwohner an die Schleswig-Holsteinische Armee ein Schreiben.

In der Nacht zum Montag, etwa um Mitternacht, machte sich der Bote der Stadt, Claus Witt, als Parlamentär vom Holmer Tor aus mit einem Brief auf den Weg. Er gab das Schreiben bei einem Vorposten der Schleswig-Holsteiner ab. Der Brief wurde an General Willisen gesandt, hatte aber auf den Fortgang der bitteren Ereignisse nicht den geringsten Einfluß. Nach von Gagern, der die militärischen Ereignisse minutiös beschreibt, wurde der Brief von dem Brigade-Kommandeur an den Obersten v. d. Tann ins Hauptquartier gesandt.

Bei der Erinnerungsfeier nach 50 Jahren, im Herbst 1900, hielt Pastor Harder bei der Borkmühlenschanze eine Festrede. Er erwähnte auch diesen Brief, als plötzlich ein uralter Mann aus der lauschenden Menge rief: „Dat weer ick!“ Es war der alte Claus Witt. Bald danach verstarb er.
Seine Botschaft lautete:

An den Höchstcommandirenden
der Holsteinischen Truppen.

Der Magistrat der Stadt Friedrichstadt benachrichtigt Sie hiermit davon, daß durch das heute stattgefundene Bombardement mehr Einwohner der Stadt verwundet oder getötet worden sind, als Königlich Dänische Soldaten. Der Magistrat muß es Ihnen daher ans Herz legen, ob Sie glauben, die Verwüstung der Stadt verantworten zu können.
Friedrichstadt, den 29. September 1850
Präsident, Bürgermeister und Rath:
Ketelsen
F. P. Feddersen, H. B. Peters, Schnitger, J. Thomsen

Zu der Nichtbeachtung dieses Schreibens schrieb die Flensburger Zeitung 1851 zum Jahrestag des Bombardements: „Ist ein Gewissen in den Herren, so muß, falls dasselbe nicht ganz verschwunden ist, dieses ihnen einst die Sterbestunde durch das Andenken an Friedrichstadt erschweren.“

In dieser ersten Nacht des Bombardements wurde von den Spritzenmannschaften fieberhaft gearbeitet. Sie versuchten mit ihren Spritzen und ledernen Noteimern die brennenden Häuser zu retten. Soldaten halfen ihnen. Es war eine gespenstige Szenerie, bei der sich der Widerschein der brennenden Häuser blutig-rot in den Burggräben und Sielzügen spiegelte; und in das Lärmen und Wehklagen der Zivilisten mischte sich das knatternde Feuern der Soldaten und das unheimliche, helle Licht der plötzlich am Himmel aufleuchtenden Raketen und Fallschirme.

Hinrich Ottos Haus geriet in Brand; die Mannschaften an den Spritzen löschten ihn zunächst. Später brannte das Haus des Nachbarn. Bei Otto trug man vorsichtshalber den wertvolleren Hausrat auf die Straße, schaffte es in – zunächst – nicht gefährdete andere Häuser, bis die geborgenen Sachen bei Gosch oder Mendel in den nächsten Tagen schließlich doch ein Raub der Flammen wurden.

Der alte H. M. Rohwedder berichtete, daß er in der Nacht mit seiner 82 Jahre alten Frau „vor Angst und Schrecken“ aus dem Hause und aus der Stadt flüchtete, in der Eile aber „nur wenig oder nichts, als meine Papiere, Bücher und (den) kleinen Kassebehalt mitnehmen“ konnte. Er hörte verbittert, daß sein Haus geplündert worden sei, fuhr besorgt in der folgenden Nacht mit einem Wagen in die Stadt hinein ... und „fand leider alles entzwei und zerrissen vor". Zu jener Stunde wußte der alte Mann noch nicht, daß sein in der Stadt gebliebenes treues Dienstmädchen eifrig und selbstlos vieles von seinem Hausrat zu ihren Eltern getragen und gefahren hatte. Sie wehrte sich gegen die Plünderer und erhielt den alten, hilflosen Leuten, ihrer Herrschaft, dadurch einen wesentlichen Teil ihres Vermögens.

Am Morgen nach diesem schrecklichen ersten Tag der Kanonade erteilte Helgesen offiziell die Erlaubnis, die Tore der Stadt für Frauen, Kinder, alte Leute und Kranke zu öffnen. Sie durften die Stadt verlassen. Die Männer aber mußten bleiben. Sie waren zu den so notwendigen Lösch- und Rettungsarbeiten heranzuziehen, und Helgesen hoffte auch darauf, daß durch ihre Anwesenheit den Plündereien Einhalt geboten werden könnte.

Inmitten der berstenden Granaten und des Kanonendonners fand ein Soldat noch Zeit, sich von dem Zauber der alten Stadt gefangennehmen zu lassen. Besonders der schattige Hof der Mennonitenkirche hatte es ihm angetan. Er geriet ins Träumen ... und vergaß, daß die Alte Münze als Pferdestall und die Mennonitenkirche als Hafermagazin benutzt wurden.

Der Arzt Hother Tolderlund, Militärarzt beim 1. Reservebataillon, bezog ein Zimmer in einem Haus in der Nähe seines Lazaretts, der ev.- luth. Kirche. Es war des Cantors oder des Elementarlehrers Haus, ziemlich beschädigt und von den Bewohnern verlassen. Er berichtet:

„Die Bewohner waren offensichtlich in großer Eile gewesen, als sie das Haus verließen. Ein Strickstrumpf lag auf der Tischkante und sah sehnsüchtig nieder zu den Nadeln, mit denen er mit dem innigsten Band der Verwandschaft verbunden war, in Form eines schwarzen Wollgarns. Eine Wiege ohne Bettzeug, eine Kommode mit herausgezogenen, geleerten Schiebladen, ein Bücherbord mit pädagogischen Schriften, ein alter Lehnstuhl und ein Tisch – das war die Einrichtung in der Stube, die ich in Besitz nahm. Das Fenster war voll von Blumentöpfen, das Laub der Weinranken raschelte an den Fensterscheiben, die Sonne schien freundlich durch die Lindenbäume und der Schatten der Blätter zitterte in dem breiten goldenen Streifen, der auf den unebenen Fußboden fiel. Ich zog mit dem Papagei ein, der in der Kirche von seiner Herrschaft verlassen war, und dem Hund des Küsters, der pfeifend und wedelnd vom Schornstein her kroch, als meine Hausuntersuchung mich in die Küche führte."

Seltsame Dinge ereigneten sich während des Bombardements. Im Parterre des Hauses am Mittelburgwall 32 lag seit wohl zehn Jahren oder mehr ein Mann danieder, der vollständig gelähmt das Bett hütete. Als eine Bombe in die erste Etage jenes Hauses schlug, sprang der Kranke aus dem Bett. Er hatte seine Lähmung vollständig verloren, so bezeugt der Nachbarssohn Stanislaw Biernatzki, und lebte noch viele Jahre gesund und munter weiter.

Der 30. September brachte eine etwas geringere Artillerietätigkeit der

Schleswig-Holsteiner. Die gelegentlichen Unterbrechungen benutzten die Einwohner zum Aufatmen, immer in der Hoffnung, es sei der letzte Schuß gefallen; sie wurden immer wieder enttäuscht.

Grauenvolle Bilder boten sich ihnen. Durch die zerstörten Häuser liefen blutbespritzte Soldaten. Im Innern der lutherischen Kirche kochten Frauen neben ihren wenigen geretteten Habseligkeiten das Mittagessen, Kinder spielten neben den blutigen Leichen, den vor dem Altar liegenden Verwundeten und Sterbenden. Das Stöhnen der Verwundeten, ihr Jammern und Klagen erfüllte den ganzen Kirchenraum.

Draußen herrschte gegen Ende des Tages stürmisches, naßkaltes, von starkem Nebel begleitetes Wetter.

In den Kanonadepausen versuchte der eine oder andere Bürger zu seiner Wohnung zu gelangen. Gelegentlich kam einer zurück mit der traurigen Nachricht, daß das eigene Haus oder das des Nachbarn nun auch Schaden genommen hatte. Gelegentlich brachte auch einer etwas Brot, Wurst oder gar Näschereien mit. Das gab eine Freude bei den Kindern, in die sogar der sonst stumm und traurig dreinblickende Papagei mit Rufen, wie Zucker-Papagei einstimmte. Ein erstaunlich buntes Bild bot sich dar mit krassen Gegensätzen zwischen Niedergeschlagenheit und Jammer oder kindlicher Freude.

Die Männer an den Spritzen kamen kaum zum Schlafen. Ihr aufopfernder Einsatz kann nicht hoch genug veranschlagt werden; und bei allen Tätigkeiten erhielten sie befohlene und oft auch spontane freiwillige Hilfe durch die dänischen Soldaten.

Am 1. Oktober griffen die Schleswig-Holsteiner erneut an. Vom Dithmarscher Ufer und von den Kanonenbooten auf der Eider kam das empfindlichste Feuer, jetzt aber auch von Osten der Stadt her. Schrapnells und Granaten richteten an den Schanzen, aber besonders in den Straßen der Stadt viel Unheil an. Schmiedemeister Sieck mußte mit ansehen, wie eine Granate berstend in ein Haus einschlug. Die Frau des Schneiders Hansen und ein Kind, Mine Josias, wurden dabei getötet, Joseph Büttner und Frau verwundet. Es quälte ihn, daß er keine Hilfe leisten konnte, sie nicht leisten durfte, weil ihm und seinen Kameraden befohlen worden war, ihre Spritze unter keinen Umständen zu verlassen. Gegen Abend wurde das Bombardement heftiger. Sogar glühende Kugeln wurden jetzt in die Stadt geschleudert. Es brannte an sechs Stellen zugleich. Die vier städtischen Spritzen reichten bei weitem nicht aus, um wirksam helfen zu können.

Die aus den Schanzen abgelösten müden Soldaten lagen auf dem Marktplatz und auf den Bürgersteigen der angrenzenden Straßen, durchnäßt vom Regen, beschmutzt vom Klei der Marsch, den Tornister als Kopfkissen benutzend. Sie fanden wenig Ruhe. Hin und wieder wurden sie als Hilfe bei den Spritzen eingeteilt; und schließlich mußten die Straßen für den dringend benötigten Nachschub vom Schutt der zusammengestürzten Häuser befreit werden.

Friedrichstadt nach der Beschießung und dem Brand vom 4. Oktober 1850. Ölgemälde nach einer Lithographie von P. J. du Ferrang. In der Mitte der Markt mit den qualmenden Ruinen des Rathauses, links die Ruine der Remonstrantenkirche.

Die Mauern der Häuser zitterten, die Fenster klirrten. Die Erschütterungen waren so groß, erinnerte sich ein Einwohner, daß in seinem Hause die Hausglocke zu läuten anfing. Ihm kam das Getöse schauerlich vor; er meinte daraus nur die Mahnung: „Fort vor dem Einsturze" gehört zu haben. Ein dänischer Offizier ritt die Straßen entlang und befahl: „Alle Frauen und Kinder in die Häuser, die Fenster geöffnet, damit sie nicht zerspringen, und alle Männer an die Spritzen!" Ganze Straßen standen nun in Flammen.

Eine Mutter wurde zwischen ihren Kindern, mit denen sie über die Straße eilte, hinweggerissen. Der Ehefrau des Heymann Josias, die ihrer Niederkunft entgegensah, wurde ein Bein zerschmettert, einem Mann in seinem Garten die Wange bis auf den Knochen zerfleischt.

Überall sah man nur Unglück und Schrecken.

Die von den Spritzen abwechselnd schnell nach Hause laufenden Männer fanden vielleicht noch ihre Familien vor, aber keine Mahlzeit stand bereit. Hungernd und durstig eilten sie zu den Spritzen zurück. Die einquartierten Soldaten waren schon seit Sonntag nicht mehr in ihre Quartiere gekommen.

Eine Friedrichstädterin wollte bei ihrem Kaufmann noch etwas Kaffee kaufen. Sie wurde abgewiesen. Die Frau des Kaufmannes spekulierte wohl darauf, in Zeiten der höchsten Not auch höhere Preise für die Waren zu bekommen. Später wird auch dieser Kaffee ein Raub der alles verzehrenden Flammen.

Gegen Abend beantragte der Magistrat bei Helgesen die Erlaubnis, der Zivilbevölkerung den Weg aus der Stadt freizugeben. Man dankte der dänischen Besatzung für den Einsatz, der bisher gezeigt wurde, um das bewegliche und unbewegliche Eigentum der Einwohner zu schützen. Es wurde im Vorwege erklärt, daß, falls die bisher bestehende Ordnung nicht länger aufrechterhalten werden könne, die Verantwortung hierfür gewiß nicht der Besatzung oder ihrer Führung auferlegt werden könne.

Helgesen erteilte seine Genehmigung mit den überlieferten Worten: „Die Schleswig-Holsteiner haben es darauf abgesehen, diese Stadt zu vernichten. Wohlan, so soll doch kein Bürger dabei zu Grunde gerichtet werden. Ein jeder kann die Stadt verlassen und sein Leben so gut wie möglich retten."

Nach einem anderen Bericht werden diese Worte dem Kommandanten Christiani zugeschrieben.

Helgesen bat darum, daß einzelne angesehene Bürger in der Stadt blieben, um ihren Teil dazu beizutragen, daß das Eigentumsrecht an den verlassenen Gütern respektiert blieb.

Friedrichstadt, Gedenktafel am Obelisk für die gefallenen Soldaten der Schleswig-Holsteinischen Armee (s. S. 81). Foto: Gerd Stolz, Kiel

Noch am Abend und die ganze Nacht hindurch zogen die Friedrichstädter Bürger aus ihrer brennenden Stadt hinaus. Schmerzlich mußten sie den größten Teil ihrer Habe den Flammen preisgeben. Etwa 30 tapfere Männer verblieben bis zum bitteren Ende in der Stadt, unter ihnen Schmiedemeister Sieck, dem wir eine Schilderung über den Untergang der Stadt verdanken.

Geht nach Hause, die Spritzen können nicht mehr helfen! Sucht zu retten, was ihr könnt!

So lautete der Befehl an die ermattete Mannschaft. Dennoch versuchten einige Bürger auf eigene Faust, ihre Habe – so gut es eben ging – zu retten und fuhren mit den Löscharbeiten fort. Von Uhrmacher Ketterer wird berichtet, daß er mit einer Feuerpatsche rittlings auf den Dachfirst gesehen wurde, um die entstehenden Brände gleich im Keim zu ersticken.

Stumpf und teilnahmslos wurden einige Friedrichstädter durch ihr Schicksal. Gedankenlos rissen sie etwas von ihrer Habe an sich und verließen die Häuser. Ein Strom von flüchtenden Einwohnern wälzte sich über die aus den Fährprähmen von Schwabstedt, Fresendelve und Hude erbaute Rückzugsbrücke über den Westersielzug nach Seebüll und weiter fort, nur fort ins Land hinein. In der Stadt knackte es und barst es an allen Enden. Krachend stürzten die Giebel der Häuser zusammen. Die Stadt starb, aber die Kanonade sollte noch kein Ende nehmen.

Am Morgen, wenn der Nebel dicht und undurchdringlich über der Marsch lag und die Geschütze noch schwiegen, kamen die geflohenen Friedrichstädter vom Lande mit Gespannen, um ihre hiergelassenen Sachen zu retten. Die Wagen hielten vor dem Haus, in fliegender Eile wurde alles Greifbare – Wertvolles und Schrott – verladen. Sobald die ersten Schüsse fielen, stürzten die Einwohner heraus, und die Wagen jagten davon. Türen und Gemächer blieben offen. Die Einwohner hatten ihre Stadt aufgegeben; jeder suchte nur sein Leben zu retten.

Auch am 2. Oktober wurde ab 8 Uhr morgens aus allen Rohren gefeuert. Das Bombardement hielt bis zum Abend mit kleineren Unterbrechungen an. Es gab einen fürchterlichen Lärm; denn natürlich feuerten auch die dänischen Artilleristen auf lohnende Ziele. Immer mehr von den verbleibenden Bürgern suchten ängstlich Schutz in der lutherischen Kirche und in der Spritfabrik. Der Kirchturm schien sicher zu sein. Sieck befand sich im Turm, als zwei 84-Pfünder die Mauern trafen. Die Geschosse prallten ab und schlugen 5 Fuß tief in den Kirchhof ein. Zehn Volltreffer zählte man später am Turm.

Und inmitten dieser Kanonade fand der alte J. J. Schütt noch Zeit, seinen Verpflichtungen als Rechnungsführer der Mennonitengemeinde exakt nachzukommen. Er zahlte seinem Pastor Carl J. van der Smissen sein Gehalt für das gerade angebrochene IV. Quartal pünktlich aus.

Am Abend des 2. Oktober legte man alle Leichen, gefallene Dänen, Schleswig-Holsteiner und Zivilisten in eine hastig ausgehobene Grube am Ostende des Kirchhofes hinter der lutherischen Kirche. Heute erhebt sich dort ein Obelisk, errichtet aus Spenden der dänischen Soldaten. Das Denkmal für die bestatteten Schleswig-Holsteiner, das ehemals auch dort als Grabstein errichtet worden war, schaffte man viel später zur Zeit der Preußen – weg von den Dänen! – zur würdigeren Ansicht dekorativ auf den Kirchhofsvorplatz.

Kein Stein erinnert aber an die auf dem Kirchhof begrabenen Zivilpersonen.

In der Stadt gab es einige bedeutende Weinhandlungen: die der Herren Feddersen und Windal zum Beispiel. Sie hatten sich bisher eines besonders guten Rufes erfreut. Ihre gepflegten und bis dahin behüteten Lager gaben die Eigentümer für die Soldaten frei, nachdem ihre Häuser in Brand geschossen waren.

Große Mengen der besten Weine wurden in die Werke vor der Stadt geschafft. Die Flaschen des edlen Rebensaftes schmeckten den Soldaten vortrefflich. Sie tranken bis zum Überdruß, so daß man schon ärgerliche Worte wie „Hast Du nichts anderes als Wein" hören konnte. Sie sangen fröhlich in dem fürchterlichen Dreck von Lehm und Wasser und gaben den Ablösungen nützliche Ratschläge, wie diesen:
„Stenjuljen könnt Ihr trinken so viel ihr wollt und Lust dazu habt ... aber haltet Euch fern vom Madeira. Der schlägt einen Mann zu Boden wie eine Granate."

Mit „Stenjuljen" war die gängige Weinsorte „St. Julien" gemeint, die Feddersen in mehreren guten Jahrgängen in seiner Schadensanzeige als Verlust später angab.

Auch am nächsten Tag wiederholte sich die Beschießung.

Schon um 7 Uhr früh flogen die ersten Granaten in die Stadt. Man fragte sich damals – und heute –, ob die Zerstörung der Stadt gewollt war, ob die Schleswig-Holsteiner in ihrer Artillerie so schlechte Richtkanoniere hatten, oder ob es in diesen hunderten von Fällen nur Zufall war, daß die Geschosse statt in den Schanzen zu zerbersten, in der Stadt landeten und den unschuldigen Einwohnern Verderben brachten. Keiner der damaligen Bewohner konnte auch nur das geringste Verständnis dafür aufbringen.

An diesem Tage beobachtete man meistens Vollkugeln. Es entstanden keine besonderen Brände.

An diesem Tage lag Ole Nielsen Kollerød, ein dänischer Soldat, auf dem Friedrichstädter Marktplatz und schrieb seinen Eltern in der Gegend um Frederiksborg einen Brief, während „Kanonkuglerne suser over Hovedet paa os". Er berichtete von dem fürchterlichen Bombardement, von niederfallenden Schornsteinen, einstürzenden Häusern und zitternder Erde: ein rechtes Bild des Grauens. Er hatte Mitleid mit den geplagten Einwohnern – und er erinnerte zugleich daran, daß sie, die Friedrichstädter Einwohner, ja vor gar nicht all zu langer Zeit viel Geld spendeten zum Bau eben jener Kanonenboote, die nun von der Eider aus ihre Verderben bringenden Kugeln in die Stadt schossen.

Ein anderer Soldat, ein Jüte, starrte auf die fürchterliche Verwüstung und rief seinem Kompanieführer zu, man sollte nicht glauben, daß es in der Hölle schlimmer sei.

Der Rechnungsführer der ev.- luth. Kirchengemeinde, F. C. Mayntzhusen, brachte an diesem Tage die Kirchenbücher, die Protokolle und die Kirchenkasse in Sicherheit. L. F. A. Krebs half dabei. Das geschah keineswegs ohne Entgelt, wie man wohl erwarten durfte; er erhielt für „außerordentliche und schleunige hülfreiche Handreichung“ 3*Rt* 12 *ß*, während Cantor Schellhorn mit dem Archiv nach Husum fuhr.

In der Nacht fielen nur vereinzelt Schüsse.

Der 4. Oktober dann wurde der unglücklichste Tag für unsere kleine, nun fast ausgestorbene, vom Todesengel berührte Stadt. Mit fortschreitender Tageszeit nahm die Kanonade an Heftigkeit zu. Man errechnete später für diese Zeit über 30 Schuß in der Minute!

Es war fürchterlich, schrieb Sieck. Alle Kanoniere der Schleswig-Holsteiner hätten die Order gehabt, so viel als möglich in die Stadt hineinzuschießen, damit die angreifenden Jäger mehr Mut bekommen sollten. Sie stürmten, aber ihr Angriff war vergebens. Die eingebrachten unglücklichen Schleswig-Holsteiner wurden als Kriegsgefangene in der Synagoge bewacht.

Um 18 Uhr wurde der Turm der Remonstrantenkirche getroffen. Am 1. Oktober schon hatte die Gemeinde ihre Schule abbrennen sehen, und das Dach des Pastorats schräge gegenüber der Kirche war schwer beschädigt.

Der Holzturm der Kirche brannte bald lichterloh. Es war ein schauerlicher Anblick – und der Brand war gewollt. Er sollte den Angreifern insofern eine Hilfe sein, als er von hinten die Schanzen erleuchtete. Mit donnerndem Getöse brach der Turm zusammen. Es brannte bald fast die ganze Vorderstadt, und selbst in der Hinterstadt standen am Mittelburgwall das Rektorat und das daneben liegende Lombardgebäude in Flammen. Sie brannten beide vollständig nieder. Splitter und das Wasser von den Löscharbeiten beschädigten die Nachbarhäuser schwer. An diese Nacht erinnert sich Johann Hinrich Fehrs mit den folgenden Worten:

Und in der Stadt stand bald die Flamme auf
Und züngelte mit glühendrother Zunge
Gen Himmel, rings die Marschen halb erleuchtend.
Inmitten ragt, umwunden von der Lohe,
Der schlanke Kirchturm in die bange Nacht –

Alle Straßen, die zum Goldenen Tor hinführten, lagen voll Schutt und Asche. Draußen vor der Stadt waren Greves Hof an der Treene, der Große Garten und Gooshof nur noch Ruinen. Es herrschte wieder Windstille. Das war ein Glück für die Stadt, die bei einem Sturm sicher noch mehr gelitten hätte.

Die wiederholten Angriffe auf die Stadt wurden abgeschlagen.

Die Waffen schwiegen. Vom anderen Ufer hatten „Tausende von Zuschau-

Koldenbüttel, Marmorsäule über dem Massengrab von 73 gefallenen Soldaten der Schleswig-Holsteinischen Armee und Zivilisten auf dem Friedhof an der Kirche.
Foto: Gerd Stolz, Kiel

ern“ die Stürmenden beobachtet. Sie wurden Zeugen vom lodernden Untergang der Stadt.

Daß aber der Sturmangriff auf Friedrichstadt, wie C. B., ein schleswig-holsteinischer Jäger in seinen Erinnerungen berichtete, „unter dem herzzerreißenden Jammer und Schreien der armen Einwohner begann“, halte ich für sehr unwahrscheinlich. Das Schreien der wenigen in der Stadt verbliebenen Menschen konnte man bei Feddershof, wo C. B. lag, bestimmt nicht hören.

Wo blieben die getöteten Friedrichstädter Einwohner, soweit sie nicht zu den 53 Menschen gehörten, die zu Osten des Altars der lutherischen Kirche bestattet wurden? Kein amtliches Dokument berichtet über ihr Schicksal – sie waren ja keine blau-weiß-roten oder rot-weißen Helden, die es zu besingen galt!

Der Feldprediger Høyer Møller hatte in der Dämmerung des 7. Oktober auf dem Kirchhof in Koldenbüttel „eine der unheimlichsten Beerdigungen“, wie er es nannte. 204 Tote waren in einem tiefen Massengrab ohne Särge zu bestatten: Militär und Zivil, Männer und Frauen vom Wahlplatz und aus den Häusern, Freund und Feind. Mehrere Schichten übereinander wurden in den nassen, kleiigen Boden gelegt. Die oberste Schicht der Leichen lag auf dem Rücken; die Toten schienen den Feldprediger unentwegt anzustarren.

„Ich begann zu reden“, berichtete er, „aber je länger ich redete, desto lebendiger wurden sie, so daß mich eine Angst durchfuhr, es könne noch einer darunter sein, in dem noch Leben sei: namentlich war es eine alte gerade unten vor meinen Füßen liegende Frau, die mit ihrem ernsten gerunzelten Gesicht sich mir beständig erheben zu wollen schien, vermutlich, weil sie mir am nächsten oder am wenigsten von allen hierherzugehören schien.“

Wir dürfen danach mit Fug und Recht vermuten, daß einige der toten Einwohner unserer Stadt mit in diesem Massengrab ihre letzte Ruhe fanden. Bei der Frau in dem Massengrab wird es sich um die 78 Jahre alte katholische Jungfer Maria Eggers (Bauer) gehandelt haben. Sie war von einer Bombe getroffen worden.

Ein ganz dunkles Kapitel in jenen schicksalsschweren Tagen und Nächten schrieben die Plünderer. Es muß ein trübseliger Anblick gewesen sein, als man die von Habgier beseelten Gestalten im Schein der brennenden Stadt in die verlassenen Häuser schleichen sah, um sie nach einiger Zeit, beladen mit fremdem Eigentum, wieder zu verlassen – die Not der eiligst Geflohenen gewissenlos ausnutzend. Dabei mußten sie sich doch selbst in jeder Sekunde dem Tod gegenüber stehend gesehen haben, wenn in ihrer Nähe oder dem eben geplünderten Haus die Granaten zerbarsten.

Plünderer gab es bei den Soldaten und bei den wenigen verbliebenen Zivilpersonen. Es war einfach zu verlockend: Alle Türen standen offen. Niemand hinderte ihren Eintritt.

Zwei gefallene Soldaten wurden gegen Ende der Beschießung in die lutherische Kirche getragen. In dem Tornister des einen, eines Hornbläsers, fand man einen fast ganzen Zuckerhut. Der andere, ein einfacher Soldat, hatte „Skyttelaugs Tegn“, den silbernen Vogel der Friedrichstädter Schützengilde gestohlen.

Ein Soldat schrieb nach Hause, daß viele seiner Kameraden, wie man sagte, vielleicht Werte um 100 Taler vom Eigentum der Friedrichstädter Bürger genommen hätten. Er aber danke Gott, daß er selbst nicht in Versuchung gekommen sei.

Die müden Soldaten, die als Reserve auf dem Marktplatz lagen, richteten sich nach und nach bequem mit den Möbeln aus brennenden Häusern ein. Es muß ein groteskes Bild gewesen sein, sie unter Lindenbäumen verschmutzt im Lehnstuhl zwischen Bettdecken, Tischen, Sofa und anderen Einrichtungsgegenständen zu sehen. Sie aßen auf Damasttüchern von schmucken Servicen; andere lagen in Wolldecken oder Frauenmänteln gehüllt, einen Sonnenschirm als Schutz gegen den Regen aufgespannt.

Eine quasi-Plünderung nannte Pastor Selbmann das!

Helgesens Oppasser dagegen wurde der „Dummheit“ bei seinen Kameraden bezichtigt. Der Oberstleutnant schickte ihn zum Kaufmann, um Zucker zu holen. Es dauerte recht lange, bis er wiederkam. „Da war kein Mensch im Laden“, sagte er, „ich hab’ gewartet und gerufen"; dann habe er eben selbst eine Tüte genommen und Zucker abgewogen, genau zwei Pfund! Und dann hätte er einen Zettel mit seinem Namen auf die Theke gelegt, damit der Eigentümer später wüßte, an wen er sich wegen der Bezahlung zu wenden hätte. – Es wird kaum die Angst vor Helgesen gewesen sein, die ihn inmitten fallender Dachziegel und stürzender Mauern bewogen hatte, recht zu handeln: sein Gewissen oder die Furcht vor Gott ließ es nicht zu, daß er sich anders verhielt!

Pastor Høyer Møller berichtete von einem Erlebnis mit Zivilisten, die von Haus zu Haus schlichen, um zu „retten“, und die um so eifriger in ihrer niederträchtigen Tätigkeit wurden, je näher das Feuer kam und drohte, ihnen die Beute zu entreißen. Es war der Abschaum der Stadt, der Pöbel, der hier sein Betätigungsfeld fand.

Der gewöhnliche Entschuldigungsgrund der Plünderer lautete immer wieder: „Es brennt ja doch alles auf!“ Sie gaben vor zu retten, was noch zu retten war. Sie wollten ja nur uneigennützig den Geflohenen Hilfe leisten, ihr Eigentum erhalten ... Aber war das wohlgemeinte Hilfe oder gemeiner Diebstahl, wenn jene Plünderer die „geretteten“ Sachen tief in der Erde auf ihrem Grundstück verbargen? Keine Obrigkeit erhielt je von ihren „Rettungen“ eine Anzeige durch die Retter selbst. Kisten, Commoden, Koffer, Schränke und alle verschlossenen Behälter wurden sogar in jenen Stadtteilen ohne Ausnahme aufgebrochen, in denen das Feuer noch gar nicht in der Nähe war.

Ein Einwohner sah, wie auf dem Rathaus die mit den wichtigsten Papieren der Stadt gefüllten zwei eisenbeschlagenen Kisten aufgebrochen wurden.

Tönning, Erinnerungsstein für den am 29. September 1850 als Freiwilliger in der Schleswig-Holsteinischen Armee gefallenen Carl Friedrich Vollertsen in der Straße „Am Hafen".
Foto: Gerd Stolz, Kiel

Die „Retter“ erwarteten Bargeld. Sie fanden nur Papiere, lasen diese in ihrer Wut teilweise vor und warfen sie unordentlich wieder in die Kisten zurück, bis ein Offizier diesem Treiben barsch ein Ende machte und die Kisten in Verwahrung nahm. Nur wenige, ganz wenige Stücke haben das Bombardement überlebt. Das Stadtarchiv wurde ein Raub der Flammen!

Wofür die Plünderer oder Retter Verwendung hatten, geht aus der Schadensmeldung des jüdischen Lehrers Graf hervor, dessen Wohnung nicht gebrannt hatte. Der alte Mann führte schön geordnet folgende Gegenstände an:

Leinenzeug
6 leinene Frauenshemden .... 12 ℟
5 ditto Mannshemden .... 10 „
4 Bettlaaken .... 16 „
3 Tischlaaken .... 12 „
2 baumwollene Bettüberzüge .... 6 „

Kleidungsstücke
2 neue Hosen und eine Weste .... 14 „
2 paar neue Stiefel .... 8 „

sonstige Sachen
2 silberne Löffel .... 10 „
ein goldner Ring .... 12 „

Meine wohlverschlossene Küche
gewaltsamerweise erbrochen, und daraus
sämtliches Geschirr, so wie alles dahin
gehörende Geräth, als: Teller, Löffel,
Meßer, Gabeln, Steingut Kaffe und Thee
Geschirr, 4 Waßereimer entwendet .... 30 „

Mein wohlverschlossener Boden wurde
auf gleicherweise gewaltsam erbrochen,
und daraus entwendet: ein Boot Torf ... 23 „

eine Kiste mit Hebräischen, und sonstige
orientalischen Büchern .... 10 „

6 Schulbänke und mehrere Tische ..... 8 „

171 ℟

Graf bot an, die Wahrheit seiner Meldung jederzeit eidlich zu bestätigen. Wir dürfen wohl davon ausgehen, daß bei dieser „Rettungsaktion“ Zivilisten und Soldaten gleichermaßen beteiligt gewesen sind. Für die Schulbänke der jüdischen Gemeinde hatte in Friedrichstadt sicher niemand Verwendung, und die Bücher mit den hebräischen und orientalischen Schriftzeichen werden als kurioses Souvenir willkommen gewesen sein.

Die neuen Stiefel schließlich werden eine willkommene Beute gewesen sein. Der Soldat R. Jørgensen bat seine Eltern in einem Brief dringend um Schuhzeug und Ole Nielsen schrieb nach Hause: „... mit Skotøj er simpelt, ingen Penge har jeg, men jeg er lige glad."

Der Uhrmacher Ketterer in der Prinzeßstraße, dessen Haus ja heute noch steht, – eben jener Ketterer, der rittlings auf dem Dachfirst gesessen haben soll – und der lange in der brennenden Stadt blieb, erlitt in den wenigen Stunden seiner Abwesenheit doch noch einen Schaden. Seine Anzeige vermittelt uns einen Eindruck davon, wie ein Handwerksmeister in jenen Tagen am Feiertag gekleidet gewesen sein kann. Er verlor

Die besten Sonntags Kleidung
1 Blauen Überrock sambt West und Hosen
von dem Selben Tuch
1 Blauen Duffel über Rock
1 Seiden Weste
2 alte Reis Mandels
2 Regenschirm, 1 Neuer 1 Alter
2 Paar Reis halbstieffel
1 Bestes Kleid für meine Frau
1 was schon mehrmals getragen ist
1 Seiden Schürtze 2 Under Rocken

Fräulein Rosa Lazarus, „Bewohnerin des im ersten Quartier belegenen Hauses sub No. 41" – heute Kirchenstraße 4 – hatte Brand- und Bombenschaden erlitten. Auch bei ihr waren die „Retter" gewesen. Aus einer bei ihrer Rückkehr noch vorhandenen Kommode waren ihr verschiedene wertvolle Sachen abhanden gekommen.

Ruben Hirsch Ruben drückte sich nicht so vorsichtig aus. Er meldete „ gestohlen Sachen aus ein Koffer" und führte 550 ℛ(!) für 50 Ellen Seidenzeug, zwei Schachteln mit Bändern, ferner Bettlaken und -überzüge, Tischtücher, Handtücher usw. auf, wobei wir bedenken sollten, daß er als ambulanter Händler, als Hausierer, hier einen Teil seines Warenlagers verlor. Ein anderer Teil seines Lagers geriet bei der Zerstörung des Hauses „durch eine Bumme unter Schutt" und konnte etwa zu einem Drittel nicht mehr verwendet werden.

Hans Thomas Käselers originelle Schadensmeldung sei wegen der vielen seltsamen Dinge, die die Plünderer ihm entwendeten, vollständig wiedergegeben.

Ich, Hans Thomas Käseler gebe in Kraft der Wahrheit und mein Gewissen folgende Sachen an, die mich während des Bombardemann von d. 29sten Sep: bis d. 4ten Octo^{br} durch gewald sahmer weise entwand wurden sind an

2 St feine Engelsche Scheeren 1 ℳ 4 ß .2 2 St dito Taschenmesser 14 ß
1 weiser Kroggwer Borst mit weisen Pferdeharn 1 ℳ
Eine große schöne Konservationsbrille 6 ℳ
4 St alte Brillen 8 ß . 1 neuer Bleystift 3 ß
1 Packet mit diverse Koulören seiden Litzen 12 ℳ
1 Packet mit Baumwollen weise Litzen 1 ℳ
1 weiser Baumwollen Fensterquast 12 ß
1 Scharzer Honcker seiden Dahmens Leibband
mit Seiden Figuren oder Klonkers 4 ℳ
1 Schönes Großes von verschieden Farben Seide auf eine Seite
mit Spiegeln auf die andere Seite mit einer durch stüchgene
Nelke zum Brautgeschenck und ein Orginelles Meister stück 15 ℳ
1 langer Bunter Fixiir Kopf worin in jeder end nähnadel ist 4 ℳ
2 St neues Hemder 3 ℳ 14 ß. 2 St weise drellen Handthüger 12 ß
2 St Blaue und Weise baumwollen Schlafmützen 1 ℳ 12 ß
2 St weise Manskragen 1 ℳ. 1 Paar Wollen Mansstrümpfe 1 ℳ 4 ß
1 Schwarzer seiden Halsbinde mit Schläuf 10 ß
1 Neuer Blechgener theKessel 1 ℳ 2 ß . 2 St neue Blecherne Löffeln 4 ß
2 St Lange Pfeifenröhre mit Porzeleinköpfe 3 ℳ

Summa m ℳ 60. 1 ß

Friedrichstadt d. 19ten Novb^{r}
185o

Hans Tho: Käseler

In der Nacht vom 4. auf den 5. Oktober, um ein Uhr, als der alte Bürgermeister Schütt sich rüstete, sein Haus vor den herannahenden Flammen zu verlassen und noch einmal vor seiner aufgeschlagenen Bibel stille Andacht hielt und sich dabei von Hiob 5,19 trösten ließ

In zes benauwtheden zal hy u verlossen: ende in de zevende en zal u het quaed niet aenroeren.	Aus sechs Trübsalen wird er Dich erretten, und in der siebenten wird Dich kein Übel rühren.

vernahm er verdächtige Laute an der Haustür. Er sah nach: – vor ihm standen im Flur drei dunkle, ihm durchaus bekannte Gestalten, von Sott und Rauch geschwärzt. Auch sie waren gekommen, um zu „retten". Sie hatten

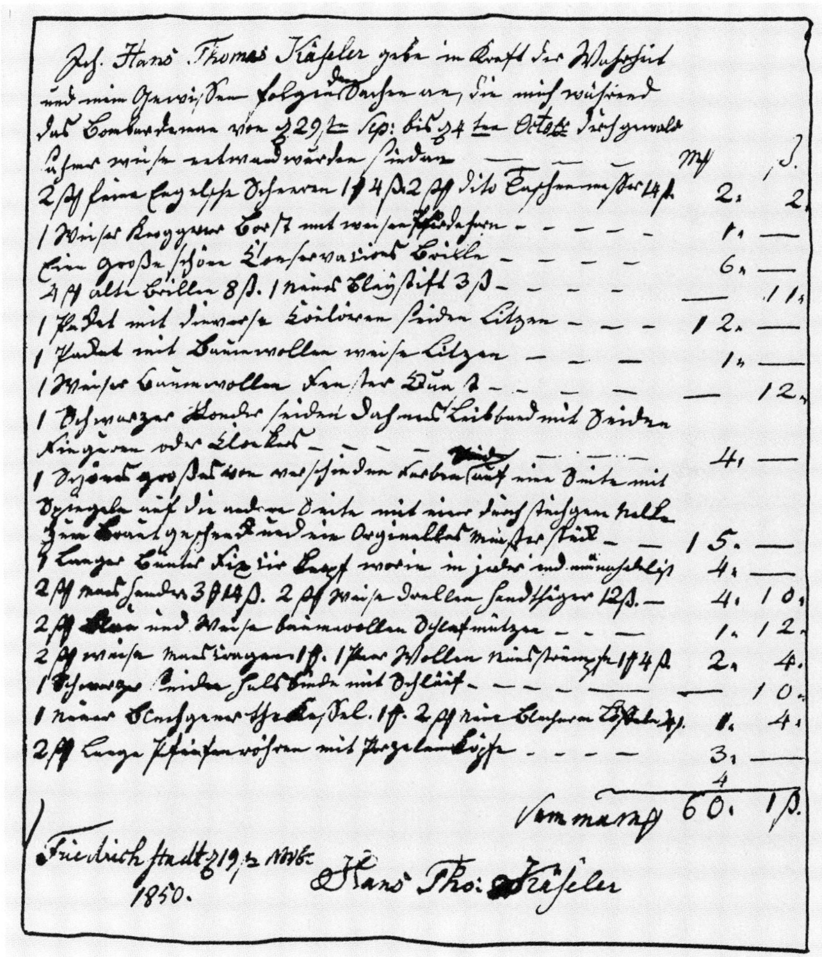

Schadensmeldung des Hans Thomas Käseler vom 19. November 1850.

nicht damit gerechnet, den ehrwürdigen alten Mann noch anzutreffen. Hier bei ihm, dem vielleicht reichsten Mann der Stadt, mußte doch etwas zu holen sein!

Schütt bot ihnen Essen an; sie lehnten ab. Da sagte er ihnen auf den Kopf zu, wonach ihr Sinn stand: statt zu „retten“ hätten sie stehlen wollen. Er hielt ihnen die Bibel entgegen und wies auf Habakuk 2,6 hin:

WEH DEM, DER SEIN GUT MEHRT MIT FREMDEM GUT!

und noch im Gehen rief der fromme Greis ihnen nach: *„Diebe und Räuber werden Gottes Reich nicht erben. Seht, welch rätselvolle Nacht dies ist: rettet doch Eure Seele!"*

Wenig später mahnte seine um ihn besorgte Tochter den Vater zum baldigen Gehen. Das traurige Verlassen seines schönen Hauses in der Westerhafenstraße, die nach dem Schmuck am Giebel des Schütt'schen Hauses landläufig auch Hirschstraße genannt wurde, ist mit folgenden ergreifenden Worten überliefert:

„,Nun, Gretchen! dann sollten wir wohl gehen?' – ,Ja, Vater, wir sollten, und wir könnten auch!' Der Meinung war er nicht. Er setzte seinen Fuß auf die Türschwelle, und er sah sich nicht um; aber als er in den Laden kam und zur Straßentür hinaus sollte, legte er seinen Arm um ihre Schulter, und, indem er sich umsah, sagte: ,Sollen wir die Tür nicht hinter uns schließen?' – ,Vater! Das brauchen wir nicht!' – ,Nein, das ist wahr, das ist nicht notwendig.

Aber Gretje, Du sagtest, wir könnten gehen; ich meine nicht, daß ich gehen kann. Es ist so, als ob ich fort von mir selbst ginge!'"

Nach einer kurzen Aussprache mit der Tochter und mit dem bei ihm unvermeidlichen und alles bestimmenden Blick auf Gott, den Herrn, gingen die beiden dann gemeinsam fort. Aber er verschloß doch die Tür und steckte den Schlüssel zu seinen Sachen – obwohl er genau wußte, daß er niemals wiederkommen würde, um das aufzuschließen, was er soeben verschlossen hatte.

In Nebel und Pulverdampf soll sich am Abend des 4. Oktober, als der Sturmangriff begann, die Sonne blutrot in die Eider gesenkt haben. Fünf Stunden danach war der Kampf vorbei.

Vier beherzte Einwohner machten sich gleich nach 10 Uhr abends, als die Kanonen schwiegen und der Angriff endgültig abgewehrt war, auf, die rote Spritze zu suchen. Die anderen drei Spritzen hatten die Kanonade nicht überstanden. – Mit bereitwilliger Hilfe des Militärs suchten sie zu retten, was noch zu retten war. Das gelang vor allem in der Hinterstadt.

Oberstleutnant Helgesen war den Rettern sehr behilflich. Er kannte Schmiedemeister Sieck schon aus der Vorkriegszeit und sprach ihn an diesem Abend an:

„Meister, was sagen Sie von ihren Landsleuten? Sie haben die kleine, schöne Stadt so ruiniert, wo sie doch den Feind nur in den Schanzen vor der Stadt hatten!"

In der Tat, in der Disposition des Obersten v. d. Tann zum Sturm auf Friedrichstadt heißt es im zweiten Absatz:

„Die Stadt wird bombardiert, um dadurch den Belagerten die Behauptung der Stadt möglichst zu erschweren."

Damals war man im schleswig-holsteinischen Stab zu der Überzeugung gekommen: Schonung der Stadt sei Schonung des Feindes. In einem Brief aus Schleswig, so berichtet der ab 1855 in Friedrichstadt als Rabbiner tätige Asher D. Cohen, las man schon am 5. Oktober – einen Tag nach Ende des Kampfes – diese Kritik:

„Nach allen Kriegsgesetzen unter zivilisierten Nationen wird doch in einem solchen Falle den Einwohnern eine Warnung gegeben; aber das war mehr, als man von den Herren Willisen und v. d. Tann erwarten konnte."

Die Flucht aus der Stadt

Das Eiland brannte. Mehrere Häuser standen in Flammen. Sie stürzten zusammen; der Ausgang aus der Stadt war versperrt. Der Himmel war dunkel, voller Wolken, die roten Flammen schienen durch die herbstlichen Lindenkronen und spiegelten sich gespenstisch im Wasser des Binnenhafens und des Westersielzuges ... In dieser Nacht zog gelegentlich eine Granate sausend durch die Luft, einen hellen Feuerschweif hinter sich herziehend. Mit ohrenbetäubendem Knall zersprang dann die Granate; Jammerschreie wurden laut – aber in den meisten Fällen richteten die Granaten mehr Schrecken als Beschädigungen an. Verwirrt und verzweifelt stürzten die letzten noch in der Stadt verbliebenen Einwohner auf die Straße, um zu schauen, was nun wieder passiert war, um dann eilends weiter zu packen, bis die Angst sie mit oder ohne Hausrat schließlich aus der Stadt vertrieb.

So berichtete ein Augenzeuge.

Die flüchtenden Einwohner benutzten den vom Militär vorsorglich angelegten Rückzugsweg über den Westersielzug, über die Pontonbrücke. Dann ging es über die glitschigen Fennen des Seebüll zum Treenedeich und weiter nach Koldenbüttel und viel, viel weiter darüber hinaus.

Es war eine bejammernswerte Schar, die diesen ungewöhnlichen Weg aus der Stadt nahm: Männer mit dicken Bündeln bepackt, Frauen mit weinenden Kindern auf dem Arm, junge Mädchen, welche mit klopfendem Herzen ihre alten Großeltern stützten, die mit zitterndem Fuß kaum zu folgen vermochten. Jeder, der nur konnte, eilte aus der zerstörten Stadt. Alle hatten nur das eine Ziel: aus den brennenden Häusern heraus ihr Leben zu retten.

Jede der flüchtenden Familien trug in der Nacht ihre kleine Laterne, um damit den Weg in dem unwegsamen Gelände zu finden. Langsam bewegten sich diese Lichter nach Westen. Der weiche Marschboden schluckte jeden Laut. Es war etwas Gespensterhaftes an diesem Zug, vom flackernden Brand ihrer Häuser aus der Ferne noch schwach beleuchtet. Nur, wenn eine verirrte Granate in die Nähe des Zuges einschlug und der grelle Blitz die Nacht erhellte, sah man, daß es leidende Menschen waren, die hier des Weges zogen. Das Jammern der Frauen und das Weinen der Kinder war gelegentlich zu hören. Hier und da vernahm man einige aufmunternde Worte der Männer, die zur Eile antrieben.

Und zwischendurch warf wohl der eine oder der andere einen gar traurigen Blick aus seinen tränennassen Augen zurück zur Stadt, in der er glücklich gewesen war.

Die Flüchtlinge waren ratlos, sie irrten von Hof zu Hof, von Haus zu Haus. Überall waren schon Flüchtlinge aus Friedrichstadt vor ihnen gewesen. Koldenbüttel war überfüllt, der Schmeerkroog glich einem Heerlager. Am kommenden Morgen war es nicht möglich, in Koldenbüttel und der Umgebung selbst für gutes Geld auch nur ein kleines Stück trockenes Brot zu bekommen. Witzwort, Oldenswort, Husum nahmen flüchtende Menschen auf, über Tönning nach Garding und darüber hinaus zogen die Friedrichstädter in ihrer Not ... und fanden schließlich alle eine trockene Stelle, eine notdürftige Unterkunft und hilfreiche Hände.

Doch das Elend und das Sterben war mit ihnen gezogen.

Auf dem Hofe der Witwe Bruhn im Kirchspiel Koldenbüttel verstarb am 7. Oktober 1851 – den 29. Tischri des Jahres 5611 jüdischer Zeitrechnung – Heymann Josias Tochter Sprünzsche, wie aus dem Sterbebuch der israelitischen Gemeinde ersichtlich ist.

Bereitwillig und freudig, heißt es in einem Bericht, teilten die Eingesessenen in Eiderstedt und dem Amte Husum mit den Friedrichstädtern ihre Wohnungen, pflegten und trösteten sie.

Wer damals Verwandte im Landesteil hatte, konnte sich glücklich preisen und versuchte, zu ihnen zu eilen. Kaufmann Kock z. B. meldete sich per Annonce ganz aus Kappeln wieder, nicht, ohne sich bei seinen zwischenzeitlichen Quartiersleuten in Witzwort zu bedanken.

Die Pastorenwitwe Biernatzki verbrachte den ersten Tag der Beschießung ängstlich in einem kleinen Keller. Abends durfte sie mit anderen die Stadt verlassen. Mit zwei Kindern fand sie ein unbequemes Heulager auf einem Bauernhofe. Nach dem 5. Oktober gelang es ihr, mit einem Wagen nach Flensburg mitgenommen zu werden. Dort erwähnte sie bei einem Einkauf unvorsichtig, „die Dänen hätten einige Tage zum Plündern Erlaubnis gehabt“. Sie wurde angezeigt. Ihr wurde vorgeworfen, sie hätte die ganze dänische Armee beleidigt. Frau Biernatzki wurde verhaftet. Nur die Fürsprache eines Bekannten, des früheren Friedrichstädter Stadtsekretärs Davids, und seine Behauptung, die Witwe sei nach dem Tode ihres Mannes nicht immer ganz zurechnungsfähig, konnte sie aus dem Gefängnis befreien. Vor aufgebrachten dänisch gesinnten Flensburgern war sie dennoch nicht sicher. Eine hastige Abfahrt mit einem Küstenschoner ganz nach Lübeck brachte sie und ihre Kinder erst außer Gefahr.

Die Kriegsschäden

„Liebliche Treenestadt" – sang Biernatzki,
„Thränenstadt" – heißt Du jetzt!

So schrieb noch im Jahre 1850 ein Unbekannter in einem 16 Seiten starken topographisch-historischen Abriß. Für die Bewohner unserer Stadt, die sich bei allem Mißtrauen vorsichtig zurückwagten, als die Kanonen schwiegen, muß der Ort einen niederschmetternden, entmutigenden Anblick geboten haben. „Wer die Stadt vor der Katastrophe gekannt und jetzt wiedersieht, wird sie von Süden her kaum wiedererkennen", konnte man in der ersten Ausgabe des Dithmarscher und Eiderstedter Boten nach dem Bombardement lesen.

Die Zeitung erschien am Mittwoch, dem 9. Oktober 1850. In einem Artikel *„Aus den Trümmern Friedrichstadts"* berichtete der Herausgeber Bade zwei Spalten lang über die Kanonade und ganz global auch über die Schäden. Sein Haus, unser heutiges Neberhaus, hatte nur unbedeutend gelitten, und die Buchdruckerei war unversehrt geblieben. Das zeigte er in derselben Ausgabe des Boten seinem Leserkreis an. Hilfsbereit bot er den Obdachlosen die unentgeltliche Aufnahme von Anzeigen an, eine noble Geste; denn von Anzeigen sollte Bade ja schließlich leben.

Fast die ganze Vorderstadt mit der Remonstrantenkirche, dem Rathaus und den vielen Giebelhäusern lag in Schutt und Asche. Wie ein Wunder waren die Häuserzeilen zu Osten und Westen des Marktes stehengeblieben. Über das Ausmaß des Schadens gibt die Karte des Landmessers Janssen einen anschaulichen Überblick.

Bürgermeister und Rat gaben eine erste ÜBERSICHT über die Höhe der Schäden an den Immobilien ab, die wir hier modifiziert wiedergeben.

Den Gesamtschaden bezifferte man auf über 600.000 ℛ gerechnet nach den, wie sich beim Wiederaufbau herausstellte – oft viel zu niedrigen Brandkassenwerten.

Schon diese Zahl gab wenig später zu Protesten Anlaß. Die Angaben über die Höhe des wirklich entstandenen Schadens gingen oft weit auseinander.

Nur acht Häuser, so berichtet, waren gänzlich unbeschädigt geblieben, fügte aber besorgt zugleich hinzu, daß durch die ständige Erschütterung wohl auch diese Häuser gelitten hätten.

Der Bürgermeister, Joh. Friedrich Feddersen, gab die Namen der Opfer des unsinnigen Bombardements der Stadt, der Toten und Verwundeten bekannt. Ob Bürgermeister Feddersen bei seiner ersten Verlustmeldung nach dem Bombardement *alle* Verwundeten erfaßt hatte, sie überhaupt bei dem Durcheinander alle erfassen konnte, mag bezweifelt werden. Die „Lazareth-Abrechnung" aus Husum für die verwundeten Friedrichstädter führte neben den in Feddersens Meldung aufgeführten Personen, nämlich Madame

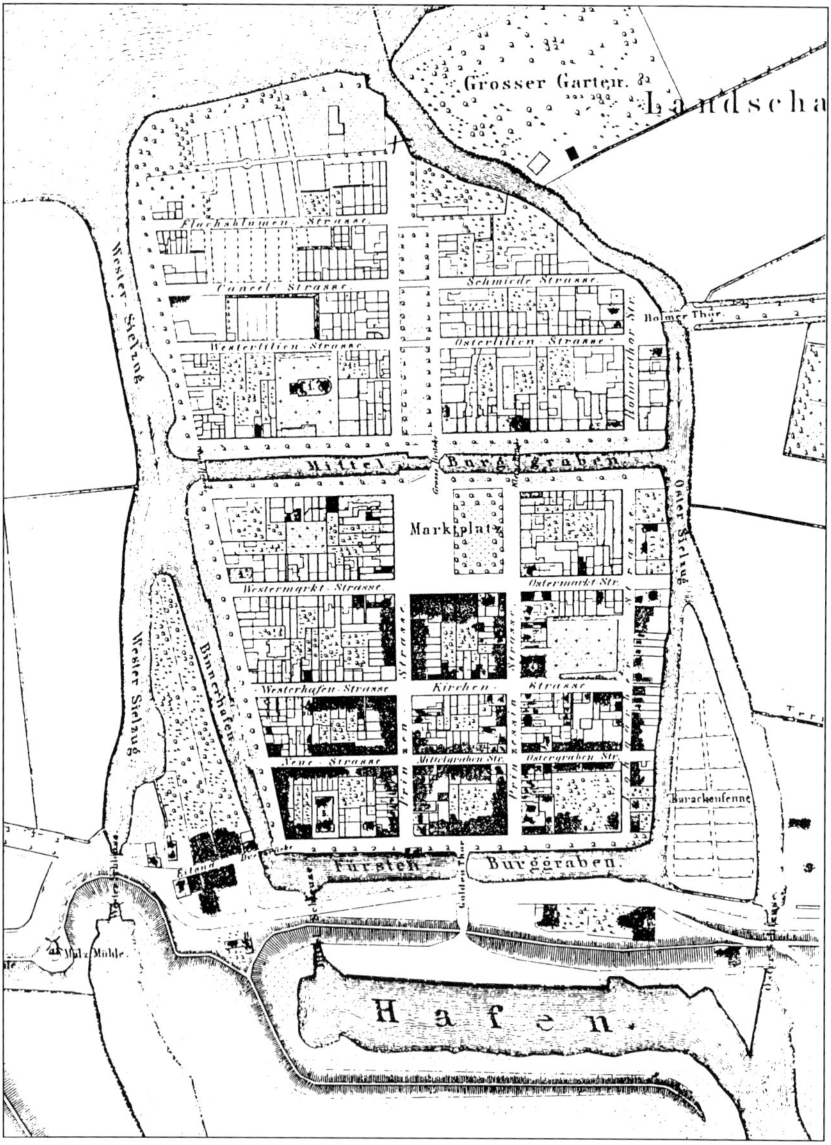

Plan Friedrichstadts mit den während der Beschießung im September und Oktober 1850 zerstörten Gebäuden (schwarze Eintragung). An der Ecke Kirchen-/Prinzessinstraße die Remonstrantenkirche, an der Südseite des Marktes das Rathaus.

Josias, Schiffszimmermann Paasch, Carl Michelsen und Abraham Drews noch folgende Namen auf: Hennings, Bumann, Schulzens Wwe., Friedrich Freese, Madame L. Jacobsen, Hannchen Noah, Wwe. Abraham Kock und Amtschreiber.

Es soll hierbei nicht verkannt werden, daß es sich, wie angegeben, statt um Verwundete ja auch um Erkrankte handeln konnte.

Sie alle erhielten in Husum Salben, Tropfen, Mixturen aller Art, Pflaster, Letwarge, Pulver, Saft usw. Bei Peter Fuhrmann wurde ein Aderlaß vorgenommen, Isaak Hirsch wurde ein Zahn, Anne Michelsen gleich zwei Zähne gezogen, und fünf Männer wurden wöchentlich rasiert.

Der unvorstellbare Schaden an dem mobilen Besitz der Friedrichstädter wurde erst nach und nach bekannt. Die gesammelten Meldungen erreichten später einen Betrag von einer halben Million Mark und mehr.

Viele Friedrichstädter verloren alles, was sie besessen hatten; sie retteten nur – wie man so sagt – „das nackte Leben". Die „commerzierenden Bürger" verloren ihre Existenz. Die Warenlager und ihre Produktionsstätten waren zerstört; eine Wiederaufnahme der Tätigkeiten gelang nur mit großen Schwierigkeiten nach und nach. Für die Stadt, die vor 1850 eine Zeit ihrer großen Blüte erlebt hatte, schien dieser Herbst zunächst das vollständige Ende zu bedeuten.

Wie bitter enttäuscht mögen auch jene Friedrichstädter Bürger gewesen sein, die zur Zeit der Beschießung ortsabwesend waren und bei ihrer Rückkehr nicht mehr vorfanden, was sie ihr eigen genannt hatten.

So erging es dem Hausierer Jacob Schwabe, der während des Bombardements in Flensburg war. Seit einer Reihe von Jahren hatte er bei der Witwe Silberberg in der „katholischen Straße" gewohnt. Alles, was ihm gehörte, war ein Raub der Flammen geworden.

Mit den Augen eines Lokalhistorikers gesehen bedeutet die aufgefundene Schadensakte mit den vielen Originalen der Schadensmeldungen eine nicht hoch genug zu bewertende Quelle für unsere Stadtgeschichte. Diese Unterlagen geben Aufschluß über die Kleidung und den Hausrat der Einwohner, gerade auch des so oft vernachlässigten kleinen Mannes. Die Angaben gehen teilweise bis ins Detail; sie führen den Sonntagsstaat genau so auf wie die Arbeitskleidung, das beste Tafelgeschirr neben den kupfernen Küchengeräten. Und weit reicht der Kreis der Geschädigten, vom Dienstmädchen bis zur Prediger-Witwe, vom Lichte-Fabrikanten bis zum Hausierer.

Der Warenbestand bei den Handelsgeschäften, sehr detailliert, ist festgehalten worden ebenso wie die zur Produktion verschiedener Waren in vielerlei Gewerbezweigen erforderlichen, heute gänzlich unbekannten Werkzeuge und Geräte. Da auch die Werte dieser Gegenstände angegeben sind, vermitteln sie einen ungefähren Eindruck von dem gebundenen Betriebskapital der Unternehmer jener Tage.

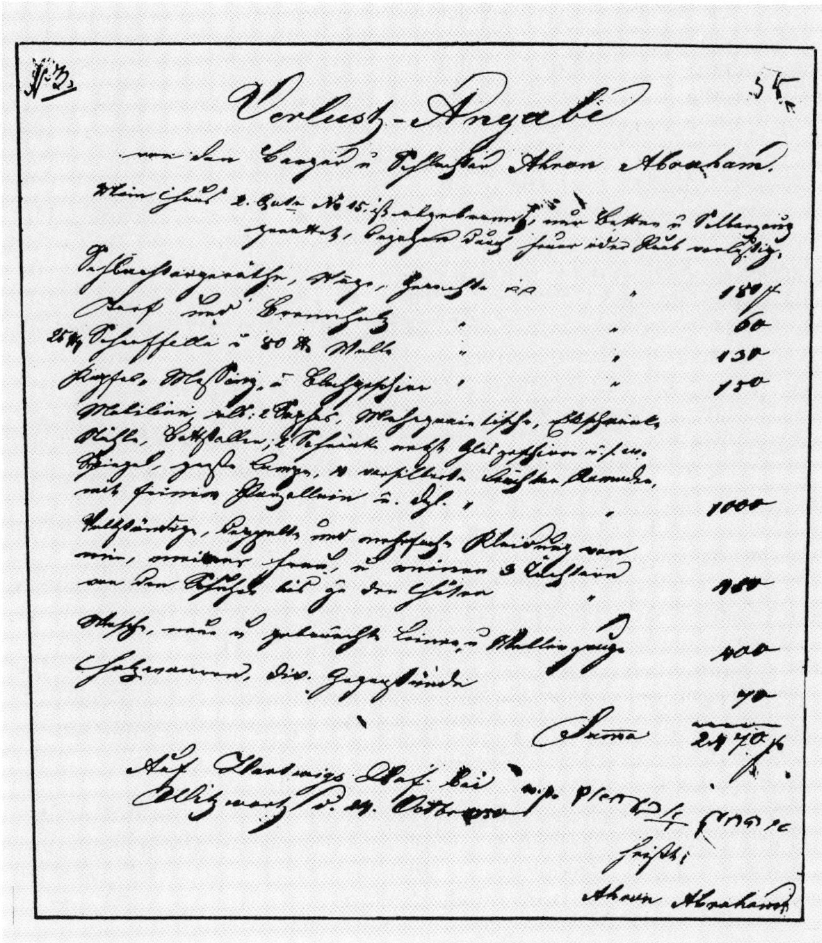

Schadensmeldung des Schlachtermeisters Aron Abraham, der in hebräischer Schrift unterzeichnete, vom 24. Oktober 1850, geschrieben „Auf Hartwigs Hof bei Witzwort“.

Hier müssen wir uns auf die beispielhafte Vorstellung einiger weniger Schadensfälle beschränken.

Aron Abraham, ein noch im hohen Alter geschätzter Bürger und Schlachtermeister, unterzeichnete seine Schadensmeldung – wie gewohnt – in hebräischer Schrift.

Über sein Schicksal von der Flucht bis zur notdürftigen Unterbringung bei seinem Sohn in Flensburg berichtet zunächst Claus Jürgen Schnack. Sein Brief stammt vom 19. Dezember 1850 und ist an den Stadtsekretär Ketels gerichtet. Wir geben seinen Brief so, wie er geschrieben wurde, als interessantes Zeitdokument wieder:

S. T. Herrn Stadtsekretair Ketels
Ew.: Wohlgebohren werden entschuldigen, daß ich mir die Freiheit nehme, an Ihnen zu schreiben. Da das harte Loos, welches so viele Einwohner Friedrichstadt auch mich und meine Familie getroffen hat, Ja wir können sagen, wir gingen heraus so wie wir täglich gingen. Indem es hieß, wer sein Leben retten will, der säume nicht. Ich war also mit J. Meier nach dem Kommandanten, und es wurde uns bewilligt, zugleich aber zu gehen. Ein jeder, der mit uns ging, hatte aber dennoch die Hoffnung, wieder einkommen zu können, um etwas zu retten. Leider zweymal wurde es versucht. Das erste Mal konnte man nicht einkommen und das zweite Mal stand mein Haus schon in Flammen. So war anders nichts zu kriegen, als einige unbedeutende Sachen, in dem die Bomden auch schon allen halben fielen.

6 Tage waren wir bei Wiemert in der Büttel, wo wir äußerst liebreich aufgenommen wurden. Nie werde ich es vergessen, was die Leute an mir und meine Familie gethan haben. Wie wir ankamen, waren wir alle durchnaß und so herunter, daß man kaum mehr leben konnte. Doch alles Mögliche thaten die Leute an uns. Wir bekamen, ich sowoll wie meine Frau und Kindern, samentlich trockene Kleider, und etwas warmes zu trinken. Das Haus wurde aber nach und nach so angefüllt, das wir zuletzt nicht mehr Raum hätten und auch kein Lebensmittel zu erhalten waren. Die Kinder waren nach Koldenbüttel und Witzwort, doch was sie mitbrachten, war lange nicht hinreichen, um alle diese Familien zu unter halten.

Wir kamen also mit ein Kommando Militär nach Husum, wo die Soldaten uns unentgeltlich mitnahmen: von da kriegten wir eine Gelegenheit nach Flensburg, wo wir mitten in der Nacht anlangten. Nun sind wir 11 Wochen hier, aber kann ich woll einsehen, das mein Sohn, so gut er auch bei seine Aeltern und Geschwister ist, nicht lange mehr ausführen kann ...

So wie die Familie Schnack verloren viele Friedrichstädter all ihr Hab und Gut. Sie meldeten den Schaden unterschiedlich an. Gabriele Christiani machte nur recht summarische Angaben. Sie hatte eine Leihbücherei und eine Handarbeitsschule unterhalten.

Der Schaden an Gegenständen für ihre beruflichen Tätigkeiten überwog bei weitem den privaten Verlust.

Dem Schaden an

Leih-Büchern mit	40	rbt
Zeichenapparat, Vorlegeblättern, Kreide, Mustern, Farben etc.	10	rbt
Garn, Häkelnadeln, Nähnadeln etc.	4 1/2	rbt
zusammen	54 1/2	rbt

standen nur für verlorengegangene Möbel, Kleider usw.	39	rbt

gegenüber. Das Komitee ließ diese nicht spezifizierte Schadensmeldung ohne Beanstandung passieren. Uns setzt der verhältnismäßig geringe Wert ihrer Kleidung mit nur 8 Talern in Erstaunen. Auch ihre Möbelausstattung muß recht einfach gewesen sein. Aber um es gleich zu sagen: Die einfache Ausstattung der Wohnungen, der geringe Besitz von Kleidungsstücken war kein Einzelfall!

Christian Knie, ein Schuhmachermeister, verlor alles. Sein Eigentum war „verbrannt und zerschmettert" worden.

Dr. Wiedemann, der am Ort tätig gewesen war, sandte aus Preetz eine eng beschriebene Liste von vier Folioseiten ein. Sein Schaden belief sich auf 2.776 ℛ 8 *ß*. Neben vielen medizinischen Fachbüchern, neben Virgil (4 Bände), Livius (5 Bände), Caesar und Ciceronis epistolae (2 Bände) verlor er u. a. Uhlands und Stolbergs Gedichte, Shakespeares works in 8 Bänden, englische und französische Lexika und Handbücher für „Reisende in Tyrol" und in der Schweiz. Der Verlust an Hausrat liest sich wie eine Preisliste eines Äntiquitäten-Auktionshauses. Dr. Wiedemann vergaß auch Kleinigkeiten nicht, führte „Besen und Eulen" ebenso auf wie sechs Lichtscherenbricken – alles in allem ein prächtiger Mahagoni-Wohlstandshaushalt.

Zu dieser Kategorie sind auch die Verluste des Mennonitenpastors Carl J. van der Smissen und der Prediger-Witwe Biernatzki zu rechnen und natürlich die des Stadtsekretärs Davids, der 1614 Taler (!) als Schaden meldete. Allein seine aus 600 bis 700 Bänden bestehende Bücherei muß eine wahre Fundgrube für historisch und juristisch Interessierte gewesen sein.

Davids kupfernes Küchengeschirr hatte einen Wert von	63 ℛ 10 ß.
Der korrekte Verwaltungsbeamte brachte den Betrag, den er „für zusammengeschmolzenes Metall" erlöst hatte, peinlich genau mit	7 ℛ 32 ß

in Abzug ... ein einmaliger Vorgang bei all den vielen Verlustmeldungen!

Nun waren ja die Schadensmeldungen eigentlich nur zur Linderung der Not für *Bedürftige* gedacht. Weder Dr. Wiedemanns noch Davids waren hierzu zu rechnen; und eben aus diesem Grunde mangelnder Bedürftigkeit finden wir eine Meldung des Bürgermeisters Schütt – leider – nicht.

Der größte Teil der Einwohner führte bei den verlorenen Gegenständen in vielen Fällen das Wörtchen „neu“ mit an, wohl um die in manchen Fällen überraschend hohe Wertangabe glaubhaft zu machen. Nun muß „neu“ in diesem Sinne sicher nicht „ungebraucht“ oder „fabrikneu“ bedeuten, sondern eher als „neuwertig“ oder „wie neu“ zu verstehen sein. Beanstandungen gab es deswegen auch nicht. Es scheint so, als ob das Komitee recht großzügig in der Entgegennahme der Meldungen gewesen ist. Alle Herren des Gremiums waren ja orts- und personenkundig und konnten in etwa den Schaden abschätzen. Wenn aber das Komitee sich einmal hintergangen fühlte oder die Angaben vorsätzlich oder leichtfertig von der Wahrheit erheblich abwichen, konnte sich der Unmut der ehrenwerten Herren recht unwirsch Luft verschaffen, wie im Falle Abraham:

Malchen Abraham hatte offenbar von Husum aus, wo sie als Friedrichstädter Flüchtling geführt wurde, ihren Schaden alsbald glaubhaft gemeldet. Sie war des Schreibens unkundig, machte ihr X und ein Hilfsbereiter führte ihr die Hand zur Unterschrift.

Am 15. November meldete ihr Bruder, der Glaswarenhändler Nathan Abraham „als Beistand“ für Malchen erneut und recht summarisch ihren Schaden, – und der lag fast 100 Rtlr höher, wie die folgende Gegenüberstellung zeigt:

			Schadensmeldung in Rtlr durch	
			Malchen	*Nathan*
1	Bett		15	60
1	Koffer, worin enthalten ein Unterrock, 4 neue Hemde, 2 Umschlagtücher, 3 Kattunröcke, 1 Mantel, 5 Hauben		20	
	Kleidung			50
2	Tische	5		
3	Stühle	3		
	Küchengerät	12		
1	Spiegel	1.4	21.4	
	Möbel			30
4	Handtücher, Fleischlaken		5	
	Wäsche			15
	Brennholz		4	0
		Rtlr	65.4	155

Das Komitee drohte nach zwei Wochen mit gerichtlichen Maßnahmen, falls Nathan sich nicht „in diesen Tagen“ nach Friedrichstadt bemühen werde, um die Differenzen und widersprüchlichen Angaben „zu erklären“.

Unvorstellbar hoch waren die Schäden an dem Betriebsvermögen der Handel- und Gewerbetreibenden, entmutigend für sie der Verlust ihres Warenlagers.

Wie verschiedenartig diese Schäden waren und welch eigenartige Gegenstände vernichtet wurden, mag an wenigen Beispielen dargestellt werden:

Uhrmacher Ketterer
meldete den Diebstahl von
2 neue Brunzuhren à 18 36 ℛ
1 „Vogel Fleten Uhr zernichtet" für 30 ℛ
sowie Schaden in „Zernichtung an Schwartzwalder Wand-Uhren so auch an Einländische angekaufte und eingethauschte Achttage-Uhren wie auch an Englischen und holländischen angekaufte und eingethauschte 24stund Uhren und kleiner Sorten an Hausuhren 400 ℛ

Händler C. Carstens
führte tonnenweise verbranntes Getreide auf:
Roggen, Gerste, Hafer, Buchweizen, ferner Kartoffeln, 2 Ztr. Käse, Butter, Mehl usw.

Peter Ivers
gingen seine Kolonial-, feinen Gewürz- und Tabakwaren verloren.

Johann Rahn
hatte am 6. August, einen Tag vor der Einnahme der Stadt durch dänische Truppen, fünf Säcke mit Eichenrinde zum Borckmüller Schrum gebracht – und nichts davon wiedergesehen.

Jacob Möller
wurde eine Kuh auf dem Felde durch Kugeln stark verwundet, 8 Fuder gutes Marschheu konnte nicht eingefahren werden und „dann eine Fenne mit Hafer innerhalb der dänischen Kette im Oldenkoog, welche mir erlaubt wurde von dem Herrn Rittmeister und Vorpostencommandeur v. Busching zusammenzubringen und in einer Klothe zu setzen, da die Wege durchgegraben waren und daher nicht nach der hiesigen Stadt eingefahren werden konnte, ist gleichfalls während des Bombardements total zernichtet worden. Wert 60 ℛ."

P. D. Bielenberg
war sein Vorrat an fabriziertem Rauchtabak, an Zigarren, Roll- und Schnupftabak „abhanden gekommen".

C. P. Hansen, dem Goldschmied,
gingen seine Modelle und Formen, sein Amboß, die Feilen und 2 ½ Dutzend Uhrketten verlustig.

L. N. Neber, der Sattler,
gab in seiner Verlustmeldung die verbrannten Sachen seines Gewerbes neben den persönlichen Dingen wie folgt an:

Handwerkszeug zu die Sattlerei und zu Gerberei	80 Mark
Eine Markbude nebst Kiste	17 „
Vorräthige Tappeten und Borden	120 „
Fertige Sattlerarbeiten	600 „
An Lohe zu die Gerberei	178 „
An Krulhaare, Kuhaare, Seegras	18 „
4 kleine Kannen	9 „
An gares Leder	171 „
An rohes Leder	60 „
An Feuerung	36 „
Eine Wageschale und Gewichter	10 „

Peter Harder, H. S.
verbrannten im Hause des H. Dahm 500 Bund Bobbeln, wobei wir erstaunt zu vermerken haben, daß ein Bund mühsam geschnittener und langwierig getrockneter Binsen nur eben 1ß (einen Schilling!) kostete.

Matthias Peter Carl Paasch
dem unglücklichen Schiffszimmerer, dem ein Bein amputiert wurde, requirierte man schon zum Schanzenbau nicht nur Holz, Schrägen und Speichen, sondern den Arbeitsschauer, die Hellinge, Fuß- und Taljenblöcke, Daumenkräfte, „5 große hölzerne Schrauben mit Futteral“ und viele, viele Dinge mehr, sondern auch sein gesamtes Werkzeug. Seine kleine Werft wurde vernichtet; der geringe Rest später zerschossen. Die Verlustanzeige umfaßte acht Seiten.

Johann Friedrich Feddersen
war seriöser Weinhändler und meldete einen hohen Verlust von 27.263 Mark, ohne Haus, versteht sich!

Weine, Spirituosen und Liköre in verschiedenen Gebinden führte er seitenweise auf. Es überrascht nicht, wenn in seinem Keller neben dem uns schon bekannten St. Julien manch guter französischer Tropfen, ferner Malaga, Madeira, feiner Portwein, Rheinwein und Champagner, Cognac und Jamaica-Rum zu finden waren. Armagnac dürfen wir ebenso selbstverständlich erwarten wie Kieler Bittern. Einige „liqueure“ scheinen aus eigener Fabrikation zu stammen; Quitten-, Himbeer- und Johannisbeer-Liqueur deuten darauf hin.

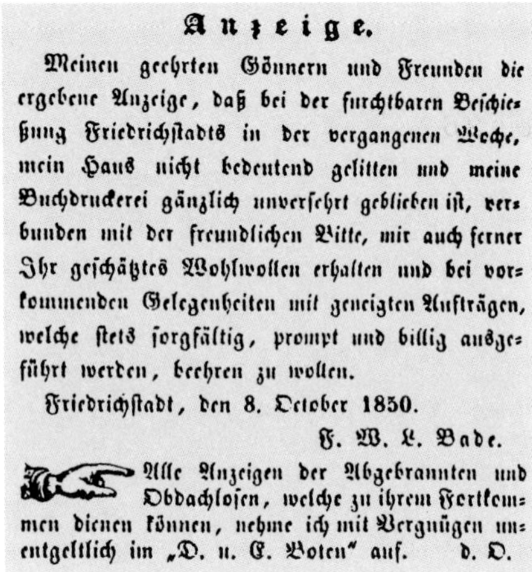

Anzeige.

Meinen geehrten Gönnern und Freunden die ergebene Anzeige, daß bei der furchtbaren Beschießung Friedrichstadts in der vergangenen Woche, mein Haus nicht bedeutend gelitten und meine Buchdruckerei gänzlich unversehrt geblieben ist, verbunden mit der freundlichen Bitte, mir auch ferner Ihr geschätztes Wohlwollen erhalten und bei vorkommenden Gelegenheiten mit geneigten Aufträgen, welche stets sorgfältig, prompt und billig ausgeführt werden, beehren zu wollen.

Friedrichstadt, den 8. October 1850.

F. W. L. Bade.

Alle Anzeigen der Abgebrannten und Obdachlosen, welche zu ihrem Fortkommen dienen können, nehme ich mit Vergnügen unentgeltlich im „D. u. E. Boten" auf. d. O.

Anzeige des Buchdruckers Bade in Friedrichstadt vom 8. Oktober 1850, daß die Druckerei keine Schäden erlitten hat und er daher in vollem Umfange weiterhin arbeiten könne.

In den Schadensmeldungen der Männer wird häufig der Verlust einer Pfeife oder gar von mehreren, in einem Falle sogar von zwölf aus Holz oder Horn aufgeführt, viele – natürlich – mit Silber beschlagen und mit „bonten Porzeleinköpfen" versehen.

Gelegentlich findet sich der Verlust von Musikinstrumenten verzeichnet, wie bei Detlef Wilhelm Jacobsen, der gleich mehrere nämlich

1 D-Flöte mit vier Klappen,
1 Violine mit Bogen,
1 Harmonika

verlor. Er mag seine Freude an den Instrumenten gehabt, vielleicht auch anderen zum Vergnügen aufgespielt haben – jetzt war das vorbei.

Gesangbuch und Bibel wurden nur hin und wieder aufgeführt; Hermann Eggers hatte ein besonders schönes

1 neues in Braunes Verband mit vergoldetem Schnitt Gesangbuch zu 2 Mark.

Bei Hans Dahm lagen Gesangbuch, Bibel, Rechenbuch, Kinderfreund, Fragebuch mit 2 Tafeln zusammen in einem Korb. Bei Juden wird – auch nur ausnahmsweise – der Verlust von „1 Zehngebot" gemeldet.

Sehr selten werden Lebensmittel als Verlust gemeldet. H. Petersen erinnerte sich aber am 20. März 1851 (!) noch ganz genau, was er an Vorrat in Küche und Keller hatte und was ihm „weg- und entzweigekommen war". Zunächst führte er summarisch für 43 Mark seinen Vorrat an Eingemachtem auf

> „als Fliedersaft, Himbeeren, Quitten, Johannisbeerensaft, Kirschen, Kürbis, Gurken, Asia, Türkschebohnen mit Gläsern, Hafen und Kruken".

Dann aber ging es präzise weiter mit

10 Bouteilljen Wein
2 dto. feinen Rum
1 Stück holländischen Käse
2 Stück ordinären dto. 20 Pfund a 2 ß
1 Stück Speck 8 Pfund a 6 ß
1 kleiner Schinken, 16 Pfund a 5 ß
ein Topf mit Schweinsfett 16 Pfund a 7 ß
1 Hut Zucker 21 Pfund
7 Pfund Cassebohnen a 8 ß
an kleine Gewürtze, zusammen 2 ℛ
ein halber Ancker weißen Sirop
7 Pfund Licht a 6 ß
an Mehl, Eiergrütze und Graupen
Puderzucker 2 Pfund a 5 ß
1/2 Pfund Thee
1 Pfund Zucker Kandies

Brot scheint ihm wohl gerade ausgegangen zu sein. Interessant sind auch die Meldungen des Dienstpersonals. Seinem jungen Dienstmädchen Anna Halle bescheinigte Schmiedemeister Sieck pauschal einen Schaden von 5 Rtlr für den vorsorglich gepackten Koffer. Er war im Garten abgestellt und ausgerechnet dort noch zusammengeschossen worden. Er enthielt die Bekleidung des Mädchens.

Maria Sachau aus Witzwort verlor im Hause ihrer Herrschaft, des Kaufmannes Hancke Möller, ihre gesamte Habe. Diese gab sie wie folgt an:

einen Koffer: 1 Kleid, 1 Oberrock, 2 Unterröcke, 2 Futterhemden, 9 neue Schürzen, 10 Halstücher, 6 Mützen, 5 Hemde, 6 Paar Strümpfe, 2 Paar Schuhe und 1 Paar Pantoffeln.

Eine ähnliche Ausstattung verlor auch Anna Charlotta Kehden, die bei J. Dreyer in Stellung war. Ihr Verlust sei zum Vergleich hier aufgeführt:

1 Koffer: 1 schön Orleans Kleid, 1 eigengemachtes dto., 3 dto. Röcke, 1 Unterrock, 6 Hemden, 3 seidene Halstücher, 1 Wolltuch, 2 Bey dto., 2 Paar Strümpfe, 2 Küchenschürzen, 1 weiße Leinenschürze, 1 Bey dto., 3 Jacken, 1 Paar Pantoffeln.

Christian Tapper, Dienstknecht bei Herrn Bürgermeister, verlor ebenfalls seine ganze Habe. Seine Bekleidung bestand neben dem, was er am Leibe trug, aus

1 schwartz-lakens Hose
1 kleiner Koffer
2 Hemde
1 Paar neue Toffeln
2 Paar Strümpfe

1 Weste
3 Halstücher
1 schwarz-graue Hose
1 Jacke
1 Paar Stiefeln
1 neue Kleiderbürste

Daneben aber ist für einen Knecht seine sonstige Habe recht interessant. Er verlor

1 fettes Ferkel	*28 ℳ*	*00 ß*
4 weiße Teller		*8*
1 „Waschballieg"	*1*	*2*
1 Stuhl	*1*	*–*
1 Grapen	*1*	*12*
1 paar Wassereimer	*2*	*8*

Friedrich Grittelbach, ein wandernder Schmiedegeselle aus Münster, erlebte bei seinem Meister in Friedrichstadt das Bombardement; er verlor alles. Sein Felleisen enthielt

je 1 Rock, Hose, Weste, seidenes Halstuch, 1 „Boxking Hose", 2 Sommerhosen, 2 Westen, 2 Leinenhemden, 2 Unterhosen, 1 Unterjacke, 2 Hals- und 2 Taschentücher, 2 Vorderhemden und 2 Kragen, 1 Wollen Schal, 2 Paar Strümpfe, 1 Paar Stiefel, 1 Felleisen.

J. C. Jacobs, Geselle bei Schneidermeister Meyer, der in der Herberge bei der Wwe. Jörs wohnte, verlor seine Habe gleich an beiden Plätzen. Er verlor

1 Sackwerk von Winterzeug, 1 Hose von Bockskin, 1 dto. von schwarzem dto., 1 Weste von schwarzem Samt, 1 neuer Hut, 1 Paar Stiefel, einige Wäsche, 1 Koffer.

Bei seinem Meister verlor er seinen Schneidertisch, zwei Bügeleisen und eine Schere zum Zuschneiden. Danach hatte ein Schneidergeselle auch für einen eigenen Arbeitstisch zu sorgen. Das ist überraschend.

Wie bescheiden, ja dürftig das Eigentum einer der ärmeren Familien sein konnte, mag am Beispiel des Opticus Simonis Blumenreich (45 Jahre alt), seiner Frau Rebecca (53) und seines dreizehnjährigen Sohnes Moses erläutert werden. Seine Verlustmeldung lautete:

Angabe der Sachen welche mier
von 3 ten auf den 4 ten October 1850 verbrannt sint.

1 zweischläfriges Bett	*25*	ℳ	
1 einschläfriges Bett	*15*	*„*	
	Summa 40	*„*	*Cor*

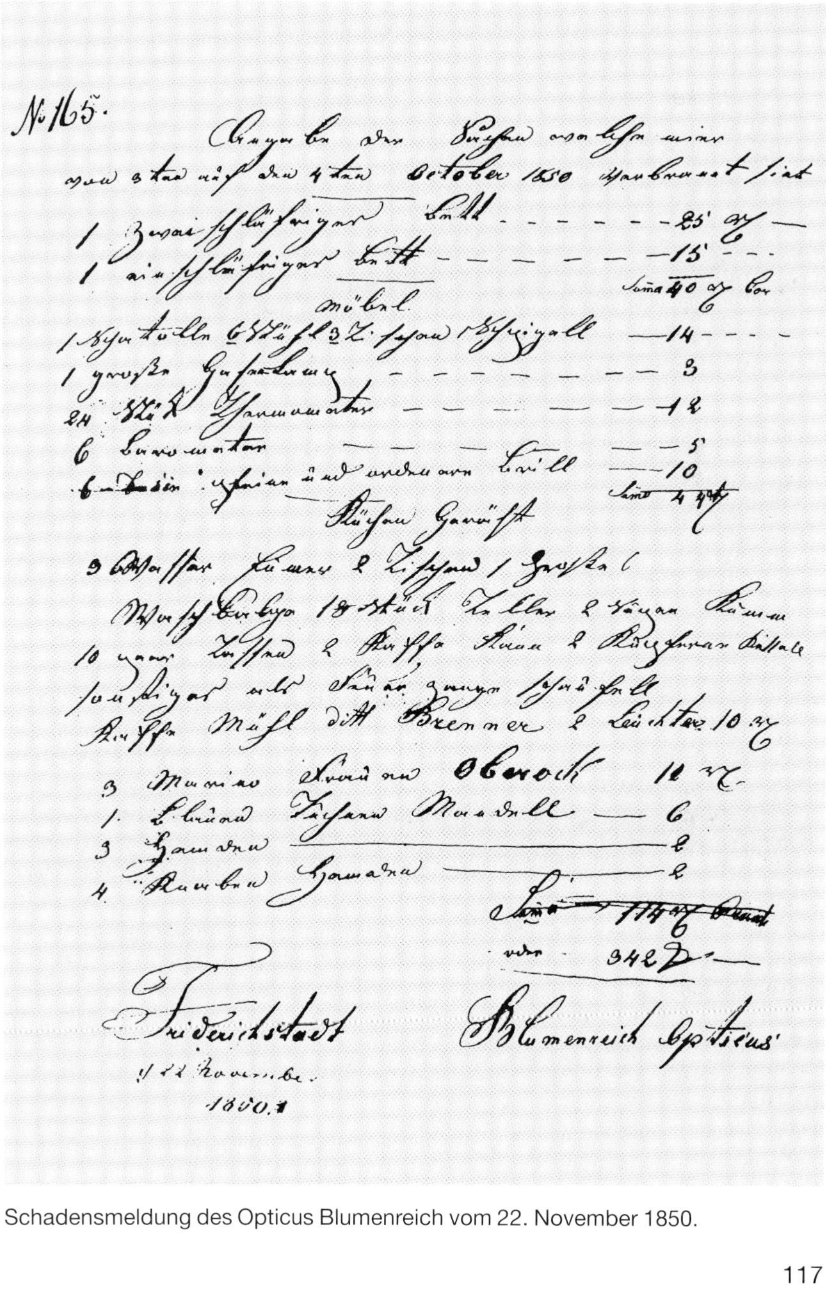
No 165.

Angabe der Sachen welche mir vom 3ten auf den 4ten October 1850 verbrannt sind

1 Zwei schläfriger Bett — 25 Rt 6

1 ein schläfriger Bett — 15

Suma 40 Rt Cour.

Möbel

1 [illegible] — 14

1 großer [illegible] — 3

24 Stück Thermometer — 12

6 Barometer — 5

6 [illegible] und andere Brille — 10

Suma 44 Rt 6

Küchen Geräth

[illegible]

3 Marino [illegible] Oberock 12 Rt

1 [illegible] — 6

3 [illegible] — 2

4 [illegible] — 2

~~Suma 114 Rt 6 Court~~

oder 342 M

Friedrichstadt d. 22 November 1850.

Blumenreich Opticus

Schadensmeldung des Opticus Blumenreich vom 22. November 1850.

<u>*Möbel*</u>			
1 Schatolle 6 Stühle 3 Tischen 1 Schpigell	*14*	Rt.	
1 große Gasenlamp	*3*	„	
24 Stück Thermometer	*12*	„	
6 Barometer	*5*	„	
6 Dusin pfeine und ordenare Brill	*10*	„	
	Summa 44	„	
<u>*Küchen Geräth*</u>			
3 Wasser Eimer 2 Tischen 1 große Waschbalge			
18 Stück Teller 2 Supen Kumm 10 paar Tassen 2 Kaffe Kaner			
2 Kupferne Kessell sonstiges als Feuer zange schaufell			
Kaffe Mühl ditt Brenner 2 Leuchter	*10*	Rt.	
3 Marino Frauen Oberock	*10*	„	
1 Blauen Tuchen Mandell	*6*	„	
3 Hemden	*2*	„	
4 Knaben Hemden	*2*	„	
	Suma 114	Rt.	*Crant*
oder	*342*	ℳ	

Friderichstadt
d. 22 November *Blumenreich Opticus*
1850

Die Leiden eines älteren Bürgers in jenen Tagen schildert der in Friedrichstadt geborene, den „permanent Armen" zuzurechnende Witwer Esaias Moses:

„Der Aufforderung der Generale Committé zur Unterstützung für die Hülfsbedürftigen, welche bei dem Bombardement von Friedrichstadt ihre Sachen verloren haben vom 17. Oct. v. J. konnte ich keine Folge früher leisten, indem ich als 76jähriger alter hülfloser Mann dasselbe nicht genau erinnern konnte. Nachdem mein Haus unbewohnbar geworden, hatte ich meine besten Sachen, die ich retten konnte, zwischen mein Bettzeug verpackt in der Spritfabrike geborgen und bin 7 Tage hintereinander vom Lande hinein, sogar ohne Stiefel, mit blosen Füßen gekommen, um mein Sachen zuhaben, konnte sie aber nicht bekommen, bis ich zuletzt solche durch den Zipfel meines Bettes aufm Boden fand, aber leider auch nur das Bette allein, alle anderen Sachen waren heraus und gestohlen. Die Fabrike war bei meinem letzten Dasein verschlossen und erst vom Schout geöffnet, welcher mir sagte, daß sie deshalb verschlossen sei, mit 2 Leute, welche Wache halten sollten, selbst gestohlen hätten, welches er auch beweisen kann. Auch kann der Direktor Gotthold bezeugen, als ich ihm eines Tages klagte, daß ich ohne Hemd, nakt und blos

nach Witzwort gehe, daß er mir zu 1 Hemd und 1 Hose verhalf. Ein Bett, eine Bettstelle, 1 alter Schrank, $^{1}/_{2}$ Dutz. alte Stühle u. 1 leere Kiste lud ich auf ein Wagen, und da nun diese eine große Aufruhr verursacht, so entstand daher wohl die hämische Bemerkung Einiger: ‚Er hat ja seine Sachen gerettet'."

Moses führte dann seine wenigen verlorenen Sachen auf. Es war mitleiderregend dürftig, was er sein eigen nennen konnte. Weder Schrank noch Tisch waren darunter. Bemerkenswert war nur ein „neues Todtenhemd zu 12 ß", das der vorsorgende Alte bereitgehalten hatte.

„Den Wert obiger Gegenstände gebe ich nur auf 60 Mark Courant an. Da ich bei Weitem vieles nicht erinnern kann, so ist es wohl anzunehmen. Auch kann ich es mit meine Nachbarn beweisen, daß ich, obgleich ich es nur mäßig hatte, dennoch eine wohlbesetzte Haushaltung besaß, wie solches von einer 45 jährigen (Ehe) wohl anzunehmen ist.

Noch führe ich eine Sache an: eine Violine mit 1 neue Bogen zu 4 Mark 12 Schilling entdeckte der Tischler Kapzua (= Kopsiwa), den ich dazu beauftragt hatte, in dem Besitz des Bootführers Jan Plön, welcher, nachdem Kapzua ihm gedroht hatte, es anzeigen, die Violine ganz zerbrochen, so daß solche keinen Schilling mehr wert ist, zurück. Den Bogen aber behielt er. Wie er übrigens in den Besitz desselben gekommen ist, kann ich nicht angeben. Daß ich hilflos war und bin beweiset, daß ich meine Commode zu 2 Mark 4 Schilling und mein groß Topfbank zu 14 $^{1}/_{2}$ Schilling aus Noth habe verkaufen müssen, welches ich mit Gosch Freese, der mit mir war, beweisen kann.

Seit mein 18 tes Jahr bin ich in wollene Unterjacken gewohnt, und mußte meinen letzten Schilling zum Ankauf einer solchen verwenden ..."

Die Violine mochte ihn früher in seiner Armut getröstet haben, jetzt war sie ihm böswillig genommen worden. Mit Sorgen sah er dem Winter entgegen. Sich selbst zu ernähren, das hatte er als rüstiger Mann nur notdürftig können. Jetzt im Alter und nach dem Bombardement war es damit gänzlich vorbei. Er fristete sein Leben in Husum ... und starb als gebrochener Greis im Dezember 1853.

Erste Hilfe für die Friedrichstädter

Den geflohenen Friedrichstädtern wurde spontan geholfen. In erster Linie wären hier als Wohltäter die Koldenbütteler Einwohner zu nennen, die Wohnung, Essen und Kleidung noch während der Beschießung mit den Flüchtlingen teilten. Über ihre Liebesgaben gibt es keine Aufzeichnungen. Ihre Hilfe wurde nicht an die „große Glocke" gehängt, und gelegentlich büßten die Quartiersleute noch ihre eigene Habe ein, wie im Falle des Hinrich Boyens.

Stadtsekretär C. F. Ketelsen, der sich in und um Bredstedt gut auskannte, erbat dort Hilfe. Seine Hilferufe wurden sofort beantwortet. Schon am Nachmittag des 4. Oktober – zur Zeit der heftigsten Kanonade – wurden in wenigen Stunden in Bredstedt enorme Mengen an Hilfsgütern, vor allen Dingen Lebensmittel zusammengebracht und in Richtung auf unsere brennende Stadt in Marsch gesetzt. Alle Gaben hier im Einzelnen aufzuzählen, verbietet der beschränkte Platz; wir müssen uns auf eine kleine Auswahl beschränken: über 300 Schwarzbrote kamen zusammen, Säcke mit Weißbrot, Kartoffeln, Graupen, Erbsen, frischem Fleisch, Speck, Kaffee, Tee, Butter und Fett. Mehrere Bredstedter nahmen den gerade fertigen Braten und verschenkten ihn; Schmooraale lagen dabei, Wein und Zwieback wurden liebevoll hingegeben. Wer keine Naturalien beisteuern konnte, gab Geld.

Zwei beladene Wagen faßten kaum sämtliche Gegenstände.

Fuder mit Lebensmitteln aus den Reußenkögen, in großer Eile von den Hofbesitzern beladen, fuhren in Richtung Friedrichstadt. Auch die Einwohner der Hattstedter Marsch wollten nicht abseits stehen und sandten eine Fuhre.

Ketelsen verteilte die Gaben. Früh am Morgen des 5. Oktober fand er in Husum eine geflüchtete Frau mit 5 Kindern, von denen zwei krank waren. Sie erhielten reichlich. Später traf er auf dem Hof von Claus Bartels in der Nähe von Koldenbüttel 28 Personen, auf Feldbergs Hof und bei Hans Thoms 49 Personen. Bei Jan Friedrich Knuts auf Sonnenberg waren es 30 Menschen, die er sättigte. In einem kleinen Hause daneben hatten in aller Enge sechs Personen eine Unterkunft gefunden. Sie alle erhielten aus den Lebensmittelwagen reichliche Gaben. Im Schmeerkrog bestürmten ihn die Kinder: „Gottlob, nun können wir einmal satt Brot kriegen!" Am Abend vorher wurden hier gegen 100 (!) Personen gezählt. Als Ketelsen ankam, war nur noch die Hälfte anwesend. Die übrigen waren weitergezogen, weil in der Enge bei allem guten Willen kein Platz mehr für sie vorhanden war. Allein auf Hans Fedders Hof fand Ketelsen noch 70 Personen vor.

Ganz bewußt gab der Stadtsekretär seinen Mitbürgern reichlich. Er vermutete, daß es noch Tage dauern könnte, bis die Geflohenen wieder mit einer Mahlzeit rechnen konnten. Er bat auch darum, daß man mit Neuankömmlingen teilen werde und fügte hinzu, er sei sicher, daß dies geschehen würde, da sehr viele der jetzt Hilfsbedürftigen, welche von ihm die Unterstützung empfangen hatten, angesehene, redliche Bürger seiner Stadt waren.

Auf seiner Hilfsreise hörte Ketelsen Klagen über mangelnde Kleidungsstücke und fehlendes Schuhzeug, über dringenden Bedarf an Seife, Licht und Feuerung.

Er wandte sich wieder an die Bredstedter und die Bauern der Reußenköge; und wieder dauerte es nur wenige Stunden, bis er eine Menge dieser benötigten Gegenstände zusammengebracht hatte. Auch bares Geld erhielt er mit guten Worten und Wünschen. Davon kaufte Ketelsen unterwegs die dringendst benötigten Artikel. Die Kleidungsstücke brachte der umsichtige Stadtsekretär nach Koldenbüttel zur „Lehnsmännin Tönnies", die zusammen mit seiner Schwester und der Frau des Dr. Edlefsen die Verteilung vornahm. Einen schwarzen Merino-Überrock konnte man ebenso finden, wie Nachtjacken und Kinderstrümpfe, Klotzen aller Art, Handtücher und Filzschuhe.

Seife, Licht und übrig gebliebene Nahrungsmittel ließ Ketelsen ebenfalls bei Dr. Edlefsens Frau zur späteren Verteilung. Die im und um den Schmeerkrog untergekommenen Friedrichstädter verwies er an Kaufmann Kuncke,

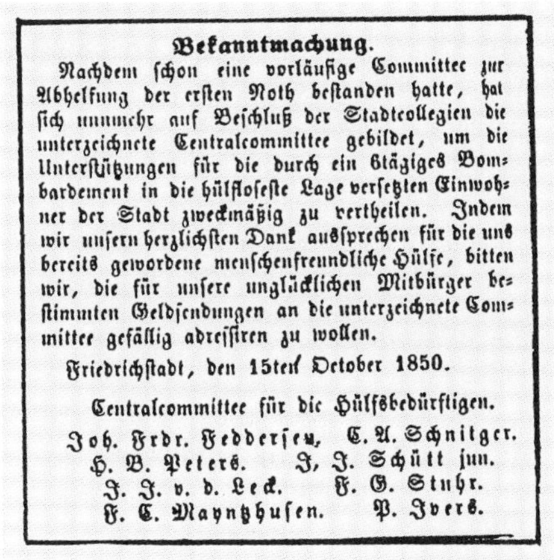

Bekanntmachung.

Nachdem schon eine vorläufige Committee zur Abhelfung der ersten Noth bestanden hatte, hat sich nunmehr auf Beschluß der Stadtcollegien die unterzeichnete Centralcommittee gebildet, um die Unterstützungen für die durch ein 6tägiges Bombardement in die hülfloseste Lage versetzten Einwohner der Stadt zweckmäßig zu vertheilen. Indem wir unsern herzlichsten Dank aussprechen für die uns bereits gewordene menschenfreundliche Hülfe, bitten wir, die für unsere unglücklichen Mitbürger bestimmten Geldsendungen an die unterzeichnete Committee gefällig adressiren zu wollen.

Friedrichstadt, den 15ten October 1850.

Centralcommittee für die Hülfsbedürftigen.

Joh. Frdr. Feddersen, C. A. Schnitger.
H. B. Peters. J. J. Schütt jun.
J. J. v. d. Leck. F. G. Stuhr.
F. C. Mayntzhusen. P. Ivers.

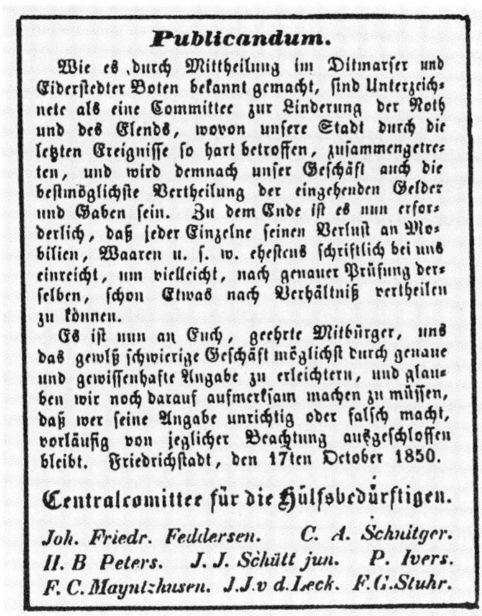

Publicandum.

Wie es durch Mittheilung im Ditmarser und Eiderstedter Boten bekannt gemacht, sind Unterzeichnete als eine Committee zur Linderung der Noth und des Elends, wovon unsere Stadt durch die letzten Ereignisse so hart betroffen, zusammengetreten, und wird demnach unser Geschäft auch die bestmöglichste Vertheilung der eingehenden Gelder und Gaben sein. Zu dem Ende ist es nun erforderlich, daß jeder Einzelne seinen Verlust an Mobilien, Waaren u. s. w. ehestens schriftlich bei uns einreicht, um vielleicht, nach genauer Prüfung derselben, schon Etwas nach Verhältniß vertheilen zu können.

Es ist nun an Euch, geehrte Mitbürger, uns das gewiß schwierige Geschäft möglichst durch genaue und gewissenhafte Angabe zu erleichtern, und glauben wir noch darauf aufmerksam machen zu müssen, daß wer seine Angabe unrichtig oder falsch macht, vorläufig von jeglicher Beachtung ausgeschlossen bleibt. Friedrichstadt, den 17ten October 1850.

Centralcomittee für die Hülfsbedürftigen.

Joh. Friedr. Feddersen. C. A. Schnitger.
H. B Peters. J. J. Schütt jun. P. Ivers.
F. C. Mayntzhusen. J. J. v d. Leck. F. G. Stuhr.

Aufrufe des Hilfskomitees vom 15. und 17. Oktober 1850 zu Sach- und Geldspenden für die Einwohner Friedrichstadts.

der für ihn die Lebensmittel verteilen sollte. Kuhnke nahm es genau, er teilte entsprechend der Familiengröße und rechnete mit 1/16, 1/8 und 3/16 Anteilen.

Ketelsen zog noch einmal nach Bredstedt. Im Jägerkrug berichtete er dem Wirt von den Leiden der Friedrichstädter. Der war gleich bereit, mehrere Fuder Torf und Kartoffeln nach Friedrichstadt zu schicken, und noch am gleichen Tage wurde ein Fuder Torf und ein Fuder Kartoffeln nach Feldbergs Hof abgesandt. Besonders das Brennmaterial wurde mit großer Freude aufgenommen.

Inzwischen hatte sich in Friedrichstadt mit Billigung des Magistrats ein Hilfskomitee, das „CENTRALKOMMITTEE FÜR DIE HÜLFSBEDÜRFTIGEN“ gebildet. Ihm gehörten neben dem eifrigen, umsichtigen und nimmermüden Bürgermeister Johann Friedrich Feddersen die Herren C. A. Schnitger, H. B. Peters, J. J. Schütt jr., J. J. von der Leck, F. G. Stuhr, F. C. Mayntzhusen und Peter Ivers an – alles Bürger, die von vornherein die Gewähr dafür abgaben, die Arbeit tatkräftig anzupacken und die empfangenen Güter und Gelder treu zu verwalten.

Mit ihren Aufrufen wandten sie sich an alle Menschenfreunde um weitere Hilfe.

Mittlerweile hatten sich auch in anderen Städten Hilfskomitees gebildet, die wesentlich zur Linderung der ersten Not der Geschädigten beitrugen. Die in Friedrichstadt eingehenden Geld- und Sachspenden wurden unter voller Angabe der Namen der Spender veröffentlicht. Das wiederum reizte andere, auch ihrerseits Hilfe zu leisten – sei es nun aus reiner Menschenliebe oder nur, um seine „edle Gesinnung“ in der Zeitung gedruckt zu sehen.

Die Arbeit des Friedrichstädter Kommitees war segensreich. Sie zog sich über mehrere Jahre hin. Genau wurde Rechenschaft abgelegt über jeden Schilling, über jede noch so kleine Sachspende. Alles wurde schön quittiert.

Im Jahre 1855 veröffentlichte das Komitee nach Abschluß der Arbeit eine zusammenfassende Übersicht. Die Flensburger Zeitung brachte diese zusammengefaßte Rechnungs-Ablage als Beilage – GRATIS, wie wir der Abrechnung des J. J. von der Leck von 1854 entnehmen können, während der Altonaer Merkur dafür 5 ℛ 67 ß nahm.

Von den vielen im Ditmarser und Eiderstedter Boten laufend veröffentlichten Spendeneingängen können wir naturgemäß nur eine kleine Auswahl wiedergeben. Aus unserer heutigen Sicht erscheint es ganz erstaunlich, wie groß damals die Solidarität der Schleswig-Holsteiner und der Dänen mit der notleidenden Friedrichstädter Bevölkerung war. Ihr Schicksal hatte Empörung hervorgerufen, und diese Empörung hatte diese spontane, das ganze Land umfassende Hilfsbereitschaft veranlaßt.

Helgesen und seine Offiziere riefen die dänische Bevölkerung zur Hilfe auf. Der Ditmarser und Eiderstedter Bote brachte von dem „Circulair“ eine deutsche Übersetzung.

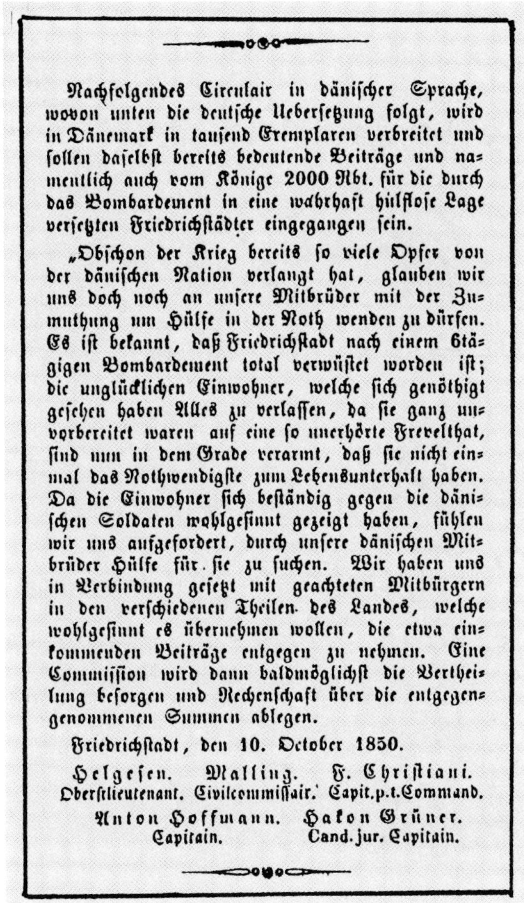

Nachfolgendes Circulair in dänischer Sprache, wovon unten die deutsche Uebersetzung folgt, wird in Dänemark in tausend Exemplaren verbreitet und sollen daselbst bereits bedeutende Beiträge und namentlich auch vom Könige 2000 Rbt. für die durch das Bombardement in eine wahrhaft hülflose Lage versetzten Friedrichstädter eingegangen sein.

„Obschon der Krieg bereits so viele Opfer von der dänischen Nation verlangt hat, glauben wir uns doch noch an unsere Mitbrüder mit der Zumuthung um Hülfe in der Noth wenden zu dürfen. Es ist bekannt, daß Friedrichstadt nach einem 6tägigen Bombardement total verwüstet worden ist; die unglücklichen Einwohner, welche sich genöthigt gesehen haben Alles zu verlassen, da sie ganz unvorbereitet waren auf eine so unerhörte Frevelthat, sind nun in dem Grade verarmt, daß sie nicht einmal das Nothwendigste zum Lebensunterhalt haben. Da die Einwohner sich beständig gegen die dänischen Soldaten wohlgesinnt gezeigt haben, fühlen wir uns aufgefordert, durch unsere dänischen Mitbrüder Hülfe für sie zu suchen. Wir haben uns in Verbindung gesetzt mit geachteten Mitbürgern in den verschiedenen Theilen des Landes, welche wohlgesinnt es übernehmen wollen, die etwa einkommenden Beiträge entgegen zu nehmen. Eine Commission wird dann baldmöglichst die Vertheilung besorgen und Rechenschaft über die entgegengenommenen Summen ablegen.

Friedrichstadt, den 10. October 1850.

Helgesen. Malling. F. Christiani.
Oberstlieutenant. Civilcommissair. Capit.p.t.Commando.

Anton Hoffmann. Hakon Grüner.
Capitain. Cand.jur. Capitain.

Aufruf der dänischen Offiziere vom 10. Oktober 1850 (deutsche Übersetzung) an die Bewohner des Königreiches Dänemark – Spendenaufruf zur Hilfe für Friedrichstadt.

Und auch General Willisens Offiziere standen mit einem Aufruf zur Hilfe nicht abseits. Sie wandten sich an ihre Kameraden mit einer scheinheiligen „Erklärung“. Kein Wort des Bedauerns fand man in dem Aufruf: im Gegenteil – es las sich eher wie eine Rechtfertigung. Die Friedrichstädter mögen ihnen das als eine Art „Pflichtübung“ angerechnet haben. Immerhin brachte aber auch dieser Aufruf Mittel zur Unterstützung der notleidenden Friedrichstädter ein.

Mit den Hilfsgeldern ging das Kommittee sorgsam um. Die Herren kannten ihre Mitbürger, und sie kannten das Ausmaß ihrer Schäden. Verteilt wurde nach Bedürftigkeit, und selbstverständlich wurde peinlich genau Buch geführt.

An die Offiziere der Schleswig-Holsteinischen Armee!

Kameraden!

Friedrichstadt ist zum Theil ein Trümmerhaufen.

Durch den Kriegs-Zweck waren wir in die harte Nothwendigkeit versetzt, dieser freundlichen und befreundeten Stadt großen Schaden zuzufügen. Der Feind hat das noch vermehrt!

Was von unserer Seite geschah, mußte geschehen! Als Mittel zur Erlangung eines großen Zwecks durfte selbst die Gefährdung dieser Stadt nicht gescheut werden. Um die Stadt und die reiche Landschaft, wozu sie der Schlüssel ist, wiederzugewinnen, mußte der Aufenthalt des Feindes und des Vertheidigers der Werke beschossen werden. Der Zweck ist leider nicht erreicht, doch der Wille dazu war da und das vergossene edle Blut so vieler unserer wackeren Kameraden, Offiziere wie Soldaten hat bewiesen, daß es uns Ernst war! —

Jetzt gilt es zu helfen, wo zu helfen ist.

Laßt uns Kameraden die ersten dabei sein. Wer ein Herz hat für unsern Kampf und für die Leiden, die er verursacht, wird folgen: Laßt daher, Kameraden, bei allen Truppentheilen den Ruf zur Hülfe erschallen, gebe jeder, soviel er kann und laßt uns so beitragen, **Friedrichstadt** zu Hülfe zu kommen.

Oberst von der Tann.	**H. v. Gagern,** Major.	**F. Wasmer.**	
R. v. Stutterheim, Major.	**Grunwald,** Hauptmann.	**Aye,** Rittmeister.	**C. J. Zimmermann,** Lieutenant.
Krohn, Hauptmann.	**Friedrich Christian, Prinz zu Schleswig-Holstein.**		
v. Raumer, Lieutenant.	**van Alten,** Hauptmann.	**F. W. Heintze,** Lieutenant.	

Aufruf an die Offiziere der Schleswig-Holsteinischen Armee vom Oktober 1850 – Spendenaufruf zur Hilfe für Friedrichstadt.

Nachdem die dringendste Not in und um Friedrichstadt, in Koldenbüttel und Witzwort beseitigt war, kümmerte sich das Komitee um eine menschenwürdige Unterbringung der Flüchtlinge. Von einem Tönninger Hilfskomitee erhielten die Friedrichstädter Herren dabei kräftige Unterstützung. Der alte Bürgermeister Schütt hatte in Husum für die Gründung eines Komitees gesorgt. Die Husumer richteten in der früheren Pastorenwohnung in der Süderstraße eine Unterkunft für die Friedrichstädter ein und sorgten für Lebensmittel und für Medikamente. Dort in Husum schenkte die schwer verwundete Frau Mine Josias, geb. Michelsen, einem Sohn – Meyer genannt – das Leben. Mine Josias war beinamputiert.

Nach Garding war Opticus Elias Abraham Masur geflohen. Dort erblickte sein Sohn Leiser am 11. 12. 1850 das Licht der Welt.

Von überallher, wohin auch die Friedrichstädter geflohen waren, kamen Hilferufe. Aus Husum wandte sich Fräulein Henriette Stade – der letzte Sproß der für unsere Stadt so bedeutsamen Familie Plovier – an das Kommittee:

Husum den 1 Nober 50

Lieber Herr Stuhr
Sie werden entschuldigen wen ich Ihnen mit eine Bitte beschwere Ihre Tante Madam Wichmann wahr neulich aben bei uns, und sagte ich möchte mich nur an Ihnen wenden, und Sie bitten für mich bei der Committee Sich zu verwenden, um von den Gaben die für die Hülfsbedürftigen Friedrichstädter gesandt werden, was zu bekommen, da es Ihnen Alle bekannt ist, das ich und meine Eltern alles alles verlohren und nichts wie unser Leben gerettet haben und daher wohl die gerechtesten Ansprüche hieran zu machen habe so werden Sie meine Bitte entschuldigen und vor mich Sich verwenden

Darum bittet Ihre Freundschaft
Henriette Stade

Der Angabe der
Verlust meiner Sachen
habe ich Dienstag hier
auf der Post gegeben
und wird doch bei Ihnen angelangt sein.

Nach Husum war auch Pastor Mensinga geflüchtet, der ja erst kürzlich sein Amt angetreten hatte. Nur zweimal hatte er in der alten Kirche predigen können. Seine Gemeindemitglieder hatten darauf gedrungen, daß er sich den Flüchtenden anschloß. Mensinga predigte einige Male in seiner dortigen Unterkunft und gelegentlich auch einmal in der Klosterkirche. Er leistete den Geflohenen geistlichen Beistand und besuchte von Husum aus mehrfach zu Fuß die in Friedrichstadt verbliebenen Gemeindemitglieder.

Die angeschriebenen Lehnsmänner und Koogsinspektoren in Eiderstedt meldeten ihre Bereitschaft zur Aufnahme und zum evtl. (!) Unterhalt von Friedrichstädtern während des bevorstehenden Winters.

Das Ergebnis war in den Gemeinden recht unterschiedlich und gemessen an der Not der geflohenen Friedrichstädter eigentlich arg enttäuschend. Es meldeten zur Aufnahme

Grothusenkoog
2 Familien,

Cating
eine kleine und eine große Familie, wobei die früher dort ansässige Familie des Nicolaus Hansen den Vorzug haben sollte,

Kirchspiel Tönning
3 bis 4 Familien, aber man wollte sich die Leute selbst aussuchen,

Cotzenbüll
eine nette, stille, an Ordnung gewöhnte, wenn möglich gesunde und rüstige und dem Handwerkerstand angehörende Familie, vielleicht ein Schneider oder Schuster, mit 2 bis 3 Kindern
sowie für deren Unterhalt 50 bis 60 Schilling
aber das alles nur dann, wenn die Familie mit Betten und Hausgerät versehen sei,

Westerhever
lehnt ab, stellte etwas Geld in Aussicht,

Oldenswort
5 Familien, wobei Schuster und Schneider am leichtesten Arbeit finden würden,

Tating
4 Familien mit einer Ankündigungsfrist von acht Tagen,

Cathrinenheerd
eine Familie in 2 kleinen Zimmern, aber ohne Versorgung,

Welt
Zwei Familien mit je 2–4 Kindern ohne Feuerung und Unterhalt. Ein Schneider könnte seine Bedürfnisse erwerben,

Tetenbüll
etwa 10 Personen.

Am meisten enttäuschend war für das Friedrichstädter Komitee die Einstellung des Kirchspieles Tönning, die ihr durch die landschaftliche Kommission zugeleitet wurde. Allen Ernstes wurde darin gefordert, daß die Mitglieder des Friedrichstädter Komitees erst mit den Eigentümern der Wohnungen im Kirchspiel verhandeln sollten, bevor die dringend der Hilfe bedürftigen Obdachlosen untergebracht werden konnten. Ganz verständlich erschien es dann auch, wenn das Kommittee in der Antwort bat, daß *„Sie es uns daher nicht übel nehmen, wenn wir vorläufig für Ihr gütiges Anerbieten danken und es Ihnen anheimstellen, ob Sie vielleicht in anderer Weise etwas zur Linderung der Noth unserer unglücklichen Mitbürger thun können."*

Ganz anders setzte sich die Stadt Tönning mit ihrem Komitee ein. Intensiv bemühten sich die Herren N. Ahlmann, H. Lempelius, J. Husmann, Fenger, J. Russ, D. Russ, Eggers, E. Sievers um Geld- und Sachspenden sowie um Unterkünfte.

Die beiden kleinen Kinder des Schmiedemeisters Hansen, nach dem Tode der Mutter jetzt Halbwaisen, waren 1/2 und 1 1/2 Jahre alt. Sie brachte das Tönninger Komitee bei der Schwester des Vaters unter. Sie nahm sich liebevoll der Kleinen an. Die Herren des Komitees in Tönning erkannten, daß die Tante unter diesen Umständen ihrer bisherigen Nebentätigkeit außer Haus nicht mehr nachgehen konnte ... und sorgten auch für sie für eine angemessene Unterstützung.

Von den verwundeten Eheleuten Büttner, die ebenfalls in Tönning betreut wurden, war indessen nur Gutes zu berichten. Büttner mochte „speziell nicht gern etwas fordern", was nach Unterstützung aussah. Die Tönninger Herren gaben ihm etliches; den Eheleuten fehlte es dennoch an Unterzeug und Strümpfen.

Beide Eheleute waren so weit „wieder hergestellt, daß sie mit Hilfe von Kindern schon wieder herumhumpeln" konnten. Sie schmiedeten Pläne, und er, Büttner, beabsichtigte, „ehestens sein Geschäft wieder anzufangen". Das bedeutete, daß er „mit einigen Schnurrpfeiffereien nach dem Lande, woselbst er eine ausgedehnte Bekanntschaft hat und jetzt ohne Zweifel, da das Mitleid hinzukömmt, sich manchen Schilling holen wird."

Damit aber waren die besorgten Friedrichstädter Herren gar nicht einverstanden, und postwendend baten sie, ja, ersuchten sie geradezu ihre Tönninger Kollegen, n i c h t zuzulassen, daß Büttners ihre Hausiertätigkeit wieder aufnahmen. Nach Auskunft des die beiden zuerst behandelnden Militärarztes ließen ihre schweren Verwundungen eine so anstrengende Tätigkeit nicht zu, ja, daß solche Anstrengungen die unterbundenen Blutgefäße springen lassen würden und den Tod herbeiführen könnten. – Offiziell war man schon bereit, den Eheleuten 30 Mark zur Aufnahme, zur Vorbereitung eines Hausierhandels zu bewilligen.

Nun, Büttner h a t später wieder seine Geschäfte auf dem Lande gemacht. Beide Eheleute schienen für ein solches Leben geradezu geschaffen zu sein. Sie erreichten ein gesegnetes Älter und konnten 1888 das seltene Fest der Eisernen Hochzeit feiern.

Nach Tönning konnte auch ruhigen Gewissens die Familie des Franz Christ empfohlen werden, dem ein Brief folgenden Inhalts mitgegeben wurde:

> *Daß der Tischler Hans Christ Christensen aus Augustenburg auf Alsen, seit 14 Jahren hier ansässige Bürger, während seines Aufenthaltes hierselbst ein ruhiges, unbescholtenes Leben geführt hat, so daß ein polizeiliches und strafrechtliches Einschreiten gegen ihn nicht stattgefunden hat, wird hiermit von uns, Bürgermeister und Rath, mit dem Hinzufügen attestiert, daß wenn zwar das von ihm vor dem Bombardement bewohnte Haus und dessen gesamte Habe, soweit es von uns hat ermittelt werden können, während des hiesigen Bombardements verbrannt und er mit seiner Familie kaum die notdürftigsten Kleider gerettet hat, doch ihm bereits eine neue Wohngelegenheit hierselbst angewiesen und die nothdürftigste Unterstützung von der hiesigen Zentralcommittee geworden, derselbe aber nach seiner Aussage deshalb fürs Erste die Stadt zu verlassen sich gezwungen sieht, weil seine Frau und Kinder wegen des wieder begonnenen Schießens vom Dithmarscher Ufer mit Bomben und Granaten, von denen einige bei Nacht und am Tage in die Stadt gefallen sind, vor Angst zuweilen in Krämpfe gelegen haben.*

Christ hatte Schwefelhölzer – Zündhölzer – hergestellt und setzte diese Tätigkeit in Tönning fort.

Im übrigen müssen wir wohl bei der vorangegangenen Liste, die für das reiche Eiderstedt wohl eher als bescheiden anzusehen ist, berücksichtigen, daß möglicherweise diese Angebote zur Aufnahme von Personen vielleicht zusätzlich zu der Aufnahme der bisher eingetroffenen Flüchtlinge abgegeben wurden.

Einige dieser Quartiere waren kaum bewohnbar. J. H. Babin, der in Kotzenbüll untergekommen war, hauste in einer „kalten, feuchten Hütte“ mit undichten Fenstern ohne Brennmaterial. Er flehte das Komitee mehrmals wenigstens um eine Pferdedecke an, die er für seine inzwischen erkrankte, bettlägerig gewordene Frau benötigte. – Die Bauern der Gemeinde konnten offensichtlich keine Decke entbehren.

Als Beispiel für wohlgemeinte Hilfe aus entfernteren Orten des Landes mag ein Brief der Gemeinde Medelby angeführt werden. Sie bot Ende Oktober über Peter Iwers an, entweder mit Geld zu helfen oder gern eine Familie aufzunehmen und ihr alles zu geben, was „zum Lebensunterhalt nöthig“ sei. Und den Gegebenheiten des Ortes angepaßt, erbat man eine Familie, die mehr der unteren Klasse angehören müßte.

Die Hilfe aus dem Eiderstedtischen, aus dem Amte Husum und aus ganz Nordfriesland war umso wertvoller, als die bisherigen, natürlichen Bezugsquellen der Stadt in Norderdithmarschen und vor allen Dingen in Stapelholm ja noch völlig abgeschnitten waren. Am anderen Eiderufer standen noch die Kanonen und schossen auch gelegentlich ohne jeden militärischen Sinn in die Stadt hinein. Wenn die Eiderstedter auch selbst nicht klagen konnten – die Ernte war eingebracht, und das Ergebnis durfte noch als gut bezeichnet werden – so fehlte es dort sehr an Arbeitskräften. Die vielen aufgezwungenen Kriegsfuhren und die Requirierungen hatten den Bewohnern eine recht drückende Last auferlegt. Umso mehr war ihre wertvolle Hilfe für unsere Stadt zu schätzen.

Ganz nach Amsterdam war die Kunde von dem Unglück der Stadt gedrungen. Von dort kam am 27. Oktober eilends über Wismar und Kopenhagen der früher hier tätig gewesene Remonstrantenpastor Vollenhoven angereist. Er wollte sich teilnahmsvoll und verantwortungsbewußt persönlich von dem Stand der Dinge unterrichten; in Amsterdam hatte er bereits ein Hilfskomitee errichtet. Vollenhoven hatte 1849 eine kleine, heute noch gern mit Nutzen gelesene Schrift über die hiesige Remonstrantengemeinde verfaßt.

Vollenhovens Initiative rief andere auf den Posten. D^{s} Bonga, ebenfalls früher Remonstrantenpastor in Friedrichstadt, veranstaltete gemeinsam mit anderen einige Sammlungen. Buchdrucker C. A. Spin in Amsterdam, der sich der Herkunft seiner Familie aus Friedrichstadt erinnerte, gehörte dazu. Alles in allem flossen D^{5} Mensinga 7.164,72 holländische Gulden für seine Remonstrantengemeinde zu.

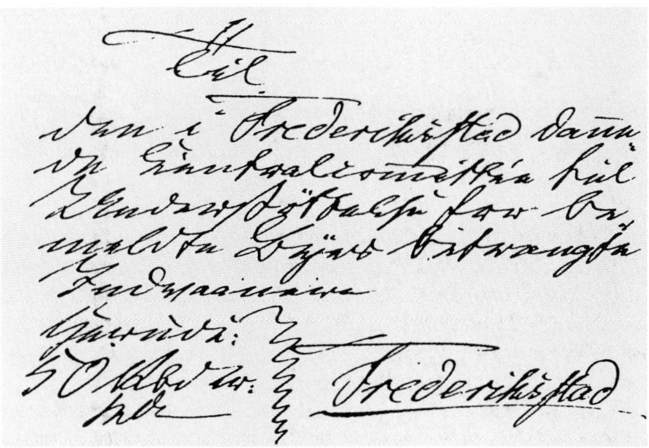

Begleitschreiben des Bürgermeisters von Kolding vom Oktober 1850 zu einer Spende über 50 Reichsbanktaler als Erste Hilfe seiner Stadt für die Einwohner Friedrichstadts.

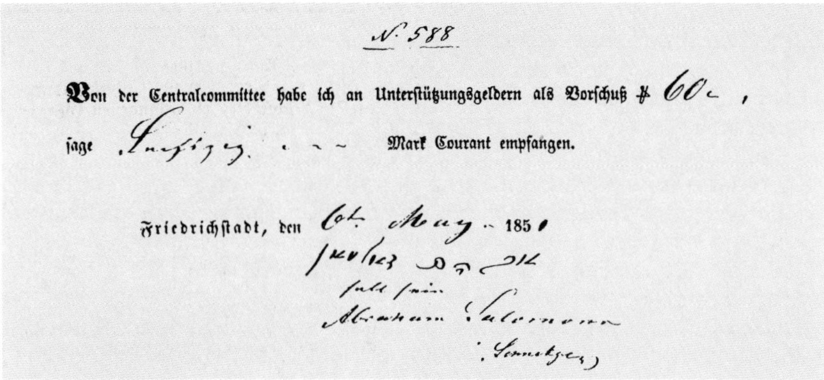
№ 588

Von der Centralcommittee habe ich an Unterstützungsgeldern als Vorschuß ℳ 60 ,

sage Sechszig — Mark Courant empfangen.

Friedrichstadt, den 6t. May 1851

Abraham Salomon

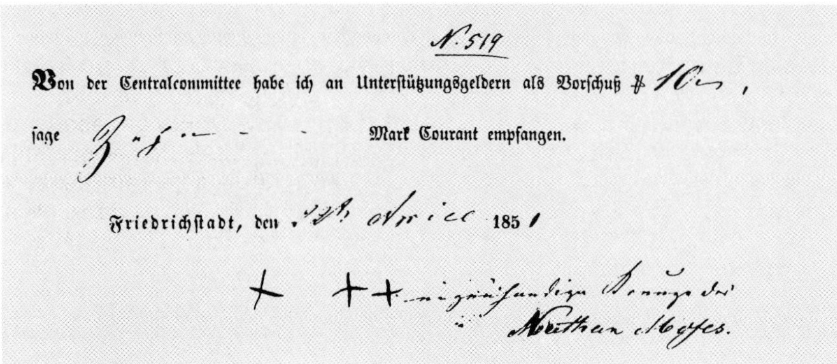
№ 519

Von der Centralcommittee habe ich an Unterstützungsgeldern als Vorschuß ℳ 10 ,

sage Zehn — Mark Courant empfangen.

Friedrichstadt, den 24. April 1851

\+ ++ eigenhändige Kreuze des Nathan Moses.

Quittungen des Abraham Salomon (Unterschrift in hebräischer Schrift) und des Nathan Moses (3 Kreuze, da er des Schreibens unkundig war) über empfangene Unterstützungsgelder.

In Danzig sammelte der früher hier amtierende Mennonitenpastor Mannhardt 305 Preußische Taler = 762 ℳ 8 ß Courant. Das Kommittee sprach ihm und „den edlen Gebern aus weiter Ferne unseren tiefgefühlten und gerührten Dank aus und gereicht es uns zur herzlichen Freude, daß Sie an dem Orte Ihres früheren Wirkens Ihr Andenken in so schöner Weise nach dem Dahinschwinden mancher Jahre wieder erneuert haben.“

Samuel Landau aus dem fernen Koblenz schickte 50 Mark an das Komitee mit dem Wunsche, daß das Geld den unglücklichen Kindern der durch ein Bombenstück getöteten Ehefrau des Schmiedes Hansen zufließen möge.

Welches Echo die Aufrufe zur Hilfe im Lande hatten, mögen einige Auszüge aus den Spendenregistern belegen:

Verzeichniß

der in Friedrichstadt vom 9. bis zum 14. Oct. incl. an hülfsbedürftige Einwohner ausgetheilten Portionen Lebensmittel.

Es wurden ausgetheilt:

Den	9. Octbr.	660	Portionen	für	660	Personen.
=	10. u. 11. do.	726	dito	=	726	dito
=	12. do.	923	dito	=	923	dito
=	13. do.	370	dito	=	370	dito
=	14. do.	593	dito	=	593	dito
Zusammen		3272	Portionen	für	3272	Personen.

Friedrichstadt, den 14. Octbr. 1850.

Verzeichnis der in Friedrichstadt vom 9. bis 14. Oktober 1850 an Hilfsbedürftige verteilten Lebensmittel.

Verzeichniß

der seit dem 4. November für die hülfsbedürftigen Friedrichstädter eingegangenen Gegenstände und Gelder.

Novbr.			
	Bis 4. Novbr.	5330 mk	13 ß
5.	Von einer Comittee in Svendborg zur Unterstützung der abgebrannten Friedrichstädter 325 rbt. 8 bß oder 609 mk 8½ ß u. 1 holl. Ducaten 8 mk, zusammen	617 =	8½ =
5.	Von dem Hrn. Pastor Schetelig in Glückstadt, durch Hrn. P. N. Hansen in Flensburg: Beitrag des Glückstädter Frauenvereins 220 mk, des Meldorfer Frauenvereins 47 mk 8 ß und an sonstigen Beiträgen 67 mk, zusammen	330 =	8 =
5.	Von dem Hrn. Oberauditeur und Bürgermeister Quistgaard, von Kolding und Umgegend	93 =	12 =
7.	Durch den Hrn. Capitain v. Hoffmann, von einigen Bewohnern in Nyborg gesammelt 161 rbt. oder	301 mk	14 ß
8.	Von dem Mädchenlehrer Hrn. H. N. Fries, auf dem Bischofshofe in Schleswig, von armen Kindern zusammengetragen	16 =	6 =
8.	Von der Direction des Fredriks Clubs in Apenrade, von mehreren Bürgern daselbst	282 =	6 =
9.	Von den Herren G. W. & E. Lorentzen in Altona, durch Herrn Stuhr eingeliefert, 50 Species . .	187 =	8 =
11.	Von dem ehemaligen Prediger an der hiesigen reformirten Gemeinde, Herrn Pastor van Vollenhoven aus Holland, durch Herrn Senator Peters eingeliefert, 1 Doppellouisd'or	28 =	— =
11.	Von dem Herrn Rathmann A. J. Peters in Tetenbüll, der Ertrag einer Haussammlung daselbst, zur Verfügung gestellt mit	352 =	— =

Friedrichstadt, den 11ten November 1850.

Die Centralcomittee für die Hülfsbedürftigen.

Verzeichnis vom 11. November 1850 der seit dem 4. d. M. beim Hilfskomitee in Friedrichstadt eingegangenen Spenden.

Beilage

zu Nr. 157 der „Flensburger Zeitung."

Rechnungs-Ablage der Central-Committee

für

hülfsbedürftige Friedrichsstädter

über

die in Folge des Bombardements der Stadt Friedrichsstadt vom **29.** Septbr. bis den **4.** Octbr. **1850** für die in eine hülflose Lage gerathene Stadt und deren Bewohner eingegangenen Gelder und Gaben nebst deren Vertheilung und Verwendung.

I. Einnahme.

Seit unserer Aufforderung am 15. October 1850 sind bei uns eingegangen:

		Ct. ℔	ß
Von dem Magistrat hieselbst		36,680	4
welche demselben von der Committee in Husum, Hrn. Kammerherrn Johannsen, Kammerrath Malling und Bürgermeister Grüner, zugestellt worden.			
Von demselben		13	2
eingesandt aus dem Kirchspiel Oerum durch Canzeleirath Hersleb.			
Von dem Capitain von Hoffmann, von Ingenieur-Officieren und Obristlieutenant v. Thrane		56	4
Von demselben, von einer Committee bei dem Corps des Obristen v. Irminger		775	6
Aus Nyborg durch den Capitain v. Hoffmann		301	14
Aus Svendborg, von einer Committee daselbst		617	8½
Aus Aössens und Umgegend, von einer Committee daselbst		434	10
Aus Kolding und Umgegend, durch den Bürgermeister Quistgaard		105	10
Aus dem Kirchdorf Varnæs durch Pastor Roth		21	—
Aus dem Kirchspiel Kattrup durch den Oberstlieutenant v. Helgesen		112	12
Aus Apenrade durch die Direction des Frederiks-Clubs		282	6
Aus Eckernförde durch Pastor Schnittker daselbst	629 ℔ 5 ß		
durch die Herren Krafft, Lorenzen und Pupke	730 „ 11 „		
durch die Herren Gaehtge, Timm und Pupke	64 „ — „		
		1,424	—
Aus Flensburg durch die Herren F. Mommsen und Funke		4,427	13½
Aus der Gemeinde Adelbye durch dieselben		135	8
Aus Gravenstein durch Herrn Ahlmann		350	—
Aus Hadersleben, von der Hülfscommittee daselbst durch Herrn Pastor Godt		1,985	12
Aus Schleswig durch Fräulein Paulsen	400 ℔ 8 ß		
durch Fräulein Langenheim	650 „ — „		
durch Schullehrer Fries	16 „ 6 „		
		1,066	14
Aus Tondern, von einer Damen-Committee daselbst	969 ℔ 5 ß		
vom Armencollegio daselbst	44 „ 9 „		
		1,013	14
Aus Lügumkloster, von einer Damen-Committee daselbst durch Postmeister Tiedge		218	—
Aus Christiansfeld, von dem Postmeister Mygind		45	—
Aus Hoyer, durch die Herren Carstens und Clemensen		643	4
Aus Ockholm durch Herrn Pastor Danielsen		50	6
Aus dem Kirchspiel Mürwick durch Herrn Göttig		283	10½
Aus der Gemeinde Kahlebye und Moldenit durch Hrn. Pastor Rohlfs		116	9
Aus Fahretoft durch Herrn Pastor Eichner		81	8
Aus Arnis durch Herrn M. Th. Hübsch		165	—
Von der Insel Nordstrand durch Herrn Pastor Matzen		291	12
Von Pellworm durch die Vorsteherschaft daselbst		176	4
Aus der Landschaft Eiderstedt:			
1. An Collectengelder durch den Hrn. Propsten Heinsen	90 ℔ 5½ ß		
2. Aus Tetenbüll durch den Herrn Rathmann A. J. Peters	352 „ — „		
3. Aus Osterhever durch den Herrn Pastor Huss in Tetenbüll	55 „ 2 „		
		497	7½
Aus dem Kirchspiel Riesebye im adeligen Schwansener Güterdistrict durch Herrn Hederich		230	—
Aus dem Kirchspiel Siesebye durch Herrn Schäfer auf Bienebeck		358	15
Aus dem Kirchspiel Borbye durch die Herren Linde, Brauer, Weber und Voigt daselbst		275	12
Aus dem Gute Damp durch Herrn H. B. v. Qualen		210	—
Aus dem Gute Tolk-Schubye durch Herrn Ivers hieselbst		21	—
Aus dem Gute Oehe durch Herrn Selk		174	—
Aus dem Gute Rundhoff durch Herrn Bödecker		96	6
Aus dem Gute Carlsburg	99 ℔ 5 ß		
„ „ „ Olpenis	337 „ 1½ „		
„ „ „ Schönhagen	46 „ 15 „		
„ „ „ Dörphof	45 „ 7 „		
		528	12½
durch Herrn Pastor Hollm in Carby.			
Aus den Gütern Loitmark, Ellenberg, Kopperby und Espenis durch den Gutsverwalter Herrn Geisler auf Loitmark		74	2
Aus Altona von der Damen-Committee daselbst		16,335	—
Latus		70,677	6½

		Ct. ℔	ß
Transport		70,677	6½
Aus Glückstadt durch Herrn Pastor Schetelig		1,312	3½
Aus Heide von der Hülfscommittee daselbst die Summe von	3,665 ℔ 6 ß		
von der Liedertafel daselbst	200 „ — „		
		3,865	6
Aus Kiel durch die Herrn Brauer und Klemm		1,548	1
Aus Meldorf von der Hülfscommittee daselbst		1,677	9½
Aus Neustadt von einer Damen-Committee daselbst		2,332	11
Aus Rendsburg von der Hülfscommittee das. zusammen	1,597 ℔ 15½ ß		
1 Paar goldene Ohrringe verkauft für	5 „ 13 „		
		1,603	12½
Aus Brockdorf durch Herrn Pastor Goeze		221	13
Aus Rabenkirchen durch Herrn Pastor Hansen		272	8
Aus Haneran und Hademarschen durch Fräulein Friederike Blunk und Elise Bent		270	—
Aus den Dorfschaften Preil und Darenwurth durch Herrn G. L. Dethlefs in Preil		30	—
Aus Hamburg: 1. Von einer Committee daselbst	11,983 ℔ — ß		
2. Von Herrn Helmrich daselbst	535 „ 8 „		
		12,518	8
Aus Danzig durch Herrn Pastor Mannhardt		762	8
Aus Holland durch Herrn Pastor Mensinga hieselbst		352	3
Von Privatpersonen:			
1. Herrn Lieutenant v. Ullrich	9 ℔ 6 ß		
2. „ Bruhn aus Flensburg	100 „ — „		
3. „ G. W. und C. Lorentzen in Altona	187 „ 8 „		
4. „ Pastor Vollenhoven in Holland	28 „ — „		
5. „ Wolf Reimers in Hamburg	30 „ — „		
6. „ Samuel Landau in Coblenz	50 „ — „		
7. „ Hebungscontroleur Hagn in Lunden	12 „ — „		
8. „ Kaufmann Angel in Tondern	45 „ — „		
9. „ Vergolder P. Soll in Kiel	115 „ — „		
10. „ Pastor Ivers in Bovenau	9 „ — „		
11. „ Kaufmann Reif in Rendsburg	15 „ — „		
12. „ Kirchspielvogt Engelbrecht in Wöhrden	30 „ — „		
13. „ Weinhändler Werner in Husum	15 „ — „		
		646	6
Von unbekannten Gebern:			
1. Aus Schleswig	100 ℔ — ß		
2. Aus Schleswig	30 „ — „		
3. Von P. J. in R.	7 „ 8 „		
4. Durch Herrn Ivers hieselbst eingeliefert	36 „ 4 „		
5. Durch Hrn. Pastor Weilandt in Oldenswort	5 „ — „		
6 Von G. in H.	30 „ — „		
7. Aus Eiderstedt	4 „ 13 „		
8. Von U. W. M. in T. durch Herrn Etatsrath Ketelsen hieselbst	14 „ — „		
		227	9
Der Ertrag für verkaufte Schaaffelle und Talg von den von der Landschaft Eiderstedt geschenkten Schaafen		56	8
Gesammt-Einnahme		98,475	1

Ferner an Bettzeug, Leinenzeug und sonstigen Gegenständen:

1. Von der Hülfscommittee in Flensburg durch Herrn P. Jordt:
   1850. Octbr. 10.: 4 Kisten Fensterglas,
   1 Packen mit 2 Stück Boy und div. Leinenzeug.
2. Von dem Wirth Paulsen in Jägerkrug:
   1850. Novbr. 1.: 1 Fuder Torf und
   1 Tonne Kartoffeln.
3. Von der Dorfschaft Horstedt:
   1850. Novbr. 3.: 10 Tonnen Kartoffeln und
   4 Fuder Torf.
4. Von Herrn Pastor Schnittker in Eckernförde:
   1850. Novbr. 15.: 1 Sack mit Kleidungsstücken und Leinenzeug.
5. Von Herrn Fedd. Mommsen und F. W. Funke in Flensburg:
   1850. Novbr. 19.: 1 Sack mit Kleidungsstücken und Bettzeug.
6. Von den Herren Krafft, Lorenzen und Pupke in Eckernförde:
   1850. Novbr. 19.: 1 Packen mit Kleidungsstücken und Leinenzeug.
7. Von dem Schullehrer Rickmers zu Medelbye:
   1850. Novbr. 21.: 1 Päckel Kleidungsstücke und Leinenzeug.
8. Von Fräulein Elise Paulsen in Schleswig:
   1850. Novbr. 21.: 1 Päckel mit Kleidungsstücken.

9. Von H. Göttig zu Murwick:
1850. Novbr. 29.: 2 Säcke mit Bettzeug, Leinenzeug und Kleidungsstücken.
— Decbr. 30.: 1 Sack mit Kleidungsstücken, Leinenzeug und einigen religiösen Büchern.

10. Von Herrn J. W. Brauer und J. C. Klemm in Kiel:
1850. Decbr. 16.: durch Herrn Arnemann in Altona, 3 Fäßer mit Kleidungsstücken.
1851. März 21.: durch Denselbigen, 1 Faß mit wollenen Jacken, Strümpfen, Socken und einigen Kleidungsstücken.

11. Von einem Ungenannten in Schleswig:
1850. Decbr. 16.: 1 Päckel Wäsche und Socken.

12 Von G. F. Denker in Hamburg:
1850. Decbr. 17.: 1 Packen Kleidungsstücke.

13. Von der Damen-Committe in Altona:
1850. Decbr. 4.: Durch Herrn Arnemann, 1 Kiste und 1 Korb mit gebrauchten Kleidungsstücken.
— — Durch Herrn Paap, 3 Packen und 7 Kisten mit Kleidungsstücken.
— — Durch Herrn Wedekind, 1 Kiste mit do.
— — Durch Fräulein Lowzow, 7 Kisten und 1 Tonne mit gebr. Kleidungsstücken 2c.
— — 16.: Durch Fräulein Lowzow, 7 Säcke mit gebrauchten Kleidungsstücken.
— — 17.: Durch Herrn Wedekind, 1 Ballen Kleidungsstücke.
— — Durch Herrn A. F. Woldsen, 1 Kiste, 1 Korb und 2 Säcke Kleidungsstücke.
1851. Jan. 25.: Durch Herrn Woldsen, 1 Kiste und 1 Packen mit gebrauchten Kleidungsstücken.
— Febr. 12.: Durch Herrn A. F. Woldsen, 2 Fässer und 1 Packen mit Kleidungsstücken.
— Apr. 30.: Von Segeberg, 2 Tonnen mit Bettzeug.
— Mai 22.: Addr. Madame Ivers, 1 Tonne mit Bett- und Leinenzeug.

14. Von den Herren Linde, Brauer, Weber und Voigt zu Vorby:
1850. Decbr. 25.: 1 Päckel Leinenzeug.

15. Von Herrn H. L. Helmrich in Hamburg:
1851. Jan. 10.: 1 Päckel Kleidungsstücke.

16. Von Herrn Pastor Mannhardt in Danzig:
1851. Jan. 25.: 1 Schachtel Kleidungsstücke.

17. Von Fräulein Wilhelmine Meyer in Plön:
1851. Jan. 25.: 1 Päckel mit Kleidungsstücken.

18. Von Apotheker Hansens Wwe. zu Lügumkloster u. Madame Hinrichsen in Terp:
1851. Jan. 25.: Ein Sack mit Kleidungsstücken.

19. Von dem Apotheker Birckenstock in Gettorf:
1851. Febr. 13.: Ein Sack mit einigem Bettzeug und Strümpfen.

20. Von der Hülfscommittee in Rendsburg:
1851. Febr. 13.: Ein Päckel mit Kleidungsstücken,
— März 1.: Ein Par goldene Ohrringe,
— Apr. 14.: Ein Kiste und 1 Packet mit Kleidungsstücken, Bettzeug und Wäsche.

21. Von Herrn Pastor Eichner in Fahretoft:
1851. März 15.: Ein Sack mit gebrauchtem Leinenzeug.

22. Von dem Gutsverwalter Geisler zu Loitmark:
1851. Apr. 6.: 1 Päckel Strümpfe.

23. Von H. & A. Selke in Glückstadt:
1851. Apr. 14: Ein Päckel Kleidungsstücke,
— Mai 16.: Ein do. do.

24. Von einem Unbekannten in Altona, durch Schiffer Plump:
1851. Apr. 23.: 3 Säcke mit altem Bettzeug

25. Von einem Unbekannten in Altona, durch Schiffer Mohrdieck:
1851. Apr. 26.: Ein Packen Bettzeug.

26. Von Auguste Claussen:
1851. Apr. 26.: Ein Sack mit gebr. Kleidungsstücken, Wäsche und Fußzeug.

27. Von dem Pastor Hansen zu Rabenkirchen:
1851. Mai 12.: Ein Päckel Kleidungsstücke.

28. Von Hannchen Nathan in Rendsburg:
1851. Mai 24.: Ein Päckel mit Kleidungsstücken.

29. Von Caroline Vater in Jevenstedt:
1851. Juni 7.: 1 Korb mit gebrauchten Kleidungsstücken.

30. Von Otto Bartels in Carolinenkoog:
1851. Juni 7.: 1 Packen mit wollenen Strick- und Strümpfwaaren.

31. Von Hamburg an die Addr. von J. Graf:
1851. Juni 7.: 1 Päckel in Leinen mit gebrauchten Kleidungsstücken.

32. Von D. S. Goldschmidt in Hamburg:
1851. Novbr. 7.: 1 Kiste mit einem seidenen Vorhang vor einer Bundeslade, für die hiesige israelitische Gemeinde.

II. Ausgabe.

Von der Committee sind verausgabt:

		Ct. ₰	ß
1.	An 542 Familien und Personen, baar gegen Quittung vertheilt	61,021	14
2.	An die Husumer Hülfscommittee, zur Unterstützung und Unterhaltung dorthin geflüchteter, wie auch der im dortigen Civil-Lazareth verpflegten Kranken und verwundeten Friederichstädter, gesandt	4,293	9¼
3.	An permanenten Armenunterstützungen zur Unterhaltung der Armen der verschiedenen Gemeinden hieselbst und sonstige temporaire Ausgaben und Geldunterstützungen an Hülfsbedürftige, bis zum 1. October 1851	9,991	12¼
4.	An indirecten Unterstützungen:		
	1. Durch Arbeit und Beschäftigung der Brod- und arbeitslosen Einwohner beim Reinigen der Straßen und Brandplätze … 3042 ₰ 7½ ß		
	2. Für Fuhrleistungen deshalb … 1172 „ 14 „		
	3. Für Fuhrlohn in Committeeangelegenheiten, und Transport hülfsbedürftiger Familien mit ihren Effecten … 449 „ 13 „		
	4. Für Lebensmittel in den Tagen des Bombardements und Bekleidungsgegenstände … 636 „ ½ „		
	5. Für Auslagen an Porto und Fracht, der eingegangenen Gelder und der Sachen, Druckkosten, Copialien, so wie für Salarirung eines Schreibers, sind ausgegeben … 1134 „ — „	6,435	3
5.	Für Herstellung und Einrichtung von Wohnungen und Erbauung von Hülfswohnungen, zusammen	8,954	14¾
6.	Für allgemeine städtische Einrichtungen und Angelegenheiten, deren Ausführung im Interesse des Einzelnen wie zur Abhülfe des Nothstandes der Commüne unumgänglich nothwendig und erforderlich gewesen, sind ausgegeben	7,760	7¼
	Gesammt-Ausgabe	98,367	12½
	Die Einnahme beträgt	98,375	1
	und die Ausgabe	98,367	12½
	Befinden sich an Casse	7	4½

worüber eine spätere Abrechnung vorbehalten bleibt.

Die übrigen Gegenstände sind nach besten Ermessen an Beikommende vertheilt worden, und liegen die desfälligen Verzeichnisse und Nachweisungen hierüber, wie auch über die Vertheilung und Verwendung der Gelder, bei der Committe zur Einsicht für jeden Beikommenden, bereit.

Friedrichstadt, den 12. Mai 1853.

Die Central-Committee.

Joh. Friedr. Feddersen. H. B. Peters. C. A. Schnittger. F. C. Mayntzhusen. J. J. Schütt jun. J. J. v. d. Leck. P. Ivers. F. G. Stuhr.

Indem die Central-Commitee nunmehr vorstehende Rechnungsablage über bei derselben eingegangenen Gelder und Gaben und deren Verwendung der Oeffentlichkeit übergiebt, spricht sie nochmals schließlich gegen Alle, die dazu beitrugen, ihren herzlichen Dank aus, und gewiß werden die Bewohner Friedrichstadts es bereitwillig mit der Committee gestehen, daß diese Liebesgaben, obgleich sie bei der Größe des Schadens keinen wesentlichen Ersatz bieten konnten, doch manche Thräne gestillt, und manchen Kummer gemildert haben. — Besonders dankt die Committee auch allen Committeemitglieder in der Nähe und Ferne, die Beiträge gesammelt und sie ihr übermacht, nicht minder denjenigen, die in den Nachbarörtern derselben zur Abhülfe der Noth zur Seite standen.

Hat nun auch diese Rechnungsablage etwas auf sich warten lassen, so glaubt die Committee doch mit Grund darauf hinweisen zu können, wie die Stellung derselben eine ganz andere war, als dies gewöhnlich bei derartigen Committeen der Fall ist, indem dieselbe in der That alle Bedürfnisse einer zerstörten Commüne zu befriedigen hatte, d. h. das Armenwesen zu leiten, Häuser nothdürftig wieder einzurichten, für Arbeit der Leute zu sorgen, und überall nach allen Seiten hin, wo es erforderlich war, leitend und helfend aufzutreten.

Es wurden der Committee auch die Aufrechthaltung des Ganzen, weil darin eben das Wohl der einzelnen Mitglieder der Commüne mit einbegriffen ist, bei den bedeutenden durch den Magistrat überwiesenen Summen, dringend ans Herz gelegt, und glaubt dieselbe auch in dieser Beziehung, den, an sie gestellten Forderungen soweit es bei den damaligen zerrütteten Zuständen möglich war, nachgekommen zu sein.

Friedrichstadt, den 4. Juli 1853.

Die Central-Committee.

Joh Friedr. Feddersen. H. B. Peters. C. A. Schnitger. F. C. Mayntzhusen. J. J. Schütt jun. J. J. v. d. Leck, P. Ivers. F. G. Stuhr.

Rechnungslegung des Hilfskomitees vom 12. Mai 1853 über Einahmen (Geld- und Sachspenden) und Ausgaben – Beilage Nr. 157 der „Flensburger Zeitung“.

Bargeld war immer sehr willkommen. Damit konnten gezielt fehlende Dinge für die Notleidenden beschafft werden.

Ein Damencommittee in Lügumkloster schickte in bar	218 ℛ
Aus Christiansfeld sandte der Postmeister	45 "
Bürger aus Hadersleben und einige Landleute aus der Umgebung gaben	1900 "
und von Dienstmädchen aus Hadersleben trafen für verwundete oder ihrer Habseligeiten verlustig gegangene Friedrichstädter Dienstmädchen in schöner Solidarität ein: runde	50 "

Rührend ist ein Brief des früher in Friedrichstadt tätig gewesenen ev.- luth. Pastors Schetelig. Er schickte 15 ℛ 12 *ß*, die von kleinen Mädchen aus Glückstadt gesammelt und zu Weihnachtsgeschenken für Friedrichstädter Kinder bestimmt waren. Die mitfühlenden Mädchen von der Elbe scheinen sehr in Sorge gewesen zu sein, daß ihre Friedrichstädter Altersgenossen die Geschenke noch rechtzeitig zum Fest erhielten.

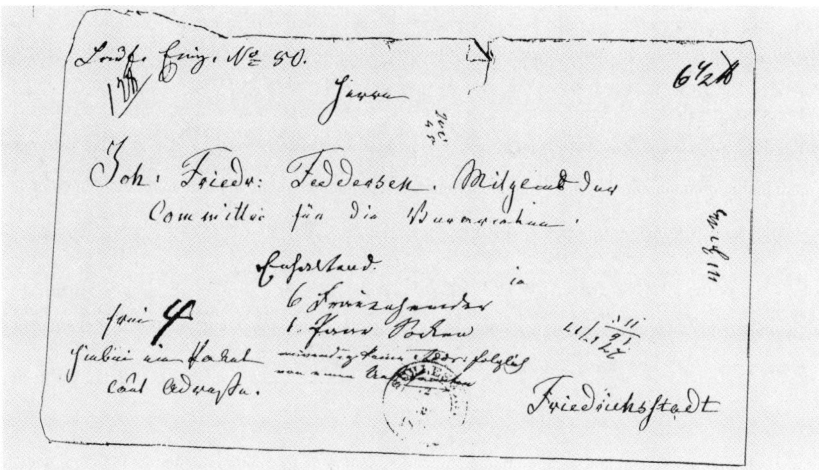

Begleitbrief zu einer Sachspende (6 Frauenhemden und 1 Paar Socken). Vermerk des Hilfskomitees auf dem Brief „inwendig keine Addr(esse) folglich von einem Unbekannten".

Eine Haussammlung im Kirchspiel Rieseby brachte 230 ℛ Court. ein. Nach dem Willen einiger Spender sollten ihre Gelder – das waren 34 ℛ 13 ß – „für die Dienstboten“ Verwendung finden. Die Herren des Kommitees bedankten sich, konnten aber Mitte Januar 1851 nicht ohne Stolz darauf hinweisen, daß die meisten hülfsbedürftigen Dienstboten, „welche sich bisher bei uns gemeldet haben, ihre volle Schadensangabe von uns ersetzt erhalten haben.“

Die anfänglich gehandhabte Verteilung von Lebensmitteln, wie es durch die erste Not geboten war, gab das Kommitee bald auf. Mit Bargeld war wirklich wirksamer zu helfen, zumal gegen Ende Oktober nach und nach wieder ausreichend Nahrungsmittel von Husum in die Stadt kamen und diese „zu moderaten Preisen“ zu erhalten waren.

Zu dieser Zeit trafen auch auf Umwegen, meist über Schleswig oder per Schiff über Husum Hilfssendungen aus Altona und Hamburg ein; besonders Kleidungsstücke wurden freudig begrüßt. Selbst ganz aus Leipzig traf eine Sendung, 159 Pfund schwer ein, ${}^{C}{}_{F}{}^{C}$ gekennzeichnet, welche enthielt:

26 Stück wollene Jacken,
33 Paar wollene Strümpfe,
222 Paar wollene Socken,
1 schwarze Hose,
1 Weste,
1 wollener Frauenrock,
1 lederne Unterhose,
1 baumwollene Decke.

Einige Sachspenden waren gezielt für bestimmte Personen und oder bestimmte Zwecke gedacht. J. und A. Selcke aus Glückstadt schickten u. a. 32 Ellen Halbleinen mit der Bitte, den Stoff nach Möglichkeit an Moses Nathan zum Wiederaufbau seines Hausierhandels auszuhändigen.

Schwierig wurde es, wenn wohlmeinende Verwandte Pakete an die ihnen bekannte Friedrichstädter Adresse im 1. Quartier Haus Nr. XY richteten und der Postbote dort nur eine Trümmerstätte vorfand. Das Hilfskommittee nahm sich auch dieser Sendungen an.

Nun war gewiß nicht jedes geschenkte Kleidungsstück brauchbar, manches vielleicht vom Geber in der Eile bei allen guten Vorsätzen nicht mit der erforderlichen Umsicht herausgesucht und hier und da einzelne Stücke wirklich unpassend verteilt worden. Jasper von Hahn, Capitain a. D. der Königlich Dänischen Westindischen Truppen, dessen Haus – das de Haen’sche am Fürstenburgwall – zerschossen war und der sich in Witzwort aufhielt, wies einen ihm zugedachten Frack brüsk zurück:

Unterzeichner würde ich im Falle der Noth lieber seine eigenen Kleider bis auf den letzten Faden aufschleißen, als das er abgenutzte Kleider als Geschenk annehmen sollte, ein Gefühl, was gewiß jeder Ehrenmann mit ihm teilt, und daher wird es ihm auch gewiß nicht verübelt werden, daß er den für ihn bestimmten Frack dahin retourniert, woher er ihm gekommen ist. Der Name des Gebers ist ihm durchaus unbekannt und ist daher außer Stande, ihm für seinen Mangel an Tact gebührend zu danken.

J. v. Hahn, Capitain a. D.

Die Herren des Zentralkomitees waren ob dieser Zuschrift recht verärgert. Sie sahen in der guten Absicht keine Taktlosigkeit.

Mit späteren Eingaben, wenn sie in gleichem Maße ohne Grund gereizte Stimmung bekunden, bitten wir Sie als Bildung beanspruchender Mensch unser so mühevolles und durch den beschränkten Verstand des Ungebildeten an Verdrießlichkeiten so reiches Geschäft nicht noch mehr zu erschweren, schrieben sie zurück.

Stadtsekretär Ketelsen bemühte sich immer wieder um Torf. Es gelang ihm, vom Bauernvogt in Horstedt 8400 Soden Torf zugesagt zu bekommen, es mangelte nur an Fuhrwerken. Da half wieder der alte, stets hilfsbereite Bürgermeister Schütt, der einen Wagen unentwegt fahren ließ. Torf und Kartoffeln, das waren zwei Artikel, die in dem kommenden Winter empfindlich fehlen würden. Ketelsen unterließ es nicht, deutlich darauf hinzuweisen ... doch er ließ keinen Zweifel daran, daß „eine gründliche Hülfe, um wieder ein ehemaliges Friedrichstadt zu schaffen" nur mit den bedeutendsten Geldbeträgen ermöglicht werden könnte.

Am Neujahrstage 1851 fand in den Kirchen der Propstei Eiderstedt eine Kollekte für die Unterstützung der hilfsbedürftigen Friedrichstädter statt. Ganze 90 Mark 5 1/2 Schilling kamen nur zusammen! Propst Heinsen übersandte die Summe ehrerbietigst und bat gleichzeitig, ein beigefügtes Verzeichnis über die Kollektengelder aus den einzelnen Kirchen „im Ditmarser und Eiderstedter Boten einrücken zu lassen, damit die Geber sehen, daß das Geld in die rechte Hände gekommen."

J. F. Feddersen und F. C. Mayntzhusen vom Komitee waren enttäuscht! Ihr Entwurf für ein Dankschreiben drückte ihre Stimmung deutlich aus. Im Namen ihrer „so hart geprüften Mitbrüder" machten Sie den Propsten voll Ironie darauf aufmerksam, daß sich in dem scheinbar nicht geöffneten Beutel ... in Wirklichkeit nur 89 Mark 5 Schilling befanden. Die anderen Mitglieder, J. J. Schütt jr., v. d. Leck und Peter Ivers unterzeichneten nicht; sie erreichten eine Neufassung des Briefes, in dem nur formell und höflich gedankt wurde.

Pastor Huß in Tetenbüll mag wohl ein ungutes Gefühl gehabt haben. Er sandte „eine Aufforderung" an seine Gemeindemitglieder in Osterhever. Das half! Am 12. Januar konnte er aus der nur kleinen Gemeinde 55 Mark 2 Schilling nach Friedrichstadt schicken.

Wie anders wird man dagegen von einem zu Herzen gehenden Brief des Mädchenlehrers Fries auf dem Bischofshofe in Schleswig berührt, dessen arme Kinder an einem Tage 16 ℳ 6 ß als „Nothschilling" aufbringen konnten, nachdem der Lehrer ihnen in der Religionsstunde die Not in Friedrichstadt nahe gebracht hatte.

Hin und wieder erklärten sich wohlmeinende Bürger im Lande bereit, ein „Patenkind“ aufzunehmen, wie Madame Tüchsen in Garding, die spontan schon am 6. Oktober 1850 um ein etwa 12 1/2 Jahre altes Mädchen zur „Erziehung und Verpflegung“ bat. Das Kommittee konnte ihr Anna Schenckenberg, die Tochter eines hiesigen Tischlers anvertrauen, während Lotte Schenckenberg, die Tochter des verstorbenen Controlleur-Capitains in Tönning mit der Empfehlung untergebracht wurde, sie sei eine geschickte Näherin und würde sich dort so nützlich wie möglich machen.

Der jüdische Lehrer J. A. Wagener schilderte seine traurige Lage und er hoffte für seinen „Nothruf“ auf ein „offenes Ohr“. In seinem langen Brief berührte er auch Probleme der israelitischen Gemeinde. Deshalb mag hier ein kurzer Auszug folgen:

„In der Nacht vom 1./2. Oktober flüchtete auch ich mit meiner Frau und sechs Kindern aus Friedrichstadt, unsere Habe zurücklassend, von welcher einen Theil zu retten in den folgenden zugänglichen Tagen ich so glücklich war. Ein großer Theil ist mir theils entwendet, theils durch Einsturz meiner Wohnung usw. zerstört worden. Ich war ferner so glücklich, in Witzwort bei H. Laß, Schwiegersohn des Pastors Uetsen, menschenfreundliche Aufnahme zu finden und habe dort 4 Wochen durch Hilfe der den Flüchtlingen verabreichten Victualien, beschränkt an sonstigen Mitteln, beschränkt durch Beachtung der israelitischen Speisegesetze pp ein höchst kärgliches Leben mit meiner Familie geführt. Und dennoch war meine Lage besser als jetzt! (= in Husum). Die Lieferung der Victualien aus Eiderstedt hörte gar bald auf; der mir eingeräumte Saal wurde meinem gedachten Wirt unentbehrlich – war auch nicht heizbar – zu einer anderen Wohnung war dort keine Aussicht. Daher zog ich am 24. v. M. hierher mit der tröstenden Aussicht, daß, da der größte Teil der israel. Einwohner Friedrichstadts mit 40 bis 50 schulpflichtigen Kindern hierselbst sich niedergelassen, alsbald von Seiten der Vorsteher resp. meines Schulcollegiums dafür gesorgt werde, den so lang entbehrten Schulunterricht für die israel. Jugend dahier wieder fortsetzen können, wie von den Betheiligten so mehrfach sehnlichst gewünscht und bis zum Eintreffen des H. Oberlehrers Gotthold, der nun auch hier wohnt, dahingestellt wird. Noch ist eben nichts geschehen und muß erst von den kommenden Tagen erwartet werden. Dabei ist aber der letzte Schilling aus meiner Tasche verschwunden, bin bereits in Schulden gerathen, mußte auch auf Rechnung des zu erwartenden Verlust-Ersatzes Vorschuß erbitten. Seit 5 Wochen habe ich mein kleines Baargehalt nicht ausgezahlt bekommen, muß mich nebst Familie mit leerer Hand beköstigen, kleiden pp. Und gebrauche überdies 3–4 Mark für Miethe und Feuerung wöchentlich. Woher nun ferner nehmen???

Deshalb wandte mich vorgestern an H. Meyer Mendel, welcher mich je-

doch abwies mit der Bemerkung: ,Die Vorsteher hätten, da die Schul- wie die Armengelder von der Gemeinde z. Z. nicht aufgebracht werden könnten, Einer löbl. Committe das Nöthige angezeigt'."

Das Komitee mußte es selbstverständlich ablehnen, für Lehrer und Kirchenbedienstete a l l e r fünf Religionsgemeinschaften Gehaltsvorschüsse zu zahlen; doch zum Unterhalt, zur Linderung der Not trug es bei. Im Falle der nach Husum geflohenen Juden bat das Friedrichstädter Zentralkomitee das Husumer Komitee, wöchentlich folgende gestaffelte Unterhaltsleistungen an die Betroffenen auszuzahlen:

an Lehrer:	Oberlehrer Gotthold	8 ℛ	
	Lehrer Graf	3 "	
	Lehrer Hagener	6 "	
	Küster und Kirchendiener J. A. Selig	3 "	
An Arme:	Abraham Salomon Wwe	2 "	5 ½ ß
	Hette Hirschel	2 "	
	Isaac Hirschel	2 "	
	Malchen Abraham	1 "	13 ½ "
	Jacob Moses Wwe	3 "	8
	Hannchen Noa	1 "	1 ½ "
	Esaias Moses	1 "	10
	Nathan Moses	8	
	J. B. Josias	1 "	12
	Schönchen Josias	1 "	1
	Simon Joseph	2 "	12
	ein uneheliches Kind von Frederich in Koldenbüttel	1 "	12

H. J. Schnack mit seiner Frau – „so alt und schwach wir Beide sind" – hatte sich unter Lebensgefahr nach Oldenswort durchgeschlagen. Dort fand er Arbeit als Bäckergeselle. Der karge Lohn reichte nicht für den Lebensunterhalt und die Wiederbeschaffung aller Kleidung und allen Hausrates.

In Friedrichstadt hatten die Eheleute Schnack ihr Leben lang niemals öffentliche Unterstützung erhalten. Es fiel ihnen sichtlich schwer, das Komitee um eine Hilfe zu bitten. Schnacks Ehefrau hatte schon in Friedrichstadt mit Handarbeiten und durch Hausieren den Lebensunterhalt mit verdienen geholfen. Das wollte sie nach ihrer Flucht auch von Oldenswort aus versuchen – „trotz vorgerückter Jahre und schwächlichen Körpers".

Das Komitee bewilligte ihr 15 Mark Vorschuß zur Wiederaufnahme ihrer Tätigkeit „in alter Weise".

In unserer Stadt selbst hatte der Magistrat einige wenige Notunterkünfte aus Holz – roh gezimmert – errichten lassen. Das Hohe Kgl. Dänische Generalkommando hatte Barackenmaterialien dafür zur Verfügung gestellt. Elf Familien fanden darin eine vorübergehende, primitive Bleibe. Diese Familien mögen gewisse Unannehmlichkeiten gern in Kauf genommen haben, wenn sie nur am Ort wohnen bleiben konnten. Im Februar 1853 waren die meisten zerstörten Häuser wieder aufgebaut oder repariert. Ein deutlich spürbarer Mangel an Wohnungen war nicht mehr vorhanden. Das Komittee bat den Magistrat, die in den Notwohnungen untergebrachten Familien zum 1. Mai zum Auszug zu veranlassen oder genauer gesagt: „... den Befehl beizulegen, selbige bis zum 1. Mai d. J. zu räumen, und sich wieder in den ordentlichen Wohnungen der Stadt Wohnung und Unterkommen zu suchen."

Bis Ende Januar 1851 waren für die erste Hilfe, für die Linderung der drückendsten Not gegen 29.000 Mark neben den vielen Sachspenden verfügbar.

Daß der Transfer des Geldes so schnell und reibungslos vor sich gehen konnte, wo doch die Kommunikation mit der Stadt durch die schleswig-holsteinischen Truppen von Süden her immer noch unterbrochen wurde, war in erster Linie den Handels- und Bankverbindungen der Friedrichstädter Häuser Schütt und Stuhr zu verdanken.

Grab von Oberst Hans Helgesen in dem Grabhügel der dänischen Offiziere auf dem Alten Friedhof in Flensburg zwischen „Reepschläger-Bahn" und „Stuhrs Allee". Foto: Gerd Stolz, Kiel

Die Heider Commune z. B. konnte 3.200 ℛ, die Heider Liedertafel 200 ℛ über die Firma Berend Roosen in Hamburg in wenigen Tagen an J. J. Schütt bargeldlos anweisen und damit dem Komitee schon im Dezember 1850 verfügbar machen.

Hilfsgelder gingen noch im April 1852 in beachtlicher Höhe ein. Aus Altona kamen

500 Mark in Kassenanweisungen und

1500 Mark in einem beigefügten Beutel in klingender Courantmünze.

Auch dafür hatte das Komitee gute Verwendung.

Ein Brief aus Altona führte den Männern vom Friedrichstädter Komitee erneut vor Augen, daß einige ihrer Bedürftigen auf eigene Faust versuchten, die Hilfsgemeinschaften in anderen Städten des Landes um Unterstützung zu bitten, um so – nach Möglichkeit – mehrfach zu kassieren. Energisch wandten sich die Friedrichstädter gegen ein solches nach ihrer Auffassung unredliches Vorgehen. Schneidermeister Möller und Rademacher Vaupel waren besonders unangenehm aufgefallen. Ihre Verluste waren weit weniger schlimm, und es sei

> *„gewiß tief zu beklagen, daß diese Leute, und namentlich dieser Vaupel, im Lande umherreisen und das allgemeine Mitleiden mit den Bewohnern Friedrichstadts sich zu Nutzen zu machen suchen."*

Bermann Lazarus war ganz nach Apenrade geflohen, in eine Stadt, die er von seiner Hausiertätigkeit kannte.

Dort gab man ihm von den gesammelten Hilfsgeldern zehn Taler und schickte seine Quittung zur Abrechnung nach Friedrichstadt.

Reflexionen über den Kampf um Friedrichstadt

Inge Adriansen, Ph. D.

Der Kampf um Friedrichstadt gibt Anlaß zu einigen Gedanken über Wesen und Wirkung des Krieges, die nicht nur für Belagerung und Bombardierung der westschleswigschen Stadt im Oktober 1850 gelten, sondern auch eine gewisse Gültigkeit für spätere Kriege haben können.

Der Beschluß zu militärischen Aktionen geschieht oft aus politischen Überlegungen ohne strategische Rücksichten

Nach der Schlacht bei Idstedt am 25. Juli 1850 zog sich das schleswig-holsteinische Heer nach Holstein zurück und das dänische Heer konnte in das südliche Schleswig vorrücken. Das dänische Oberkommando befahl am 5. August, daß eine Reihe befestigter Stellungen in dem südwestlichen Schleswig eingenommen werden sollte. Unter der Leitung von Oberstleutnant Hans Helgesen wurde Friedrichstadt also am 7. August nach nur einer Stunde Kampf von dänischen Truppen eingenommen. Helgesen ließ die dänischen Ingenieurtruppen sofort Verteidigunglinien quer über die drei östlichen Einfallsstraßen zur Stadt anlegen, also von dem Eiderdeich,dem Treenedeich und der Rendsburger Chaussee. Gegen Westen, von wo ein Angriff weniger wahrscheinlich war, wurde eine Schanze rund um eine abgebrannte Mühle angelegt und dabei benutzte das dänische Militär zu großen Teilen die von den Schleswig-Holsteinern angelegten Verschanzungen. Friedrichstadt lag am westlichen Flügel der Danewerk-Stellung, aber das dänische Oberkommando rechnete nicht mit einem Angriff an dieser Stelle und die militärische Stärke war deshalb verhältnismäßig bescheiden; sie bestand bis zum 1. Oktober 1850 aus 7 Kompanien.

Im September 1850 wurde die schleswig-holsteinische Regierung ungeduldig. Am Kriegsschauplatz rührte sich nichts, aber die Regierung brauchte unbedingt einen soliden Sieg, bevor die Großmächte eingreifen und den Krieg beenden würden. Der Oberkommandierende der schleswig-holsteinischen Streitkräfte, der frühere preußische General v. Willisen, mußte weitreichende Rücksichten nehmen auf die Wünsche der Regierung, die sich in die Kriegsführung einmischte. Am 12. September 1850 ließ er deshalb die dänische Stellung bei Missunde angreifen. Sein Plan sah vor, daß die schleswig-holsteinischen Truppen, wenn der Angriff glückte, nach Flensburg vorrücken sollten und die dänischen Truppen sich in diesem Fall sofort von der Danewerk-Stellung zurückziehen müßten. Aber der Kampf endete mit bedeutenden Verlusten auf beiden Seiten und konnte in keinem Fall als Sieg für Schleswig-Holstein angesehen werden.

Der mißglückte Angriff gegen Missunde machte die schleswig-holsteinische Regierung noch ungeduldiger. Am 20. September 1850 verlangte sie, daß Willisen seine Angriffspläne darlegen sollte. Gleichzeitig wurde er aufgefordert, die dänischen Truppen viel stärker anzugreifen als bisher. Als Willisen diese nachdrückliche Aufforderung erhalten hatte, rief er seine höchsten Offiziere zu einem Kriegsrat zusammen. Zwar überlegten sie die Möglichkeit eines Sturmes auf Friedrichstadt, beurteilten diese Aktion aber als zu risikoreich. Willisen stimmte dieser Beurteilung zu[1], jedoch entgegen seiner eignen Überzeugung teilte er seiner Regierung mit, daß er ihrer Aufforderung folgen werde, und das Ziel sei Friedrichstadt. Dieser Angriff wurde am 28. September 1850 begonnen.

Auch auf der dänischen Seite gab es Politiker, die sich in die Kriegsführung einmischten. Kriegminister Hansen war unzufrieden mit dem, was er als „die Untätigkeit des Heeres" bezeichnete, und er argumentierte sehr heftig im Staatsrat, dem dänischen Oberkommando zu erlauben, die Eider zu überqueren und in Holstein einzurücken, wenn es aus militärischen Gründen notwendig werden sollte. Dieser Staatsratsbeschluß wurde dem dänischen Oberkommendo übersandt mit dem Zusatz des Kriegsministers, daß man eine Expedition nach Heiligenhafen in Holstein vornehmen sollte. Das Oberkommando überhörte jedoch den Vorschlag des Kriegsministers, in Holstein einzudringen. Beide Heere standen somit unter dem Druck ihrer Politiker, die sich Angriffe und Siege wünschten.

Technische und mannschaftsmäßige Überlegenheit sind durchaus nicht entscheidend

Am 28. September 1850 zogen die schleswig-holsteinischen Truppen gegen Friedrichstadt und begannen schon am nächsten Tag mit dem Bombardement. Helgesen forderte sofort vom dänischen Oberkommando Verstärkung an, und am 1. Oktober trafen noch 6 Kompanien ein, um die vorhandenen 6 zu unterstützen. Die Stellung war nun folgendermaßen[2]: die schleswig-holsteinischen Truppen in Stapelholm und südlich der Eider bestanden aus 9000 Mann und waren mit 50 Geschützen und 4 Kanonenbooten ausgerüstet. Die dänischen Truppen in dem eingeschlossenen Friedrichstadt bestanden aus 2800 Mann und waren mit 8 Feldkanonen und 13 Espingolen ausgerüstet.

Es gab also eine klare Überlegenheit sowohl mannschaftmäßig als auch technologisch auf Seiten der Belagerer. Doch dieser Vorteil konnte wegen der schwierigen Landschaft mit tiefen breiten Gräben, zahlreichen Deichen und der klebrigen Marscherde nicht voll ausgenutzt werden.

Für die Zivilbevölkerung können Freunde und Feinde gleich schlimm sein

Die Einwohner Friedrichstadts waren fast alle schlewig-holsteinisch gesonnen, und sie hatten mit Traurigkeit, doch ohne Widerstand die Besetzung ihrer Stadt im August erlebt. Jedoch einige Wochen später lernten sie wahrhaftig die Grauen des Krieges kennen. Am 29. September eröffnete die schleswig-holsteinische Artillerie das Feuer gegen Friedrichstadt, und die Stadt brannte an mehreren Stellen. Alles wurde schnell von den Flammen der brennenden Häuser überzogen. Der größte Teil der Bevölkerung wollte die Stadt sofort verlassen, doch Helgesen erlaubte es nur Frauen und Kindern. Die männliche Bevölkerung mußte bleiben, um das Feuer zu löschen. Wenn alle gleichzeitig flüchteten, wäre außerdem die Gefahr der Plünderung sowohl von Seiten der verbliebenen Einwohner als auch von Seiten der dänischen Verteidiger zu groß gewesen.

Es ist ein Alptraum, in einer Stadt zu wohnen, die von Artillerie beschossen wird, und für die Friedrichstädter mischte sich zu der Angst noch das Unbehagen, sozusagen von den „eigenen Truppen“ beschossen zu werden. Die zivile Obrigkeit der Stadt bat deshalb Helgesen um die Erlaubnis, ein Schreiben an den Oberkommandierenden der Schleswig-Holsteiner zu schicken, in dem sie sich über die Beschießung beklagte. Sie erhielt die Erlaubnis und am folgenden Tag, dem 1. Oktober 1850, wurde ein Brief an General v. Willisen dem schleswig-holsteinischen Kontrollposten übergeben. Darin stand: „Der Magistrat der Stadt Friedrichstadt unterrichtet Sie hiermit, daß bei der stattgefundenen Bombardierung mehr Einwohner der Stadt verletzt und getötet wurden als dänische Soldaten. Der Magistrat appeliert an Ihr Gewissen und fragt Sie, ob Sie die Verantwortung für die Vernichtung der Stadt übernehmen können[3].”

Willisen beantwortete natürlich den Brief nicht und verstärkte in den folgenden Tagen die Beschießung. Jetzt erst wurde allen Zivilisten erlaubt, die Stadt zu verlassen und der größte Teil ergriff die Chance, sein Leben zu retten. Am 4. Oktober war Friedrichstadt ohne Bevölkerung. Der Versuch, die Stadt zu befreien, hatte alle Einwohner in die Flucht getrieben.

Nachdem der Versuch, die Stadt im Sturmangriff zu erobern, mißglückt war, konnten die Bürger nach Friedrichstadt zurückkehren. Zu ihrem Kummer mußten sie erfahren, daß sowohl ihre Stadt wie auch die nächste Umgebung so gut wie vollständig zerstört waren. Nur drei Gebäude waren unbeschädigt, 137 Häuser waren vollständig niedergebrannt und 285 Häuser waren stark beschädigt. In der nächsten Umgebung waren 9 abgebrannte und

12 beschädigte Häuser und Höfe. Die zivilen Verluste wurden nie ganz geklärt, aber es gab mindestens 31 Tote und Verletzte.[4] Die einst so schöne Stadt lag in Ruinen, und die Not war groß.

Sowohl auf dänischer wie auf schleswig-holsteinischer Seite gab es sofort Geldsammlungen, um das Notwendigste vor Einbruch des Winters zu beschaffen. Die eigentliche Erstattung der Kriegsschäden wurde erst $2^1/_4$ Jahr später ausbezahlt. Im Januar 1853 bestimmte der dänische Staatsrat, eine Erstattung für die Kriegsschäden im Herzogtum Schleswig zu leisten. Nordschleswig samt Flensburg und Angeln wurden 131000 Reichstaler zugeteilt für den entstandenen Schaden in den drei Kriegsjahren 1848 – 50. Außerdem gab es eine Sonderbewilligung von 100.000 Reichstalern für Friedrichstadt für die Schäden des Kampfes im Oktober 1850. Wieviel aber die notleidenden Bürger der Stadt von diesem Geld erhielten, ist ungewiß. Zu beiden Bewilligungen gab es nämlich einige Bedingungen. Es wurde nämlich nur eine Entschädigung gezahlt an solche Einwohner, die nicht auf irgendeine Art an der Erhebung teilgenommen hatten, indem sie zum Beispiel Waffen gegen seine Majestät geführt, ohne besonderen Zwang Steuern an Regierungen der schleswig-holsteinischen Erhebung gezahlt oder die Erhebung mit anderen ungesetzlichen Handlungen wie z. B. Teilnahme an der Landesversammlung in Kiel oder Nationalversammlung in Frankfurt unterstützt hatten.[5] Ein bedeutender Teil der Bürger Friedrichstadts muß unter diese Ausnahmebestimmungen gefallen sein.

In der Wirklichkeit des Krieges liegt die Barbarei direkt unter der Oberfläche

Wie schon gesagt, verbot Helgesen, daß alle Einwohner bei Beginn des Bombardements am 29. September aus der Stadt flüchteten. Er wußte, daß es unmöglich wäre, Plünderungen in Wohnungen und Geschäften zu verhindern. Doch ein paar Tage später mußte Helgesen – auf dringende Bitte der Einwohner – erlauben, die belagerte und zerschossene Stadt zu verlassen. Damit war der Schutz aufgegeben, und die Häuser der Stadt konnten von den Verteidigern der Stadt geplündert werden. Der dänische Militärpfarrer Erik Høyer Møller, der sich in Friedrichstadt während der Belagerung aufhielt, schilderte, wie sich einige der dänischen Soldaten in den verlassenen Häusern eindeckten. Der Pfarrer war sehr beschämt über „Episoden“ dieser Art:

„Es ist ein trauriger Anblick anzusehen, daß ein Soldat, der dem Tod so nahe ist, zu einem Dieb wird, indem er sich in ein Haus einschleicht und beladen herauskommt; wie er im schlimmsten Bombenhagel, wo die nächste Sekunde ihn vor seinen Richter rufen konnte, sich an fremdem Eigentum vergreift, da er jedoch im nächsten Augenblick fallen könnte, aber nicht auf dem Feld der Ehre.

Als der bitterste Tag, den ich erlebt habe, ist für mich in Erinnerung, als zwei Gefallene hereingebracht wurden: der eine war ein Soldat, in dessen Tornister das silberne Wappen der Schützengilde lag, der andere war ein kleiner Hornbläser, bei dem man einen weißen Zuckerhut fand. Es wäre für Helgesen vollkommen unmöglich gewesen, solches zu verhindern. Alle Türen standen ja offen, die Geschäfte waren verlassen, die Zimmer waren voll möbliert. Es sei doch besser, jemand hätte noch was davon, als daß das Feuer alles verzehre, so wurde argumentiert. Eines Tages kam Helgesen die Straße herunter und traf einen Soldaten mit einem großen Paket. Er fuhr ihn an: ‚Mußt du gerade vor dem Kommandanten herumlaufen? Kannst du nicht durch eine andere Straße gehen?' Es gibt natürlich auch unter solchen Verhältnissen Menschen, die das Böse scheuen und an solchen Handlungen nicht teilnehmen."[6]

In der zeitgenössischen Literatur zum Dreijahreskrieg sind Schilderungen von Plünderungen sehr selten. In der Fachliteratur wird auf dieses Problem gar nicht eingegangen und in den bekannten Schilderungen ein ganz anderes Bild von den tapferen Verteidigern Friedrichstadts gezeichnet.[7] Typisch für dieses Bild ist eine Lithographie nach einer Zeichnung von Niels Simonsen. Es zeigt dänische Soldaten, die fürsorglich eine Familie aus einem brennenden Haus retten, während eine qualmende Bombe die ganze Rettungsaktion in die Luft zu sprengen droht. Hilfsaktionen dieser Art gab es sicherlich, aber sie waren nicht die ganze Wahrheit.

„Scene i Frederiksstad". Lithographie nach einer Zeichnng von Niels Simonsen aus dem Jahre 1850. Zwei dänische Soldaten helfen Einwohnern Friedrichstadts bei der Rettung aus einem zerstörten Haus.

Die Opfer des Krieges werden schnell vergessen

Schilderungen über Lazarette und Beerdigungen sind nicht häufig in der kriegshistorischen Literatur, obwohl beide ins Bild eines jeden Krieges gehören. Von dem Kampf um Friedrichstadt hat Høyer Møller einige Jahre nach dem Krieg glaubwürdige und ins Einzelne gehende Schilderungen von den Zuständen in den Lazaretten und bei den Beerdigungen gegeben, die er in Friedrichstadt erlebt hat. Als am 30. September 1850 die Beschießung begann, konnte er es nicht aushalten, als Militärpfarrer untätig zuzusehen, da ein entscheidender Kampf ausgefochten wurde. Er hatte keine Zweifel, daß sein Platz bei den Verletzten und Toten sein mußte:

„Es war kein angenehmer Anblick, der sich mir bot, als ich durch die Tür des Lazarettes trat.Die breiten Fliesen des kleinen Windfanges waren rot und glatt von Blut. Im gleichen Augenblick fiel eine Bombe vor der Tür, und ich wollte zur Seite springen, doch ich rutschte aus und fiel hin. Im Hintergrund lagen fünf Leichen auf dem Rücken, die ersten Gefallenen.

Das Lazarett war sehr klein, 4-5 Zimmer, wobei nur in zwei Zimmern Betten standen, während das dritte mit Stroh ausgelegt war, damit die Verwundeten vor und nach dem Verbinden hierher gebracht werden konnten. Es gab keinen Platz, wo man keine Schreie und Klagen hören konnte und man hätte es nicht aushalten können, wenn nicht jeder Augenblick uns ganz gefordert hätte. – Es war wie an einem Erntetag im größten Trubel, wenn der eine Wagen kommt, gefüllt mit Ähren und der andere fährt leer weg, um wieder gefüllt zu werden. Aber das, was der Wagen brachte, waren Menschen, Lebende und Tote durcheinander. Hier war genug zu tun. Niemand war sich zu gut zu helfen, sie so vorsichtig wie möglich vom Wagen zu holen und, wenn sie verbunden waren, sie wieder auf Stroh in den Wagen zu legen. Es herrschte eine unsagbare Spannung, wenn ein Wagen vom Kampfplatz kam und vor der Tür hielt. Man wußte nie, ob man es wagen sollte, hinzusehen. Es hätte ja leicht einer dabeisein können, den man kannte und liebte. Man fühlte sich erleichtert, wenn der Wagen leer war, aber – bald würden andere Wagen folgen mit neuen Verwundeten und Toten ...“[8]

Als Militärpfarrer war Høyer Møller verantwortlich für die Beerdigung der militärischen Opfer, in besonderen Fällen jedoch, wenn beispielsweise der örtliche Pfarrer geflüchtet war, mußte auch der Militärpfarrer bei zivilen Beerdigungen mitwirken. Üblicherweise hätte man die zwei Gruppen von Toten getrennt begraben, doch dies geschah nicht nach dem Sturm auf Friedrichstadt. Hier wählte man ein großes Massengrab für Zivilpersonen und Soldaten.

„Eine Beerdigung dieser Art kann unheimlich sein. Etwas vom Schlimmsten, das ich erlebt habe, geschah am 7. Oktober 1850, nachdem der Sturm auf Friedrichstadt abgeschlagen worden war. Diejenigen, die in den ersten Tagen gefallen waren, 59 an der Zahl, waren in der Nacht auf dem Friedhof der Lutherischen Kirche beigesetzt worden. Die Gefallenen aus den Sturmtagen waren noch übrig. Sie waren zusammengesammelt worden: Soldaten und Zivilpersonen, Männer und Frauen, vom Schlachtfeld und aus den Häusern, gefunden im Fluß oder in den tiefen Wassergräben. Sie waren auf dem Fußboden einer Dorfkirche aufgereiht, zusammen 104. Die Verhältnisse waren nicht so, daß Särge beschafft werden konnten. Mit viel Mühe wurde das große tiefe Grab in die zähe Erde gegraben und erst im Morgengrauen war es fertig, und man konnte damit beginnen, die Toten hinauszutragen. Zwei Männer, einer beim Kopf und einer an den Füßen, trugen jede Leiche hinaus und legten sie auf den Rücken in das Grab. Wenn die Reihe voll war, wurden die Nächsten obendrauf gelegt. Es dauerte lange, und um zu verhindern, daß die Totengräber bei ihrer Arbeit gestört wurden, war der Zugang zum Friedhof für die Bevölkerung gesperrt. Nur an der Kirchentür stand der Kirchendiener, um jede Leiche anzusehen, die die Uniform des Feindes trug, um herauszufinden, ob er ihn möglicherweise kannte.Wir hatten schon mehr als die Hälfte, als die Träger mit einem sehr jungen Menschen hinzutraten, der Kirchendiener beugte sich über ihn und schrie auf: ‚Oh! Das ist mein einziger Sohn! –‘ Obwohl Mitleid nicht gerade das Gefühl war, das in diesen Tagen überwog, wurden wir doch alle ergriffen von dem Schmerz des armen Vaters. Er bat, die Leiche mit nach Hause nehmen zu dürfen, um seinen Sohn selbst zu beerdigen. Dieser Wunsch wurde ihm erfüllt. Es wurde dann weiter hinausgetragen und endlich, als die Dunkelheit hereinbrach, traten wir hin zum Grab.

Es war nicht das erste Mal, daß ich Erde auf Leichen ohne Särge warf, aber es war das einzige Mal, daß die Leichen auf dem Rücken lagen, also mit dem Gesicht mir zugewandt. Ich begann zu sprechen. Aber je länger ich sprach, desto lebendiger wurden sie und eine Angst durchfuhr mich, daß hier vielleicht noch einige am Leben sein könnten. Besonders eine alte Frau, die gerade vor meinen Füßen lag, sah mit ihrem ernsten runzlichen Gesicht aus, als ob sie sich jeden Augenblick erheben wollte, vermutlich, weil sie mir am nächsten lag oder, weil sie am wenigsten von allen hierhin gehörte.

Dann sollte ich Erde auf die Leichen werfen. Es war ja unmöglich, auf jede einzelne Leiche drei Schaufeln Erde zu werfen. Ich entschloß mich dazu, um das Grab zu gehen und an vier Stellen, von jeder Seite einmal, Erde zu werfen. Doch gerade dies erhöhte noch den Grad des Unheimlichen. Da es keinen Grabspaten gab, mußte ich einen gewöhnlichen Spaten nehmen, einen mit dem das Grab ausgehoben wurde und den ich nicht benutzen konnte, ohne beide Hände zu gebrauchen. Es zeigte sich jetzt auch, daß es gar keine lose Erde gab, sondern nur zähe Kleierde, die sich am Spaten festsetzte und von dem man sie nur lösen konnte, wenn man mit großer Kraft den Lehm auf die Leichen schleuderte, deren Brust davon widerhallte. In der Dunkelheit verrichteten wir unsere stillen Gebete, das Grab wurde zugeschüttet, jeder ging nach Hause.“[9]

Ein Held wird man oft durch Zufall

Oberstleutnant Hans Helgesen wurde nach seinem Einsatz bei der Verteidigung von Friedrichstadt in Dänemark als Held gefeiert. Seine Leistung wird in einem der anerkannten Werke beschrieben als „eine der schönsten Taten in der dänischen Kriegsgeschichte. Es ist hauptsächlich das Verdienst seines mannhaften Auftretens, daß der Hauptsturm am 4. Oktober abgeschlagen wurde.“[10] Helgesens persönlicher Mut und sein großer persönlicher Einsatz, nicht zuletzt seine steten Ermunterungen an die dänischen Truppen halfen ohne Zweifel, aber sein dänischer Heldenstatus war doch ein Zufall.

Helgesen war Berufssoldat, der in einer Reihe verschiedener Heere gedient hatte. Er wurde 1793 in Norwegen geboren und 1811 im norwegischen Militärinstitut ausgebildet. Er nahm am Feldzug gegen Schweden 1813–14 teil und verließ das norwegische Heer, nachdem der schwedische König norwegischer Regent wurde. Zusammen mit zwei seiner norwegischen Offizierskameraden, Olaf Rye und F. A. Schleppegrell, reiste er nach Dänemark. Sein Plan war, in das russische Heer aufgenommen zu werden, aber Frederik VI. riet ihm, lieber in dem preußischen Heer zu dienen. Helgesen wurde in Bülows Heer angestellt und nahm an den letzten Schlachten der napoleonischen Kriege teil, unter anderem an der Schlacht von Waterloo im Jahre 1815. Danach diente er ein paar Jahre in „Det danske Auxiliarkorps“ in Frankreich. 1818 verließ er das dänische Heer, heiratete in Frankreich und ernährte sich in den folgenden 30 Jahren als umherziehender Offizier und Pferdehändler. Helgesen kämpfte auf den Barrikaden in Paris gegen die Bourbonen in der Julirevolution von 1830 und wurde danach einige Jahre Offizier in der französischen Nationalgarde. 1840 kehrte er nach Dänemark zurück und bekam, man weiß eigentlich nicht wofür, eine kleine Pension von Christian VIII.[11]

Helgesen ließ sich nun in Stapelholm im südwestlichen Schleswig nieder, wo er sich mit Jagd, Fischerei und Vogelfang ernährte. Seine Sympathie für die Demokratie und das Feuer seines revolutionären Geistes, das ihn in die Kämpfe 1813–14 und 1830 führte, wurde wieder bei der schleswig-holsteinischen Erhebung in März 1848 entfacht. Helgesen wandte sich sofort an den Prinzen von Noer und bot ihm seine Dienste und seine große militärische Erfahrung für das schleswig-holsteinische Heer an. Prinz Friedrich jedoch zögerte, diese vollbärtige, unmöglich gekleidete Person mit ihrem ungewöhnlichen Auftreten einzustellen. Er schickte ihn weiter zum schleswig-holsteinischen Kriegsminister, der sich ebenfalls weigerte, Helgesen einzustellen, ihm jedoch eine Antwort auf sein Gesuch im Laufe weniger Tage versprach. Noch bevor die Antwort eintraf, erfuhr Helgesen, daß Rye und Schleppegrell im Krieg auf dänischer Seite teilnahmen. Er beschloß, es ihnen gleichzutun, und reiste sofort nach Kopenhagen, wo er von dem dänischen Kriegsminister freundlicher als von den Schleswig-Holsteinern empfangen wurde. Helgesen wurde in das dänische Heer aufgenommen und erhielt den Dienstrang eines Hauptmanns.

Es ist somit ein Zufall, daß der spätere Held von Friedrichstadt nicht Offizier im schleswig-holsteinischen Heer war. Aber über diese Erkenntnis sah man damals schnell hinweg – nicht zuletzt Helgesen selbst. Nach Ende des Krieges wurde er Kommandant in Schleswig und von 1852 in Rendsburg. In beiden Orten behandelte Helgesen den schleswig-holsteinischen Teil der Bevölkerung mit großer Strenge.[12]

Mißglückte Angriffe und Niederlagen können leicht als Ruhmestaten umgedeutet werden

General v. Willisen befahl, wie schon gesagt, den Sturm auf Friedrichstadt gegen den Widerstand der führenden Offiziere im schleswig-holsteinischen Heer. Er wollte gerne die Wünsche der Politiker erfüllen, die einen ehrenvollen Einsatz der schleswig-holsteinischen Truppen forderten. Der mißglückte Angriff wog deshalb für Willisen schwer, denn er fürchtete um seine eigene Stellung als kommandierender General. Es war deshalb ungeheuer wichtig für ihn, den fehlgeschlagenen Eroberungsversuch nicht nur als ehrsam, sondern sogar als ehrenvoll aussehen zu lassen. Er mußte schnell handeln, damit die richtige Auslegung der Ereignisse veröffentlicht werden konnte. Dies schaffte er mit seinem Armeebefehl, den er vom Hauptquartier in Rendsburg am 6. Oktober 1850 ausgab. Das Schreiben ist ein hervorragendes Beispiel dafür, wie ein mißglückter Angriff mit besonders positiven Wendungen umgedeutet werden kann:

„Die Tage vor Friedrichstadt sind nicht glücklich gewesen, aber sind Ehrentage für die Armee geworden. Der Sturm am 4. auf den von Natur und Kunst gleich festen Platz ist eine so schöne Waffentat, wie irgend eine Armee sie aufzuweisen hat. Alle Waffen haben ihre Pflicht getan. Der Oberst von der Tann hat das ganze Unternehmen mit gewohnter Tätigkeit und mit kühlem Unternehmungsgeist geleitet. Das erste Jägerkorps hat seinen alten Ruhm bewährt, das 11. und 15. Bataillon haben sich ruhmvoll benommen, das 6. Bataillon aber hat zwei Dritttteile seiner Offiziere auf dem Platze gelassen. Das Bataillon darf mit Stolz den Namen ‚Friedrichstadt‘ in seine Fahnen schreiben. Die Artillerie hat sich, wie immer, ausgezeichnet betragen. Die schwierigen Einleitungen, durch das sehr schlechte Wetter ungeheuer erschwert, sind von ihr mit der größten Umsicht angeordnet und mit größter Standhaftigkeit durchgeführt worden. Die Pioniere sind vor keiner Schwierigkeit zurückgetreten. Nur unübersteigbare Hindernisse konnten solcher Tapferkeit Schranken setzen. Zum zweiten Mal haben wir versucht, durch weitliegende gewagte Unternehmungen den Feind zum gleichen Kampfe aufs freie Feld

Armee-Befehl No 256.

Hauptquartier Rendsburg, den 6ten October 1850

An die Armee.

Die Tage vor Friedrichstadt sind nicht glücklich gewesen,
aber sie sind Ehrentage für die Armee geworden. Der
Sturm am 4ten auf den von Natur und Kunst gleich festen
Platz ist eine so schöne Waffenthat, wie irgend eine Armee
sie aufzuweisen hat. Alle Waffen haben ihre Pflicht gethan.
Der Oberst v. d. Tann hat das ganze Unternehmen mit ge-
schickter Thätigkeit und mit kühnem Unternehmungsgeist geleitet. Das 1ste Jägercorps hat seinen alten Ruhm bewährt, das
11te und 15te Bataillon haben sich ruhmvoll benommen; das
6te Bataillon aber hat zwei Drittheile seiner Offiziere auf
dem Platze gelassen. Das Bataillon darf mit Stolz den
Namen „Friedrichstadt" in seine Fahnen schreiben. Die
Artillerie hat sich, wie immer, ausgezeichnet betragen. Die
schwierigen Einleitungen, durch das sehr schlechte Wetter ungeheuer erschwert, sind von ihr mit der größten Umsicht angeordnet
und mit größter Standhaftigkeit durchgeführt worden. Die Pioniere sind vor keiner Schwierigkeit zurückgetreten. Nur unübersteigliche Hindernisse konnten solcher Tapferkeit Schranken setzen.
Zum zweiten Male haben wir versucht, durch weitliegende,
gewagte Unternehmungen, den Feind zum gleichen Kampfe
aufs freie Feld heraus zu locken; es hat auch diesmal
nicht gelingen wollen. Wir müssen, so scheint es, ferner Geduld haben. Durch das Aufgeben des Angriffs ist
gegen die frühere Lage Nichts verloren. Unser Verlust
ist sehr schmerzlich, aber das Selbstgefühl der Armee kann
nur zunehmen dadurch, dass sie auch vor solchen schweren und

ge-

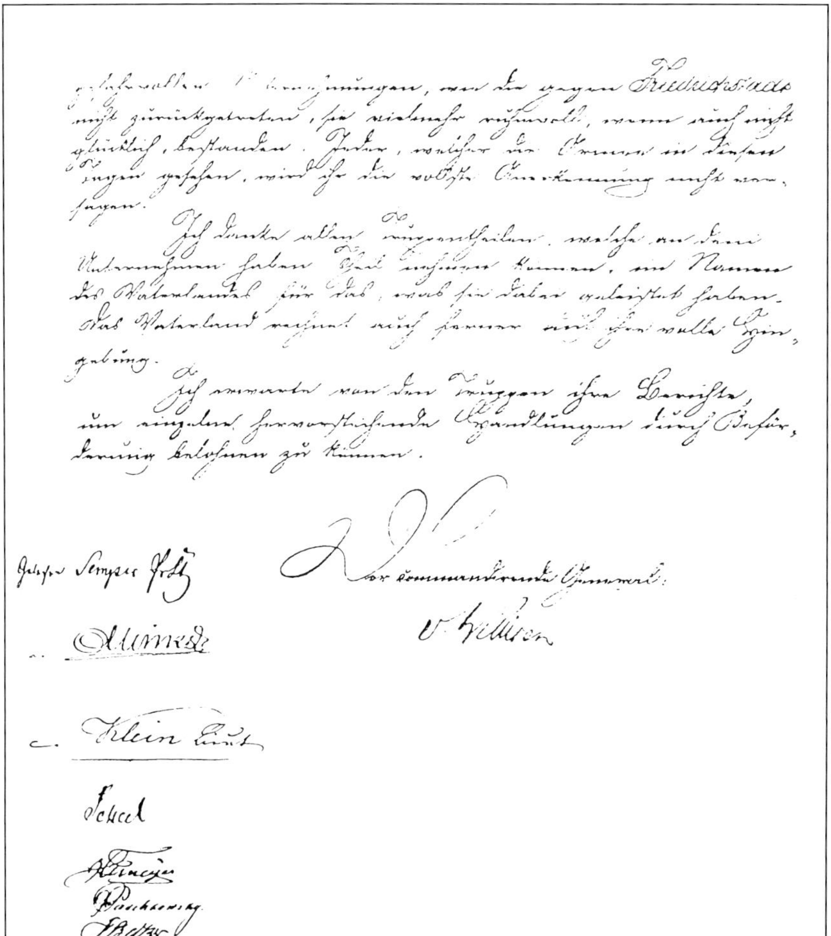
... Anstrengungen, wie die gegen Friedrichstadt nicht zurückgetreten, sie vielmehr ruhmvoll, wenn auch nicht glücklich, bestanden. Jeder, welcher der Armee in diesen Tagen gefochten, wird ihr die vollste Anerkennung nicht versagen.

Ich danke allen Truppentheilen, welche an dem Unternehmen haben Theil nehmen können, im Namen des Vaterlandes für das, was sie dabei geleistet haben. Das Vaterland rechnet auch ferner auf ihre volle Hingebung.

Ich erwarte von den Truppen ihre Berichte, um einzelne hervorstechende Handlungen durch Beförderung belohnen zu können.

Der commandirende General:
v. Willisen

Armee-Befehl Nr. 256 vom 6. Oktober 1850 des Kommandierenden Generals der Schleswig-Holsteinischen Armee v. Willisen; Original (LAS Abt. 51 XIV Nr. 29). Willisen erkennt zwar die Tapferkeit der schleswig-holsteinischen Truppen an, gesteht aber die vernichtende Niederlage und ihre Gründe nicht ein.

herauszulocken; es hat sich auch diesmal nicht gelingen wollen. Wir müssen, so scheint es, ferner Geduld haben. Durch das Aufgeben des Angriffes ist gegen die frühere Lage nichts verloren. Unser Verlust ist sehr schmerzlich, aber das Selbstgefühl der Armee kann nur zunehmen dadurch, daß sie vor solchen schweren und gefahrvollen Unternehmungen, wie die gegen Friedrichstadt, nicht zurückgetreten, sie vielmehr ruhmvoll, wenn auch nicht glücklich bestanden. Jeder, welcher die Armee in diesen Tagen gesehen, wird ihr die vollste Anerkennung nicht versagen."[13]

Frieden wächst selten aus Kanonen

Viele Kämpfe mit großen Verlusten haben nicht die geringste Bedeutung – weder auf kurze noch längere Sicht. Dies gilt auch für den Kampf um Friedrichstadt. Trotz der energischen dänischen Verteidigung, der bedeutenden militärischen und zivilen Verluste und der furchtbaren Zerstörung der Stadt hatte der Kampf keine Bedeutung – weder für den weiteren Verlauf des Krieges noch für den Frieden, der im Winter 1851 geschlossen wurde. Ein siegreicher schleswig-holsteinischer Sturmangriff mit der Rückeroberung der Stadt wäre genau so bedeutungslos geblieben wie die dänische Abweisung des Eroberungsversuches.

Nach dem Kampf um Friedrichstadt gab es keine größeren Kämpfe mehr. Es kam manchmal noch zu kleinen Zusammenstößen zwischen den Vorposten, doch auch diese „Episoden" haben nicht die geringste Bedeutung – weder militärisch noch politisch. Der letzte Zusammenstoß überhaupt war ein Vorpostengefecht am 31. Dezember 1850. Bereits einen Monat früher, am 29. November, hatten sich Preußen und Österreich in dem Abkommen von Olmütz geeinigt, worin festgelegt wurde, daß diese beiden Staaten die schleswig-holsteinische Frage lösen sollten. Zwei Kommissare, einer von jedem Staat, sollten nach Holstein reisen und den Krieg dort beenden. Dies geschah ohne größere Schwierigkeiten, denn die Kasse der schleswig-holsteinischen Regierung war leer.

Es war der Wunsch der Großmächte, den status quo wiederherzustellen, und es war der aktuelle Geldmangel, der zum Abschluß des ersten schleswigschen Krieges führte – nicht der Einsatz der beteiligten Partner auf dem Schlachtfeld. Kriege kann man selten zur Lösung nationaler oder ethnischer Konflikte gebrauchen. Es wurde auch nicht ein dauerhafter Friede, weil die grundlegende Streitfrage, die Stellung Schleswigs im Gesamtstaat und auch die Holsteins ungelöst blieben und die schleswigsche Bevölkerung im Laufe des Krieges wegen der nationalen Frage noch stärker geteilt wurde.

Koldenbüttel, Granitsäule über dem Massengrab von 24 gefallenen dänischen Soldaten auf dem Friedhof an der Kirche. Foto: Gerd Stolz, Kiel

Anmerkungen

1 N. P. Jensen, Kampen om Sønderjylland, Bd. 3, København 1916, S. 120–121
2 Danmarks Kamp for Slesvig i Aarene 1848, 49 og 50. Efter nogle Frivilliges Papirer, Bd. 1–3, København 1852, Bd. 3, S. 153–154
3 Der Brief ist zitiert nach: N. P. Jensen, Kampen om Sønderjylland, Bd. 3, København 1916, S. 129–130
4 Zahlen nach N. P. Jensen (s. Anm. 1)
5 Statsrådets Forhandlinger 1848–1863, IV. Bd., hg. vom Rigsarkivet durch Harald Jørgensen, København 1960, S. 502–503
6 [Høyer-Møller]: Tre af mine Venner. Af en gammel Feltpræst, København 1900, S. 158–159
Propst Erik Høyer Møller schrieb unter dem Pseudonym „en gammel Feltpræst". Er war Militärpfarrer von 1848–1850, Garnisonspfarrer in der Stadt Schleswig im Jahre 1858, Pastor in Nordborg von 1858–1864 und wiederum Militärpfarrer im Jahre 1864. Nach der Abtretung des Herzogtums Schleswig ließ er sich in Kopenhagen nieder und schrieb unter dem obigen Pseudonym zwei Bücher über seine Erlebnisse als Militärpfarrer 1848–1850 und als Militärpropst 1864.
7 Plünderungen in Friedrichstadt werden mehrfach in Briefen dänischer Kriegsteilnehmer erwähnt, siehe C. F. Allen, Breve fra danske Krigsmænd skreven til Hjemmet under Felttogene 1848, 1849, 1850, København 1873, S. 242 u. 247
8 [Høyer-Møller], Præsten i Krigen. Breve til en ven fra en gammel Feltpræst, København 1876, S. 83–86
9 s. Anm. 8, S. 141–144
10 Salmonsens Konversationsleksikon, Bd. XI, S. 181, 2. Aufl., København 1921
11 Otto Vaupell, Frederikstads Forsvar samt Helgesens Levnetsløb, hg. von Folkeoplysningens Fremme, København 1875, S. 40–60
12 s. Anm. 10, Bd. IX, S. 181
13 SHLA, Abt. 51 A, XIV, Nr. 29, Armee-Befehl Nr. 256

Literatur-Auswahl

Allen, F. C., Breve fra danske Krigsmænd skrevet til Hjemmet under Felttogene 1848,1849,1850, København 1873

Bruun, Kaptajn Daniel, Hans Helgesen i Frederiksstad. 60 aars Mindeblad. In: Militært Tidsskrift, udgivet af det Krigsviden-skabelige Selskab, 39. Jg., 1910, Nr. 19

Fack, M. W., Die Schleswig-Holsteinische Armee in den Jahren 1848-51, Kiel 1898

Fock, Otto, Schleswig-Holsteinische Erinnerungen besonders aus den Jahren 1848 –51, Leipzig 1863

v. Gagern, A., Operationen der schleswig-holsteinischen Truppen in der Landschaft Stapelholm und der Sturm auf Friedrichstadt in den Monaten September und Oktober 1850, Kiel 1852

Generalstaben, Den dansk-tydske Krig i Aarene 1848-50, 3die Del. Krigen i 1850, København 1887

v. Gerhardt, L., Erlebnisse und Kriegsbilder aus dem Feldzuge 1850 in Schleswig-Holstein, Glogau 1852

Goß, Richard, Genre-Bilder aus den schleswig-holsteinischen Feldzügen von 1848 und 1850, Leipzig 1851

Hansen, Wer setzte die blau-weiß-rote Fahne auf die Borkmühlenschanze. In: Die Heimat, 20. Jg., H. 2, Februar 1910, S. 49-50

Helgesen, Hans, Rapport over Frederiksstads Forsvar fra den 29de Septbr til den 4de Octbr 1850, Kjøbenhavn o. J. (1851)

v. Helvig, Hugo, Ludwig Freiherr v.d. Tann-Rathsamhausen, Berlin 1882

Holst, Frits/Larsen, Axel, Felttogene i vore første Frihedsaar, Kjøbenhavn 1888

Holst, Vilhelm, Felttogene 1848.49.50, København 1852

Høyer Møller, Erik, Præsten i krigen. Breve til en ven fra en gammel Feltpræst. København 1876

Ipsen, Adolf, Erinnerungen aus dem Schleswig-Holsteinischen Feldzuge von 1850, Kiel 1851

Jensen, N. P., Kampen om Sønderjylland, Bd. 1-3, Kjobenhavn 1916

Johannsen, Joh., Blätter der Erinnerung eines Kriegers aus dem Jahre 1850, Kiel 1872

Juhl, Detlev, Die Unglückstage Friedrichstadts. In: Nordfries. Nachrichten vom 29. Sept. 1950

Larsen, Axel, Dansk-Norske Heltehistorier. København 1895

v. Liliencron, Detlev, Up ewig ungedeelt, Hamburg o. J. (1898)

Lüders, Theodor, Generallieutenant von Willisen und seine Zeit, Stuttgart 1851

Lütgen, A., Feldzug der Schleswig-Holsteinischen Armee und Marine im Jahre 1850, Kiel 1852

Michelson, Karl, Friedrichstädter Einwohner im Jahre 1850 – Ihre Leiden, ihre Kriegsschäden und die Wiedergutmachung. In: MGFrStG 25. Bd., Winter 1984, S. 3–210

Möller, F., Erinnerungsblätter an die schleswig-holsteinischen Feldzüge von 1848–51, Altona 1888

Nielsen, Johs., Treårskrigen 1848-51, herausg. vom Tøjhusmuseet, København 1993 (Deutsche Ausgabe: Die Schleswig-Holsteinische Erhebnung 1848-50)

Niese, Heinrich Christoph, Namentliches Verzeichniß der Todten und Invaliden der Schleswig-Holsteinischen Armee in den Jahren 1848, 1849 und 1850/51, Kiel 1852

Øverland, O. A., Oberst Hans Helgesen, Kristiania 1903

Paulsen, J., Tøjhusmuseets Bog om Treaarskrigen 1848-49-50, København 1948

Paulsen, Jørgen, Bilieder fra Treaarskrigen 1848-1849-1850, København 1952
Peters, H., Der Kampf um Friedrichstadt 1850. In: Die Heimat, Nr. 4, April 1929, 39. Jg., S. 85–87
v. Priesdorff, Kurt, Soldatisches Führertum, Bd. 8, Nr. 2554 = Ludwig Arthur Samson Freiherr von und zu der Tann- Rathsamhausen, S. 166 – 173, Hamburg o.J.
Recke, Ditlew, Insurgenternes Angreb paa den kongelige danske Armees Fløistillinger i September og October 1850, København 1852
S(chmeisser), F(elix), Die Beerdigung der Gefallenen von Friedrichstadt. In: Von Lübecks Türmen, 21. Jg., Nr. 6, 11. Februar 1911
Schweickhardt, Gertrud, Wilhelm Beseler als Politiker, Kiel 1927 = QFGSH 12. Bd., Kiel 1927
v. Sternegg, Generalmajor, Schlachtenatlas des XIX. Jahrhunderts. Der Deutsch-Dänische Krieg 1848–50, Leipzig/Wien/Iglau o. J. (1896) Stolz, Gerd, Die Beschießung und Bestürmung Friedrichstadts in den Tagen vom 29.September bis 4. Oktober 1850 – Ein Fanal des Untergangs. In: MGFrStG, 25. Bd., Winter 1984, S. 211–256
Stolz, Gerd, Kriegsgräber aus den deutsch-dänischen Kriegen von 1848/51 und 1864 in Nordfriesland und an der deutschen Nordseeküste, Husum 1985
Stolz, Gerd, Die Schleswig-Holsteinische Marine 1848–1852, 2. Aufl., Heide 1987
Stolz, Gerd, Hans Helgesen – Ein Lebensbild. In: MGFrStG, 42. Bd., Frühjahr 1992, S. 123–135
Stolz, Gerd, Die schleswig-holsteinische Erhebung – Die nationale Auseinandersetzung in und um Schleswig-Holstein von 1848/51, Husum 1996
Timmermann, Gustav, Kriegsbriefe des Zimmermeisters Hans Caspar Drews, Kükels, aus dem Jahre 1848–51. In: Heimatkundliches Jahrbuch für den Kreis Segeberg, 14. Jg., 1968, S. 94 ff.
Vaupel, Otto, Kampen for Sønderjylland, Bd. 1–3, København 1863
Vaupell, Otto, Frederiksstads Forsvar samt Helgesens Levnetsløb, København 1875
Vaupell, Otto, Kampen for Sønderjylland – Krigene 1848-1850 og 1864, Kjøbenhavn 1888
Vaupell, Otto, Krigsaarene 1848–50, Kjøbenhavn 1898
Wienbarg, L., Darstellungen aus den schleswig-holsteinischen Feldzügen, 2 Bde, Kiel 1850 u. 1851
v. Wissel, Ludwig, Erlebnisse und Betrachtungen in den Jahren 1848–1851, bes. in Beziehung auf Schleswig-Holstein, Hamburg 1851
o. V., Die Gefechte bei Missunde und Friedrichstadt, Beiheft zum Militair-Wochenblatt für November und December 1851, Berlin 1851
o. V., Mindeblade fra Krigen 1848-49-50, Odense 1852
o. V. Danmarks Kamp for Siesvig i Årene 1848, 49 og 50. Efter nogle Frivilliges Papirer, Bd. 1-3, København 1852–53
o. V., Die Schleswig-Holsteinische Armee in den Jahren 1848–51 – Die Bildung, Schlachten, Gefechte, Verluste derselben, Kiel 1898
o. V., Erinnerungsfeier der Beschiessung Friedrichstadt's am 29. und 30. September 1900 – Rede, Predigten u. Appell-Liste, Friedrichstadt o. J. (1900)
o. V., 1850–1900 Festschrift zur 50jährigen Erinnerungsfeier der Beschießung Friedrichstadts am 29. und 30. September 1900, Friedrichstadt o. J. (1900)
MGFrStG = Mitteilungsblatt der Gesellschaft für Friedrichstädter Stadtgeschichte – „Unterhaltung für Friedrichstadt und die angränzende Gegend"
QFGSH = Quellen und Forschungen zur Geschichte Schleswig-Holsteins

Kriegsgräber der Kämpfe um Friedrichstadt

Delve

Friedhof an der Norderstraße

- Obelisk mit Tafel für 44 gefallene Schleswig-Holsteiner (Massengrab)
- Einzelgräber für Heinrich Bärens (Hauptmann 1. Jägerkorps), Alexander von Arnauld de la Perière und Ernst August Schlüter
- 2 Tafeln in der Friedhofskapelle mit den Namen der 44 hier Bestatteten

Friedrichstadt

Ortseinfahrt an der Bundesstraße B 5

- Granitblock mit 5 Kanonenkugeln auf der ehemaligen Borkmühlenschanze zur Erinnerung an die vom 29. Sept. bis 4. Okt. 1850 gefallenen Offiziere, Unteroffiziere und Soldaten der Schleswig-Holsteinischen Armee

Delve, Friedhof an der Norderstraße, Grab des Hauptmanns Heinrich Bärens mit gußeisernem Kreuz und gußeiserner Inschrifttafel. Foto: Gerd Stolz, Kiel

Husum, Friedhof an der Straße „Hinter der Neustadt“, Massengrab für die in Friedrichstadt gefallenen dänischen Soldaten. Die Grabstätte wurde am Neujahrstag 1851 eingeweiht. Foto: Gerd Stolz, Kiel

Straße „Am Stadtfeld“

- Obelisk in der Grünanlage vor dem Kinderspielplatz zum Andenken an die vom 29. Sept. bis 4. Okt. 1850 gefallenen Offiziere und Mannschaften der Schleswig-Holsteinischen Armee

Ehemaliger Friedhof an der ev.-luth. Kirche am „Mittelburgwall“

- Granitstein am Eingang für die vom 29. Sept. bis 4. Okt. 1850 gefallenen Schleswig-Holsteiner (Massengrab)
- Granitobelisk auf Granitsockel für 53 vom 29. Sept. bis 3. Okt. 1850 gefallene dänische Soldaten (Massengrab)

Neuer Friedhof an der Schleswiger Straße

- Einzelgräber für die dänischen Soldaten Anders Mikkelsen, Christian Brask Jensen, Sergeant Jens Laursen, Lars Christian Rasmussen, Jens Nielsen, Peder Laursen, Anders Mortensen, Sören Jensen und Premierleutnant Otto Ludwig Theodor Fick (alle 7. Linien-Infanterie-Bataillon)

Friedrichstadt, Granitobelisk über dem Massengrab von 53 gefallenen dänischen Soldaten auf dem ehemaligen Friedhof an der ev.-lutherischen Kirche am „Mittelburgwall".
Foto: Gerd Stolz, Kiel

Süderstapel, Massengrab von 44 gefallenen Soldaten der Schleswig-Holsteinischen Armee in der Grabanlage auf dem Friedhof an der Kirche, errichtet am 8. September 1865.
Foto: Gerd Stolz, Kiel

Tönning, Grabkreuz für Frants Reinholt Conrad v. Buhl auf dem Friedhof in der „Herzog-Philipp-Allee“. Foto: Gerd Stolz, Kiel

Husum

Friedhof an der Straße „Hinter der Neustadt“

- Obelisk mit gußeisernem Gitter für die bei der Verteidigung Friedrichstadts im Herbst 1850 gefallenen dänischen Soldaten
- Einzelgrab für Jon Vaupell (Leutnant im dänischen 4. Reserve-Bataillon)

Koldenbüttel

Friedhof an der Kirche

- Granitsäule im Nordteil für 24 am 4. Okt. 1850 gefallene dänische Soldaten (Massengrab)
- Marmorsäule für 73 im Okt. 1850 vor Friedrichstadt gefallene schleswig-holsteinische Soldaten (Massengrab)
- Einzelgrab für Carl Ludwig Viggo v. Wadskör (Leutnant im dänischen 4. Reserve-Bataillon)

Süderstapel
Friedhof an der Kirche
- Granitsäule für 44 im Sept. und Okt. 1850 gefallene schleswig-holsteinische Soldaten (Massengrab)
- Einzelgräber für Carl Wilhelm Franz von Loga, Theodor Rheden und Harald v. Tresenreuter (alle Offiziere im schleswig-holsteinischen 6. Infanterie-Bataillon)

Tönning
Friedhof an der „Herzog-Philipp-Allee“
- Einzelgrab im Nordwestteil für Frants Reinholt Conrad v. Buhl (Hauptmann im dänischen 4. Reserve-Bataillon)

Straße „Am Hafen“
- Granitstein in einer maritim gestalteten Anlage für Carl Friedrich Vollertsen (freiwilliger Jäger in der Schleswig-Holsteinischen Armee)

Personenregister

Abraham, Aron 108
Abraham, Malchen (Amalie) 111, 138
Abraham, Nathan 111
Ahlmann, N. 127
Aldosser, Maximilian 43, 66
v. Alten, Victor Karl Ferdinand 37, 80
Andersen (Auxiliar-Lt.) 45

Babin, J. H. 128
Bade 105, 114
Bartels, Claus 120
Beseler, Wilhelm Hartwig 23, 26
Bielenberg, P. D. 112
Biernatzki, Stanislaw 87
Biernatzki (Pastoren-Wwe.) 104, 110
Blumenreich, Moses 116
Blumenreich, Rebecca 116
Blumenreich, Simonis 116, 118
v. Blumenthal, Leonhard Graf 24
Bonga (Pastor) 129
v. Bonin, Eduard 20, 21, 24, 26, 42
Boyens, Hinrich 119
Bruhn (Wwe.) 104
v. Buhl, Frants Reinholt Carl 51
Bülow, Frederik Rebeck 148
Bürger (Postmeister) 134
Bürow (Lt. z. S. 1. Kl.) 45
Büttner, Joseph 88
Büttner 54, 127, 128
Bumann 107
v. Busching (Rittmeister) 112

Carstens, C. 112
Christ, Franz 128
Christensen, Hans Christ 128
Christian VIII., König von Dänemark 31, 48
Christian Frederik, Kronprinz von Dänemark 31
Christiani, Frederik Christian 90
Christiani, Gabriele 109
v. Clausewitz, Carl 26
Cohen, Asher D. 103

Dahlmann, Friedrich Christoph 18
Dahm, Hans 113, 114
Davids (Stadtsekretär) 104, 110
Drews, Abraham 107
Drews, Hans Casper 72
Dreyer, J. 115

Edlefsen, Dr. 121
Eduard, Prinz zu Sachsen-Altenburg 41
Eerns, Fiiken 83
Eggers, Hermann 114
Eggers, Maria 95
Eggers 127

Fedders, Hans 120
Feddersen, F. P. 50, 86, 92
Feddersen, Johann Friedrich 105, 113, 122, 136
Fehrs, Drews 73
Fehrs, Johann Hinrich 70, 93
Fenger 127
Fischer (Auxiliar-Lt.) 45
Frederich 138
Frederik VI., König von Dänemark 148
Freese, Friedrich 107
Freese, Gosch 119
Friedrich, Prinz von Schleswig-Holstein-Sonderburg-Augustenburg-Noer (Prinz zu Noer) 28, 32, 33, 80, 148
Friedrich Christian, Prinz von Schleswig-Holstein-Augustenburg 80
Fries (Lehrer) 136
Fuhrmann, Peter 107

v. Gagern, A. 85
v. Gagern, Heinrich 40, 43, 66, 80, 85
Geibel, Emanuel 11
Gotthold (Direktor) 118, 137, 138
Graf (Lehrer) 98, 138
Grimm, Jacob 11
Grimm, Wilhelm 11
Grittelbach, Friedrich 116
Grübener (Lohgerber) 84
Grunwald, Robert Alexander 80

Hagener (Lehrer) 138
v. Hahn, Jasper 135, 136
Halle, Anna 115
Hansen, Christian Frederik 142
Hansen, C. P. (Goldschmied) 113, 127, 131
Hansen, Nicolaus 126
Hansen (Schneider) 88

Hansen (Frau) 54, 88
Hansen (dän. Kriegsminister) 142
Harder, Peter 113
Harder (Pastor) 86
Heinsen (Propst) 136
Heintze, F. W. 80
Helgesen, Hans Hennings 30–33, 50, 53, 56, 61, 64, 77, 78, 84, 85, 87, 90, 96, 102, 122,141–145, 148, 149
Hennings 107
Hirsch, Isaak 107
Hirschel, Hette 138
Hirschel, Isaak 138
Hoffmann, A. B. 33, 84
Høyer Møller, Erik 73, 76, 95, 96, 144, 146
Husmann, J. 127
Huß (Pastor) 136

Ivers, Peter 112, 122, 136
Iwers, Peter 128

Jacobsen, Detlef Wilhelm 114
Jacobs, J. C. 116
Jacobsen, (Lt. z. S. 2. Kl.) 45
Jacobsen, L. 107
Janssen (Landmesser) 105
Jørgensen, R. 99
Jörs (Wwe.) 116
Joseph, Simon 138
Josias, Heymann 89, 104
Josias, J. B. 138
Josias, Meyer 125
Josias, Mine 86, 125
Josias, Schönchen 138
Josias, Sprünzsche 104

Kapzua (Tischler) 119
Käseler, Hans Thomas 99 ff.
Kehden, Anna Charlotta 115
Ketels(en), C. F. (Stadtsekretär) 50, 86, 109,119–122, 136
Ketterer (Uhrmacher) 91, 99, 112
Knie, Christian 110
Knuts, Jan Friedrich 120
Kock, Abraham 104, 107
Kollerød, Ole Nielsen 92
Krebs, L. F. A. 93
(v.) Krogh, Gerd Christopher 29, 30
(v.) Krohn, Alfred 80
v. Krohn, August Friedrich 26

Kuncke (Kaufmann) 121, 122
Landau, Samuel 130
Laß, H. 137
Lazarus, Bermann 140
Lazarus, Rosa 99
von der Leck, J. J. 122, 136
Lempelius, H. 127
Lütgen, August Christian Julius 31

Mannhardt (Pastor) 130
Masur, Elias Abraham 125
Masur, Leiser 125
Maximilian II., König von Bayern 38, 42
Mayntzhusen, F. C. 93, 122, 136
Mensinga (Pastor) 125, 129
Meier, J. 109
Meyer, Mendel 137
Meyer (Schneidermeister) 116
Meyer (Lt. z. S. 2. Kl.) 45
Michelsen, Anne 107
Michelsen, Carl 85, 107
Möller, Jacob 112
Möller (Schneidermeister) 140
Möller, Hancke 115
Moses, Esaias 118, 119, 134
Moses, Jacob 138
Moses, Nathan 130, 135, 138

Neber, L. N. (Sattler) 113
Nielsen, Ole 99
Noa(h), Hannchen 107, 138

Otto, Hinrich 86

Paasch, Matthias Peter Carl 107, 113
Paasch (Hafenmeister) 85
Peters, H. B. 50, 86, 122
Petersen, H. 144
Plön, Jan 119
Plovier 125
v. Prittwitz, Karl Ludwig Wilhelm Ernst 18

Rahn, Johann 112
v. Ranke, Leopold 11
v. Raumer, Hans 43, 66, 80
v. Reventlou, Friedrich Graf 23, 66
Rohwedder, H. M. 86
Roosen, Berend 140
Rüben, Rüben Hirsch 99
Russ, D. 127

Russ, J. 127
Rye, Olaf 30, 148

Sachau, Maria 115
Salomon, Abraham 130, 138
Schellhorn (Kantor) 93
Schenckenberg, Anna 137
Schenckenberg, Lotte 137
(v.) Schepelern, Christian August 30
Schetelig (Pastor) 134
Schimmelpfennig v. d. Oye 24
Schleiden, Rudolph 26
Schleppegrell, Frederik Adolph 30, 33, 148
v. Schmerling, Anton Ritter 18
Schnack, Claus Jürgen 109
Schnack, H. J. 138
Schnitger, C. A. 50, 86, 122
v. Schöning, Carl 29, 30
Schrum (Müller) 112
Schulzen (Wwe.) 107
Schütt, Jan Jelles 83, 91, 100, 111, 125, 136, 138
Schütt jr., J. J. 122, 136, 140
Schwabe, Jacob 107
Selbmann (Pastor) 96
Selcke, J. und A. 135
Selig, J. A. 138
Sieck, Peter 54, 55, 91, 93, 102, 115
Sievers, E. 127
Silberberg (Wwe.) 107
Simonsen, Niels 145
van der Smissen, Carl J. 91, 110
Spin, C. A. 129
Stade, Henriette 125
Stuhr, F. G. 122, 125, 138
v. Stutterheim, Richard 80

v. (und zu) der Tann (-Rathsamhausen), Ludwig Freiherr 7, 17, 38, 41–46, 48, 50, 51, 54, 56, 58, 64, 66, 77, 78, 80, 86, 102, 103, 149
Tapper, Christian 115
Thoms, Hans 120
Thomsen, J. 50, 86
Tönnies („Lehnsmännin“) 120
Tolderlund, Hother 87
v. Treskow, Hermann 24
Tüchsen (Mme.) 137

Uetsen (Pastor) 137

v. Vaupell, Jon 56
Vaupel (Rademacher) 140
v. Vogt, Carl Anton 65
Vollenhoven (Pastor) 129
Vollertsen, Carl Friedrich 51

v. Wadskör, Carl Ludwig Viggo 76
Wagener, J. A. 137
Wasmer, F. 80
Wiedemann, Dr. 110
Wiemert 109
v. Willisen, Karl Wilhelm Freiherr 21, 26–29, 31, 36–38, 42, 43, 46, 47, 50, 54, 58, 64, 71, 76, 77, 85, 103, 123, 141–143, 149, 151
Windal 84,92
v. Wissel, Ludwig 37, 38
Witt, Claus 50, 85, 86
v. Wrangel, Friedrich Heinrich Ernst Graf 17, 18

Zimmermann, C. J. 80

Ortsregister

Friedrichstadt ist nicht aufgenommen worden

Altenhof 41
Altona (Hamburg-) 135, 140
Amsterdam 129
Apenrade (Aabenraa) 140
Augustenburg (Augustenborg) 128

Bau (Bov) 17
Bergenhusen 32, 56
Berlin 21, 23, 24, 41, 42
Bredstedt 119, 120
Brekendorf 46

Christiansfeld 134

Danzig 130
Delve 46, 73
Drage 47, 48, 58
Düppel (Dybbøl) 18, 20

Eckernförde 29
Erfde 58

Flensburg 21, 76, 104, 107, 109, 141, 144
Frankfurt/M. 18, 24, 43, 144
Fredericia 18, 20, 33, 83
Frederiksborg 92
Fresendelve 91
Freienwillen 51

Garding 46, 51, 53, 57, 104, 125, 137
Geltorf 58
Glückstadt 134, 135
Grothusenkoog 126

Hadersleben (Haderslev) 134
Hamburg 135, 140
Heide 140
Heiligenhafen 142
Hohn 58
Hollingstedt 29, 37, 38
Hoptrup 41
Horstedt 136
Hude 91
Husum 29, 30, 35, 44, 73, 83, 93, 104, 105, 107, 109, 111, 115, 119, 120, 125, 126, 129, 135, 137

Idstedt 7, 21, 23, 27, 29, 141

Jagel 46

Kappeln 104
Katharinenheerd126
Kating 126
Katingsiel 46, 53, 57
Kiel 14, 15, 49, 144
Klein Rheide 58
Kleinsee 32
Koblenz 130
Kolding 20, 33, 51
Koldenbüttel 35, 37, 44, 53, 57, 62, 65, 73, 75, 95, 103, 104, 109, 119, 120, 125, 138, 153
Kopenhagen (København) 14, 31, 76, 129, 148
Kotzenbüll 126, 128
Kropp 58
Lehmsiek 29
Leipzig 135
Ligny 32
Lottorf 58
Lübeck 104
Lügumkloster (Løgumkloster) 134

Malmö 18
Medelby 128
Missunde 7, 21, 29, 36, 141, 142
München 41
Münster 116

Norderstapel 45, 46

Oldenswort 104, 126, 138
Olmütz (Olomouc) 22, 152
Oslo (Kristiania) 31
Ostenfeld 29
Osterhever 136

Paris 12, 26, 148
Preetz 110

Rendsburg 16, 21, 29, 31, 32, 37, 38, 42, 46, 48–50, 52, 58, 77, 149
Reußenköge 120
Rieseby 135

Schleswig 17, 18, 29, 36, 47, 135, 136, 149
Schwabstedt 29, 44, 46, 47, 53, 91
Seebüll 91, 103
Seeth 31, 33, 35, 37, 47, 48
St. Annen 35, 47, 51
Süderstapel 31, 38, 45, 48, 50, 54, 56, 58, 71

Tating 126
Tetenbüll 127, 136
Tönning 35, 44, 46, 51, 53, 57, 104, 125–128, 137
Tondern (Tønder) 21

Waterloo 32, 148
Welt 126
Westerhever 126
Winnert 29
Wismar 129
Witzwort 104, 108, 109, 115, 119, 125, 137
Wollersum 37, 38, 51

In gleicher Ausstattung erschienen:

Gerd Stolz,

Die schleswig-holsteinische Erhebung

Die nationale Auseinandersetzung in und um
Schleswig-Holstein von 1848/51
224 Seiten, zahlreiche Abbildungen, gebunden
ISBN 3-8804-769-0

Dies ist die umfassende Darstellung der nationalen Auseinandersetzung von 1848/51 zwischen Schleswig-Holstein und Dänemark, die über den militärischen Ablauf hinaus die europäische und deutsche Einordnung des Konfliktes und für die schleswig-holsteinische Seite die weitergehenden wehr- und verteidigungspolitischen Aspekte sowie die staatsrechtlichen, sozial-, wirtschafts-, verkehrspolitischen und organisatorischen Fragen und Probleme in ihrer gegenseitigen Abhängigkeit und Geschlossenheit aufzeigt. Der vorliegende Band gibt eine an den historischen Eckpunkten orientierte Übersicht zu Wurzeln, Verlauf und Wirkung jener Jahre. Eine Zeittafel mit Daten zur schleswig-holsteinischen und deutschen Geschichte erleichtert die überregionale, internationale Einordnung.

HUSUM
HUSUM DRUCK-
UND VERLAGSGESELLSCHAFT
Postfach 1480 · D-25804 Husum

Peters - Kog
Koldenbüttel
Herrenhallig
Die Treene
Mittelburg
Neuer Deich
Neuland
Neulandshof
Mildt - Kog
Mildthof
Mittel Deich
Königstein
Gehrlands Deich
Gehrlands Brücke
Nordfelder -
Der neue Weg
Schlick - Kog
FRIEDRICHSTADT
Chausseehaus
Eider Deich
Olde Kog
Kog
Fresen
Kog
Seeth
S
T
A
P
Neuensiel
Bös-
büttel
Düten-Deich
Oldefeld - Kog
Drage
St. Annen
Neufeld
Eiderdeich
Oldekog
Schleuse
Moor-Deich
Damm
Osterfeld
Süderfelder
Kog
Bohmlan
oder
Redeker K
Hehm
Ebbe - Fluth
DIE EIDER
Schleuse
Mittel-Deich
Nordfeld
Bohmlander-
Schleuse
von Lunden
Deljer-
Schleuse
Kog
Horster -
Kog
Neuer
Kog
Gr. Broklands-Schleuse
Kl. Broklands
Schleuse
Tietjesiel
Horst
Sturen Schleuse
Schlichting
Westermoor
Ostermoor
Lütjenmoor
Broklandsau